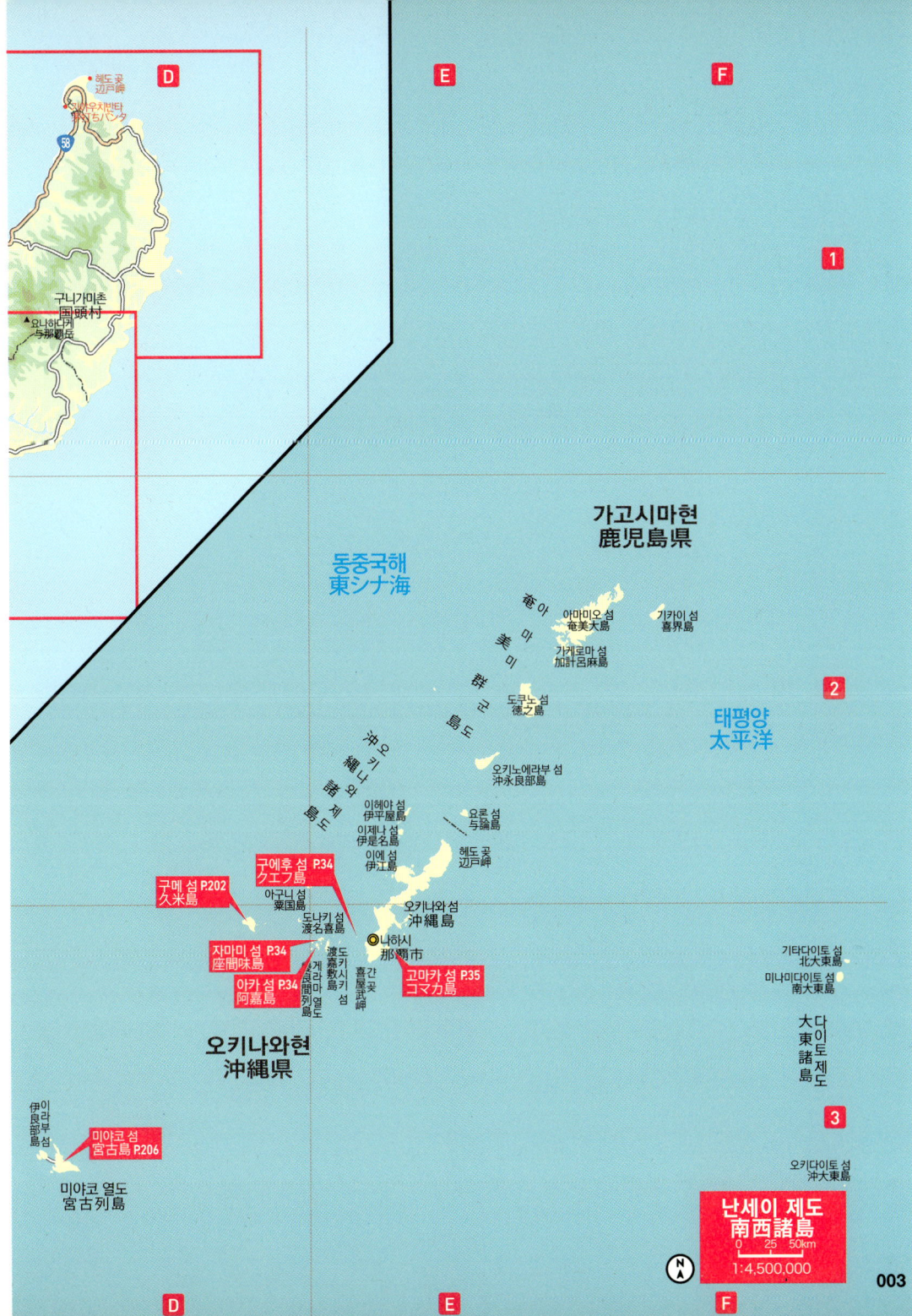

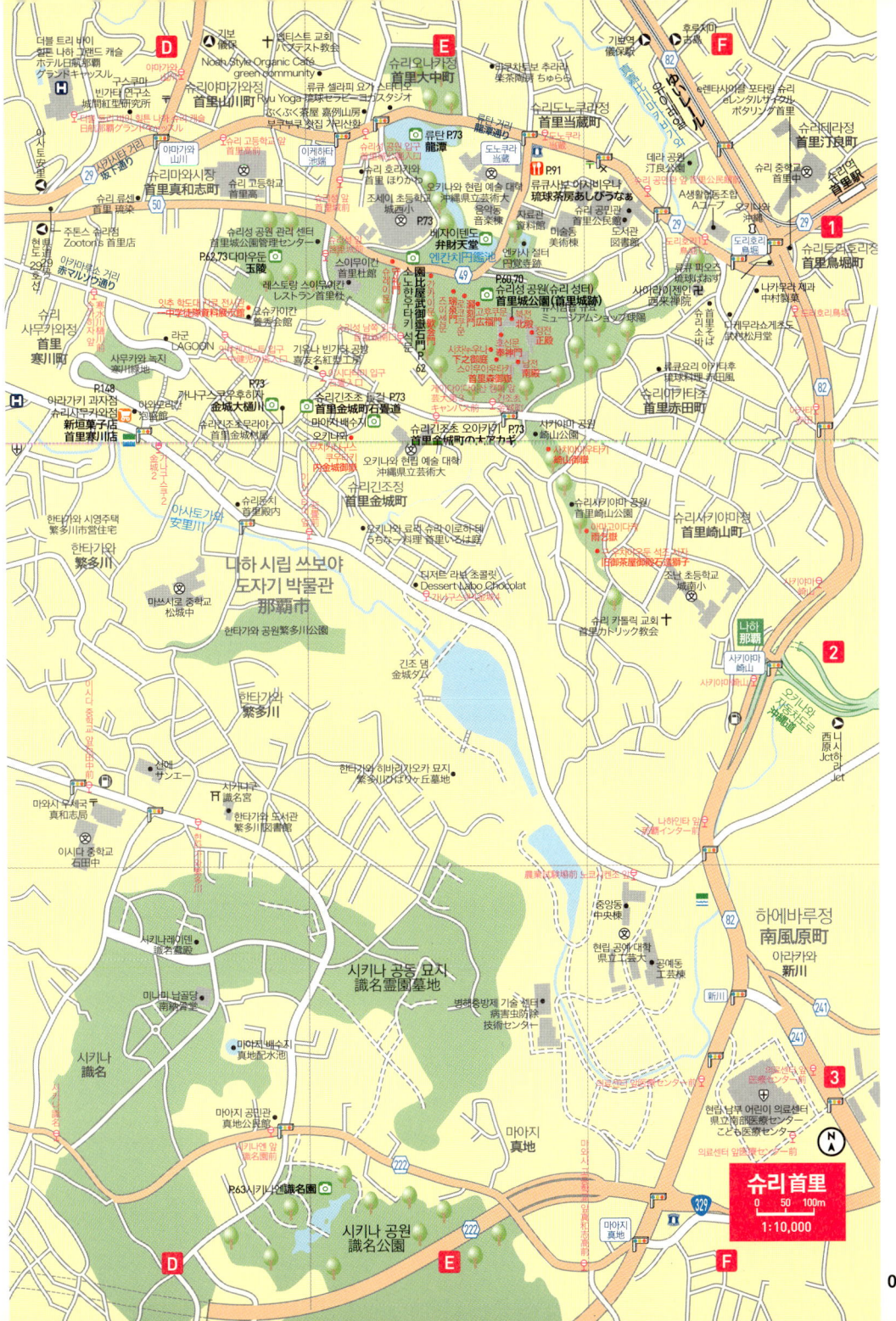

상황별로 사용해보자!
오키나와 방언 가이드

여행을 더욱 재미있게 만드는 오키나와 사투리를 상황별로 모았다.
현지인들에게 친근감을 주고, 여행의 묘미를 더해줄 오키나와 사투리 가이드를
틈틈이 읽어두자.

기본

안마 アンマー
어머니
`사용빈도 ★★☆` 아버지는 '수(スー)'

우치난추 ウチナーンチュ
오키나와 현지인
`사용빈도 ★★★` 다른 지역 사람들은 '나이차(ナイチャー)'

우치나구치 ウチナーグチ
오키나와 사투리
`사용빈도 ★★☆` 우치나(ウチナー・오키나와)+말(グチ・구치)

추라카기 チュラカーギー
미인/귀엽다
`사용빈도 ★★☆` '추라(チュラ)'는 아름답다는 뜻

데지 デージ
대단히/매우
`사용빈도 ★★☆` 무의식적으로 나오는 말 중 하나

인사

멘소레 メンソーレ
어서 오세요
`사용빈도 ★★★` 가게에서 손님을 맞이할 때 들린다

하이사이 ハイサイ
안녕?(남성)
`사용빈도 ★★★` "잘 되고 있니?(調子はどう?)"라는 뜻도 있다

하이타이 ハイタイ
안녕?(여성)
`사용빈도 ★★☆` "하이사이(ハイサイ)"의 여성말

우키미소치 ウキミソーチー
안녕하세요?(아침인사)
`사용빈도 ★☆☆` "일어났어요?(起きましたか?)"라는 뜻도 있다

니훼데비루 ニフェーデービル
감사합니다
`사용빈도 ★★★` 고마울 때 사용한다

왓사이빈 ワッサイビーン
죄송합니다
`사용빈도 ★★☆` 사과할 때 사용한다

제스처

난구루나이사 ナンクルナイサ
어떻게든 될거야
`사용빈도 ★★☆` 평소 대화에서 자주 쓴다

지바리요 チバリヨー
힘내라
`사용빈도 ★★★` 응원할 때 자주 쓴다

마카초케 マカチョーケー
나한테 맡겨
`사용빈도 ★★☆` 자신만만하게 말해보자

릿카(릿카릿카) リッカ (リッカリッカ)
자
`사용빈도 ★★☆` 권유할 때 등에 쓴다

감탄사

아잇 アイッ
아차
`사용빈도 ★★☆` 놀랐을 때 나온다

아가 アガー
아파
`사용빈도 ★★☆` "아갓(アカッ)"라고도 한다

아키사미요 アキサミヨー
아이고/놀랐어
`사용빈도 ★★☆` 슬플 때에도 사용한다

먹을 때

아치코코 アチコーコー
뜨거워/따끈따끈
`사용빈도 ★★☆` 바로 나온 요리 등

우사가미소레 ウサガミソーレ
어서 드세요
`사용빈도 ★★☆` 약간 정중한 말

가메(가메카메) カメー (カメーカメー)
드세요
`사용빈도 ★★☆` "가메카메 공격(攻撃)"이라는 말도 있다

구왓치사비라 クワッチーサビラ
잘 먹겠습니다
`사용빈도 ★☆☆` 어르신들은 지금도 쓴다

구왓치사비탄 クワッチーサビタン
잘 먹었습니다
`사용빈도 ★☆☆` 마음을 담아서 말해보자

마산 マーサン
맛있다
`사용빈도 ★★☆` "마사이빈(マーサイビーン)"이라고도 한다

가리사비라 カリーサビラ
건배
`사용빈도 ★★☆` 아와모리로 가리사비라!

간식

안다기 アンダギー
기름에 튀긴 과자
`사용빈도 ★★★` 사타안다기가 유명하다

이리치 イリチー
볶음 조림/기름 볶음
`사용빈도 ★☆☆` 찬푸르와는 조금 다르다

웃친 ウッチン
울금
`사용빈도 ★☆☆` '웃친 차(茶)' 등이 있다

우지 ウージ
사탕수수
`사용빈도 ★☆☆` 노래 가사에도 등장한다

구수 クース
묵은 술
`사용빈도 ★★★` 아와모리의 묵은 술을 지칭한다

시마 シマー
아와모리
`사용빈도 ★☆☆` 이자카야에서 주문할 때 쓴다

소키 ソーキ
돼지 뼈 갈비
사용빈도 ★★★ 소위 말하는 '돼지갈비(스페어리브)'이다

찬푸르 チャンプルー
볶음
사용빈도 ★★★ '뒤섞음'이라는 의미도 있다

히라야치 ヒラヤーチー
오키나와식 부침개
사용빈도 ★★★ '평평하게 구운 것'을 의미한다

생선

아카마치 アカマチ
하마다이
사용빈도 ★★★ 통돔과의 고급어종

아바사 アバサー
가시복
사용빈도 ★★★ 시장에서 흔히 볼 수 있다

이마이유 イマイユ
신선한 생선
사용빈도 ★☆☆ 식당 메뉴 이름에도 있다

이라부차 イラブチャー
비늘돔
사용빈도 ★★★ 파랑비늘돔이 유명하다

이라부 イラブー
옆 무늬 바다뱀
사용빈도 ★☆☆ 술이나 국물로도 먹는다

구루쿤 グルクン
다카사고
사용빈도 ★★★ 오키나와 물고기이기도 하다

다만 タマン
갈듬
사용빈도 ★☆☆ 오키나와에서 흔하게 먹는 생선

\ 못 읽을 때는 이것을 보세요! /

오키나와현 내 41개 지자체 읽는 법 리스트

오키나와 지자체 이름을 내비게이션 주소 입력에 활용해보세요!
市는 지, 君은 군, 村은 손, 町은 조로 읽어요.

▶ 市郡 (11市) 시군(11시)
那覇市 나하시
宜野湾市 기노완시
石垣市 이시가키시
浦添市 우라소에시
名護市 나고시
糸満市 이토만시
沖縄市 오키나와시
豊見城市 도미구스쿠시
うるま市 우루마시
宮古島市 미야코지마시
南城市 난조시

▶ 国頭郡 구니가미군
国頭村 구니가미손
大宜味村 오기미손
東村 히가시손

今帰仁村 나키진손
本部町 모토부초
恩納村 온나손
宜野座村 기노자손
金武町 긴초
伊江村 이에손

▶ 中頭郡 나카가미군
読谷村 요미탄손
嘉手納町 가데나초
北谷町 자탄초
北中城村 기타나카구스쿠손
中城村 나카구스쿠손
西原町 니시하라초

▶ 島尻郡 시마지리군
与那原町 요나바루초
南風原町 하에바루초

久米島町 구메지마초
渡嘉敷村 도카시키손
座間味村 자마미손
粟国村 아구니손
渡名喜村 도나키손
南大東村 미나미다이토손
北大東村 기타다이토손
伊平屋村 이에야손
伊是名村 이제나손
八重瀬町 야에세초

▶ 宮古郡 미야코군
多良間村 다라마손

▶ 八重山郡 야에야마군
竹富町 다케토미초
与那国町 요나구니초

오키나와만의 행사를 즐기다
오키나와 연간 이벤트 달력

일 년 내내 오키나와에서만 볼 수 있는 이벤트를 소개한다.
궁금한 행사와 이벤트에 맞춰서 여행 계획을 세워도 좋다!

1월

벚꽃이 핀다 추운 날에는 기온이 10도까지 내려가지만 중순에는 벚꽃이 피기 시작한다.

1월 중순~2월 초

모토부 야에다케 벚꽃축제
もとぶ八重岳桜まつり

일본에서 가장 일찍 피는 벚꽃을 보는 축제. 무려 7,000그루나 되는 벚꽃나무에 벚꽃이 만발한다. 야에다케 사쿠라노모리 공원(八重岳桜の森公園)

야에다케 산기슭부터 정상까지 벚꽃이 핀다.

2월

기분은 봄 황사가 섞인 남풍이 불면 차차 따뜻해지면서 겨울장비가 필요없게 된다.

2월 중순~하순

프로야구 춘계 캠프
プロ野球春季キャンプ

본섬, 외딴섬을 포함해서 매년 9개 구단이 캠프 훈련에 들어간다. 오키나와 셀룰러 스타디움 나하(沖縄セルラースタジアム那覇) 외

오키나와 셀룰러 스타디움 나하 야구장

3월

기후가 안정됨 낮에는 봄다운 따뜻한 날씨. 봄방학에 들어가면서 이달 후반부에는 관광객이 증가한다.

3월 초~하순

히가시촌 철쭉축제
東村つつじ祭り

무려 5만 여 그루의 철쭉나무와 함께 오키나와 북부 얀바루의 풍부한 자연을 만끽할 수 있다. 히가시촌 촌민노모리 쓰쓰지 공원(東村村民の森つつじ園)

다양한 색채를 자랑하는 철쭉을 구경하기 좋은 시즌이다.

제철 과일
모토부정 이즈미가 명산지!
12~3월 감귤류 단칸(タンカン)

일 년 내내 여러 가지 즐기는 방법이 있네

7월

여행하기 딱 좋아 여름 날씨와 기온이 안정적으로 유지된다. 바다도 하늘도 푸른빛이 아름답다.

7월 중순

해양 엑스포 공원 여름 축제
海洋博公園サマー・フェスティバル

약 1만 4,000발의 규모 불꽃놀이와 콘서트 등 다양한 이벤트가 열린다. 해양 엑스포 공원(海洋博公園)

에메랄드 비치에서 불꽃놀이가 펼쳐진다.

8월

백중(旧 盆) 앞뒤로는 축제철 음력 7월 보름날 명절인 '백중' 기간에는 시내에서 에이사 미치주네(행렬)가 개최된다.

8월 하순

오키나와 에이사 축제
沖縄全島エイサーまつり

본섬 각지에서 선발되어 모인 단체들이 미치주네와 에이사를 공연한다. 고야 사거리(胡屋十字路) 외

샨싱, 노래, 북의 리듬이 행사장에 울려 퍼진다.

9월

태풍이 몰려온다! 계속해서 몰려오는 태풍을 조심하자. 잠시 동안 맑은 날에는 찌는 듯이 덥다.

9월 중순

슈리성 공원 '중추의 잔치'
首里城公園「中秋の宴」

류큐왕국 시대의 중국 황제의 사자, 책봉사 환대 잔치를 재현한다. 전통극 '구미오도리' 등을 감상할 수 있다. 슈리성 공원(首里城公園)

보름달 밤 전통공연에 빠지다.

7~9월 용과

5·8월 망고, 파인애플

*전통행사/이벤트 정보는 2016년 5월 기준 정보. 내용과 개최 시기는 변경될 수도 있다.

오키나와 백중(旧盆) 달력

백중(음력 7월 13~15일)에 쉬는 가게가 많기 때문에 확인이 필요해요!

오키나와 대부분의 행사는 음력을 바탕으로 한다. 특히 백중은 큰 명절로 이 기간에 쉬는 가게들이 많기 때문에 미리 꼭 확인하자.

2018년 8월 23일(목)~8월 25일(토)	2021년 8월 20일(금)~8월 22일(일)
2019년 8월 13일(화)~8월 15일(목)	2022년 8월 10일(수)~8월 12일(금)
2020년 8월 31일(월)~9월 2일(수)	2023년 8월 28일(월)~8월 30일(수)

4월

해수욕장이 개장해요 1년 중 가장 기후가 좋아 월초에는 각 비치에서 해수욕장이 개장한다.

4월 하순
오키나와 국제영화제
島ぜんぶでおーきな祭

'섬 전체에서 가장 큰 축제'가 열리는 시즌이다. 특히 오키나와 국제영화제는 영화도 상영하고, 크고 작은 이벤트들이 대성황을 이루는, 오키나와 컨벤션센터(沖縄コンベンションセンター) 일

©오키나와 국제영화제

레드카펫에 유명인사가 다수 등장한다.

5월

장마철이 일찍 온다 여름 날씨와 기온이 안정적으로 유지된다. 바다도 하늘도 푸른빛이 아름답다.

5월 초
나하 하리
那覇ハーリー

풍어와 바다의 안전을 기원하는 축제. 조정과 비슷한 하리 경주 외에도 많은 볼거리들이 열린다. 공연 이벤트도 있다. 나하항 신항부두(那覇港新港ふ頭).

한 배에 약 40명이나 되는 사람들이 탄다.

6월

장마철 드디어 끝 6월 23일 '위령의 날' 전후로 장마가 끝난다. 그 뒤부터는 기온이 쑥쑥 올라간다.

6월 중순
이토만 하레
糸満ハーレー

아이들부터 어른까지 마을 단위로 조정 경기를 펼치는 하는 이토만 전통행사. 바다 사나이들이 펼치는 조정이 다이나믹하다. 이토만 어항(糸満漁港).

'어부의 도시'는 이토만에서 열리는 대규모 행사다.

←4~6월 패션후르츠

←5~8월 망고, 파인애플

키츠망고 (キーツマンゴー)가 맛있어요!

6~10월 아세롤라, 섬 바나나 →

10월

연중 마지막 해수욕 비치에서 수영할 수 있는 기간은 평균 10월 말이면 끝난다. 아침저녁으로 점점 선선해진다.

10월 중순
나하 큰 줄다리기 축제
那覇大綱挽まつり

약 1만 5,000명의 사람들이 길이 200m의 줄로 줄다리기를 한다. 관광객도 참여 가능. 국제거리 주변(国際通り周辺).

지름 1.5m나 되는 굵은 줄을 서로 당긴다.

11월

그야말로 쾌적한 온도 드디어 가을다워지면서 날씨도 안정된다. 추워질 수도 있으니 겉옷을 준비하자.

11월 하순
나하 국제 카니발
沖縄国際カーニバル

삼바, 가면 행진 등 국제적인 색채가 짙은 오키나와만의 이벤트나. 고자 게이트 거리(コザゲート通り).

거리에서 퍼포먼스 공연이 열린다.

12월

두터운 겉옷 필수 일조 시간이 짧아지면서 기온이 떨어진다. 재킷이나 코트가 필요하다.

12월 초
나하 마라톤
NAHAマラソン

나하에서 남부 4개 지자체를 도는 코스다. 참가 신청은 8월 중순 경까지. 오우노야마 운동 공원 경기장(奥武山運動公園競技場).

약 3만 명의 참가자들이 거리를 달린다.

←6~10월 아세롤라, 섬 바나나

10~12월 시콰사

일본명은 '히라미레몬 (ヒラミレモン)'

12~3월 단칸  →

6월에는 나하/이토만 외에도 각 지역에서 하리 축제가 열린다. 이에 섬나 오우 섬 등지에서도 축제가 열리기 때문에 확인하자.

이것만 있으면 주문도 OK
유명 음식 가이드

이것을 먹지 않으면 오키나와 여행은 시작도 못한다!
독특한 음식 문화를 가진 오키나와만의 명물 요리들을 마음껏 즐기시라.

FOOD 오키나와소바 沖縄そば

오키나와 현지인들의 소울푸드. 돼지 뼈나 가다랑어로 육수를 낸 국물이 일반적이다.

쥬시 ジューシー

> 흔히 오키나와소바와 세트로 주문한다

쌀과 함께 고기나 생선, 채소 등을 섞어 밥을 짓는 오키나와식 밥.

후찬푸르 フーチャンプルー

동그랗게 말린 어묵 모양의 '구루마후'를 물에 풀어서 달걀과 채소를 넣고 볶는다.

라후테 ラフテー

> 밥이나 술에 잘 어울려요!

대표적인 돼지고기 요리! 아와모리로 조리는 게 특징. 간장, 된장 등 양념은 다양하다.

포크타마고 ポーク卵

일반 돼지고기가 아닌 스팸 등의 통조림 햄을 기름에 부쳐 달걀부침과 함께 내놓는 메뉴.

유시두후 ゆし豆腐

NICE

순두부처럼 부드러운 식감의 유시두부. 오키나와소바에 올린 '유시도후소바'도 인기가 있다.

우미부도 海ぶどう

샐러드나 술안주로 즐겨 먹는다. 톡톡 터지는 식감과 바다 향에 중독된다.

구루쿤 가라아게 グルクンの唐揚げ

'오키나와현 물고기'로 지정된 구루쿤으로 만든다. 기름에 튀겨 통째로 씹어 먹는다.

튀김 てんぷら

> 튀김 전문점에서 테이크 아웃!

1개 50엔 정도부터 살 수 있으며 간식으로 사랑받고 있다. 쫀득한 튀김옷이 특징이다.

야기지루 ヤギ汁

> 염소는 사투리로 '히자'라고 한다

경사에 먹는 염소고기 국이다. 향이 강하기 때문에 조금 난이도가 있다.

이라부시루 イラブー汁

류큐왕국 시대에는 궁중요리로 먹었다는 바다뱀 국. 바다뱀은 보양식이다!

스테이크 ステーキ

외국산 고기를 사용하는 가게가 주를 이룬다. 기본적으로 사이즈가 크다.

조미료를 조금 뿌려보자!

고레구스
섬 고추를 아와모리에 절인 것. 오키나와소바에 조금만 뿌려서 먹는다. 꽤 맵기 때문에 초보자는 많이 뿌리지 않도록 조심하자!

A1 소스
양파와 사과가 재료인 스테이크 소스. 신맛이 강해 깔끔하게 먹을 수 있다. 스테이크하우스에는 기본적으로 비치되어 있다.

시콰사
오키나와를 대표하는 감귤류. 샐러드 드레싱이나 아와모리에 짜서 먹는다. 과즙을 짜서 그대로 먹으면 눈이 깬다.

타코 & 타코라이스 タコス、タコライス

착한 가격의 맛있는 음식의 대표 선수! 사람들에게 맛집이 어디냐고 물어보면 '킹타코(킹타코스)'라고 한다.

햄버거 ハンバーガー
넘칠 만큼 재료가 듬뿍

재료를 엄선한 고메버거가 인기. 한입으로 먹을 수 없을 정도의 크기가 엄청나다.

SWEETS 사타안다기 サーターアンダギー

겉은 바삭 속은 촉촉하다. 이왕 먹는다면 바로 튀긴 뜨거운 것을 덥석!

친빙 ちんぴん

흑설탕 맛이 나는 오키나와식 크레페. 중국의 설 명절 요리에서 왔으며 간식으로 먹는다.

젠자이 ぜんざい

달게 조린 붉은강낭콩 위에 빙수가 사르르! 더위로 녹기 전에 깔끔하게 먹자.

블루실 아이스크림 ブルーシールアイス
소금친스코 맛과 사탕수수 맛까지

오키나와에서 맛볼 아이스크림이라면 이것! 30가지 이상의 맛 중에서 골라보자!

DRINK 산핀차 さんぴん茶
깔끔하고 상쾌한 예스럽기도 한 맛

소위 말하는 자스민차. 거의 대부분 편의점이나 자판기에서 판매한다.

시콰사 주스 シークヮーサージュース

비타민C와 구연산이 듬뿍 들어간 신선한 주스. 이자카야에서는 사와(주스에 술을 탄 과일주)로 즐기자.

아세롤라 주스 アセロラジュース

아세롤라는 모토부정의 특산품이다. 모든 질병에 대비할 수 있는 비타민C 섭취에 효과가 있다고 한다.

루트비어 ルートビア

미국에서 온 음료. 오키나와에서는 흔한 탄산음료다. 에이앤드블유에서는 리필 무료.

오리온 맥주 オリオンビール

오키나와 현지인들의 활력소! 공장 견학은 무료이며 맥주와 안주까지 준다.

아와모리 泡盛
구수(묵은 술)은 조금 가격이 있어요

회식에 빠질 수 없는 술. 평균 30도로 알콜도수가 높기 때문에 과음을 조심하자!

오키나와를 더 깊이!
문화 가이드

일본의 타 지역과는 문화도 풍습도 다른 오키나와.
오키나와를 좀 더 깊이 즐기기 위해 잠깐 예습해보자!

시샤 シーサー

사자(シシ)의 오키나와 사투리로 액막이를 위한 사자상을 말한다. 건물 지붕이나 대문 위에 세우고 악귀를 쫓는 역할을 한다. 과거에는 마을 출입구, 시원, 성에 설치됐다. 스핑크스나 '고마이누'와 같이 고대 오리엔트가 기원이다.

이시간토 石敢當

중국에서 전래된 액막이 비석으로 나쁜 기운이 몰리기 쉬운 자로, 삼거리, 네거리에 세워진다. 거리를 배회하는 악귀가 이시간토에 부딪치면 사라진다고 전해진다.

빨강기와지붕 赤瓦屋根

오키나와 전통건축에서 주로 보이는 빨강기와 지붕. 과거에는 회색기와가 주를 이루었는데 18세기부터 생산되며 슈리성 등에 사용되었다. 틈을 메우는 새하얀 회반죽과의 대비가 아름답다.

외인주택 外人住宅

미군기지 군인들이나 그 가족이 생활하기 위해 지어진 집. 지금은 이곳을 이용한 카페나 잡화 가게가 인기다. 중부에 위치한 미나토가와 외인주택이 대표적이다.

구스쿠 グスク

오키나와를 비롯한 남서 제도에 남아 있는 수많은 성과 요새의 유적지다. 12~15세기에 걸쳐 각 지역의 유력자들이 활발하게 쌓아올렸고 본섬에 있는 5개 구스쿠는 세계문화유산에도 등재되었다.

우치나 타임 うちなータイム

약속시간에 늦기 마련인 독특한 시간 감각을 말한다. 오키나와 현지인들은 시간적으로 자유롭다고 하며 '약속시간 = 집을 나서는 시간'으로 인식한다고 한다. 회식 시작 시간이 되었는데 아무도 안 온 경우도 있다.

기지무나 キジムナー

'가주마루'나 '아코' 등 고목에 사는 정령. 그 모습은 어린아이와 같으며 키는 약 1m, 빨간 머리에 빨간 얼굴을 가졌다는 설이 있다. 기본적으로 사람에게 나쁜 짓은 하지 않으며 친구가 되면 잘해준다. 하지만 가끔 장난을 칠 때도 있다고 한다. 주로 생선을 먹고, 문어와 사람 방귀를 싫어한다고 한다.

우타키 うたき

오키나와 전통 신앙에서 말하는 성역으로, 제사 등을 지내는 장소. 신이 찾아오는 장소로 인식되고, 숲과 바위, 샘 등 자연 그대로의 모습을 하고 있다. 조상을 모시는 장소이기도 한다.

니라이카나이 ニライカナイ

수평선 너머 신들이 사는 낙원으로 불린다. 과거 오키나와 사람들은 바다를 풍요와 생명의 근원으로 여겼고, 또한 태풍 등 위협을 주는 대상으로 여겼다.

아마미키요 アマミキヨ

류큐 신화에 등장하는 창세신. 이 여신으로 인해 오곡이 주어졌으며 류큐의 섬들이 창조되었다고 한다. 하늘에서 내려온 최초의 곳이 바로 구다카 섬으로 현재도 신의 섬으로 여겨지고 있다.

얀바루 やんばる

오키나와현 북부에 위치한 숲이 펼쳐진 지역을 말한다. 얀바루에만 서식하는 동물이 천연기념물 '얀바루쿠이나'. 그 외에도 많은 종류의 희귀 생물과 식물이 서식하는 자연이 풍부한 지역이다.

백중 旧盆

오키나와 명절 중에서도 가장 중요하게 여기는 명절이다. 음력 7월 13일에 조상들을 초청하는 '운케(맞이)'로 시작하여 14일은 조상들과 보내는 '나카누히(가운뎃날)', 15일은 조상들을 보내는 '우쿠이(배웅)'로 이뤄진다. 집집마다 제물로 이 기간에만 만들어지는 특별한 요리도 등장한다. 이날에는 조상을 배웅하기 위해 '에이사'를 한다.

에이사 エイサー

음력 7월 15일 백중날에 조상을 배웅하기 위해 추는 염불춤. 산신에 맞춰서 북을 치고 노래하고 춤추면서 거리를 누빈다. 명절 기간 중에는 각 지역에서 연일 에이사를 춘다.

가차시 カチャーシー

축하 자리 등에서 추는 오키나와 전통 손 춤. 양손을 머리 위에 올려서 여성들은 손을 펴고, 남성들은 주먹을 쥐고 양손을 번갈아 앞뒤로 움직인다. 신나는 음악에 맞춰 추면 기분도 좋아진다.

하리 ハーリー

용을 본뜬 '하리부니' 배 경주를 벌한다. 안전과 풍어를 기원하며 음력 5월 4일에 각 지역의 어항에서 열린다. 5월 연휴에 맞춰 개최되는 나하 하리 규모가 제일 크다.

투우 鬪牛

소와 소가 싸우는 형식으로 스모처럼 순위표가 있다. 발생 시기는 확실하지 않지만 농한기 오락으로 시작되었다고 하여 현재도 설날이면 각 지역에서 행사가 진행된다.

우메시 ウメーシ

오키나와 대나무로 만든 젓가락을 말한다. 손에 쥐는 1/3 정도 되는 부분이 빨간색으로, 나머지 부분이 노란색으로 칠해져 있다. 오키나와소바 식당 등에서는 지금도 우메시를 사용하는 곳이 많다.

고레구스 コーレーグース

원래는 '고추'를 이르는 오키나와 사투리지만 현재는 알이 작은 섬 고추를 아와모리에 절인 조미료를 지칭한다. 오키나와소바 양념으로 빠질 수 없고 회나 찬푸루에도 사용한다.

런천미트 ポーク缶

캔에 넣은 소시지 같은 것으로 2차 세계대전 이후 식량부족 시대에 미군을 거쳐서 확산되었다. 찬푸루에 넣거나 주먹밥에 재료로 사용하는 등 오늘날의 오키나와 요리에는 빠질 수 없는 존재다.

엔다 エンダー

햄버거 집 '에이앤더블유(A&W)'를 말한다. 1963년 기타나카구스쿠촌에 1호점을 오픈했는데 이것이 일본 최초의 패스트푸드점이다. '드라이브인 쓰루' 스타일을 일본에서 처음으로 도입하여 인기를 모았다.

가라카라 カラカラ

아와모리를 따르는 도자기 술병. 안에 도자기 구슬이 들어가 있어 아와모리가 남아 있는지 확인하기 위해 병을 흔들면 '달그락달그락(가라카라)' 소리가 난다 하여 이 이름이 되었다고 하나 여러 설이 있다.

가리유시 웨어 かりゆしウエア

1970년 오키나와 관광을 홍보하기 위해 하와이의 알로하 셔츠를 모티브로 만든 현지 의상이다. 호텔, 가이드 등 관광 관계자들부터 시작하여 현재는 관공서에까지 널리 확산되었다.

오바 おばあ

오키나와에서 사랑받는 할머니를 말한다. 친할머니 외에도 다 '오바'라고 부른다. 예부터 모계사회였던 오키나와에서는 최강의 존재이며 '오바가 말했다면 진리'라는 말도 있다.

시마우타 島唄

가고시마현 아마미 지방의 민요를 지칭하는 말. TV나 잡지에서 오키나와 민요를 가리키는 말로 '시마우타'가 사용되면서 불리게 되었다.

산신 さんしん

현악기의 일종으로 14세기 중국에서 전래된 '삼현'이 기원이다. 소리를 내는 몸체 부분을 뱀가죽으로 덮어 장대에 있는 3개의 줄을 치면서 연주한다.

류큐 무용 琉球舞踊

류큐왕조 시대에 정립된 전통 무용. 왕국의 영화를 그린 '고전 무용'과 오키나와 연극에서 나온 '조오도리'로 구분된다. 산신의 음악에 맞춰 화려한 의상을 입은 여성들이 춘다.

린켄밴드 りんけんバンド

데루야 린켄이 이끄는 오키나와 출신 밴드다. 1977년 결성되었다. 산신, 시미다이코(섬 북) 등 오키나와 전통 악기와 베이스, 키보드 등 현대 악기를 믹싱한 '오키나와 팝'을 정립했다.

히비스커스 ハイビスカス

오키나와 사투리로는 '아카바나'라는 선명한 색채의 꽃. 거리나 저택 돌담 주변 등 곳곳에 피어 있다. 오키나와에서는 죽은 자가 저승에서 행복하도록 기원하면서 무덤에 이 꽃을 심는 풍습도 있다.

가주마루 ガジュマル

예부터 정령이 살고 있는 나무로 알려져 있다. 열대와 아열대 지방에 분포하는 상록 고목으로 높이는 20m도 된다. 추정 수령 300년인 나고의 '힌푼 가주마루'는 국가 천연기념물이다.

아단 アダン

판다누스과 상록 소교목이다. 일반적으로 해안림으로 밀생되고 있다. 아단의 열매는 파인애플과 매우 비슷하지만 떫은맛이 강해 식용으로 적합하지 않다. 잎은 일상생활 용구의 재료로 쓰인다.

겟토 月桃

높이 2m 정도 되는 생강과 다년초. 잎은 향이 좋고 항균, 방충 효과가 있어 화장품부터 방충제, 곰팡이 방지제까지 폭넓게 사용된다. 떡이나 만주를 싸는 종이 대신에 사용되기도 한다.

우민추 ウミンチュ

어부를 말한다. 특히 남부의 이토만 어부들은 오이코미 어법(Drive-fishing)으로 세계적으로 활동했다. 한자로 '海人(해인)'이라 표기하는 것이 일반적. 이 글이 적힌 T셔츠가 국제거리 등에서 팔린다.

태풍 台風

오키나와는 태풍이 많다. 1년에 30번이나 발생하기도 한다. 1년 중에서 가장 많은 달은 8, 9월. 여름 시즌에 태풍이 접근한다. 5, 6월이나 10, 11월은 태풍이 많지 않는 여행하기 좋은 시즌. 태풍에 대비하고자 전통 주택에는 돌이나 나무를 벽에 세웠다. 콘크리트 건물이 많은 것도 같은 이유다.

국도변&고속도로 휴게소 정보를 한눈에!
오키나와 관광명소 드라이브 빨리 찾기

주요 관광지와 가까운 IC까지 경로를 사전에 확인하자! 중간 휴식은 국도변 휴게소(미치노에키)와 고속도로 휴게소에서 해결하자.

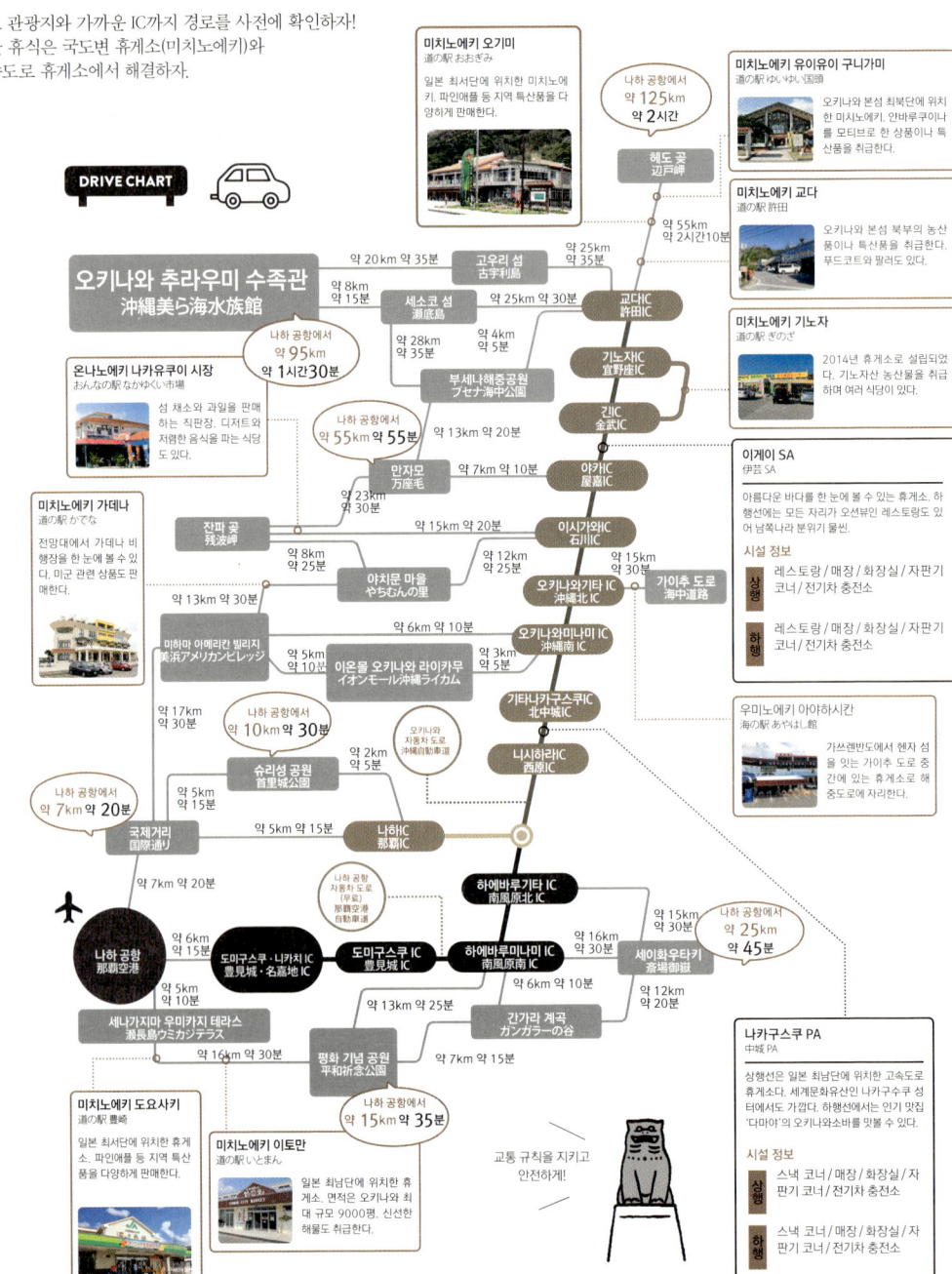

CONTENTS

오감으로 즐기는 파라다이스, 오키나와 4
새로운 이야기로 가득한 오키나와의 주목할 만한 스폿 18

BEST PLAN

오키나와 지역별로 들여다보기 6
시간대별 추천 코스 8
2박 3일 오키나와 여행법 10
즐거운 여행을 위한 준비물 14
오키나와 쇼핑 리스트 16

PLAY

오키나와에서 레포츠 즐기기 22
01 리코트 해변에서 맘껏 놀다 24
02 해양 레포츠에 도전하자 26
03 천연 해변에서 아무것도 하지 않다 28
04 일몰이 아름다운 천연 해변 30
05 다이빙 & 스노클링 32
06 당일치기 섬 여행 34
07 맹그로브 숲 탐험 36
08 해변도로 드라이브 40
09 에스테틱을 경험하다 42

TOURISM

효율적으로 오키나와 구경하기 46
01 추라우미 수족관 완전정복 48
02 해양 엑스포 공원 투어 52
03 국제거리 산책하기 54
04 절경 관광지의 매력 58
05 세계문화유산을 찾아서 60
06 간가라 계곡에서 비경 체험 64
07 2대 성지에서 파워 충전 66
08 슈리성 공원 둘러보기 70
09 슈리에서 시간 여행 72
10 신나게 '이야사사(얼쑤!)' 74
11 오키나와 테마파크로 가자 76
12 오키나와의 부엌, 제일 마키시 공설 시장 78

EAT

오키나와 미식 여행 82
01 오키나와소바, 잘 먹겠습니다 84
02 나만의 오키나와소바를 찾아라 86
03 향토요리 & 아와모리 88
04 고택에서 여유로운 식사를 90
05 섬 채소로 건강한 점심 92
06 신선한 섬 생선 맛보기 96
07 푸짐한 스테이크에 빠지다 98
08 명품 고기 선택하기 100
09 타코 & 타코라이스 102
10 건강한 햄버거를 덥석! 104
11 오키나와 젠자이 106
12 히야시몬 디저트 108
13 해변 카페 110
14 숲속 카페 112
15 갓 구운 빵 114
16 여유로운 커피 스탠드 116
17 아침 카페에서 하루의 시작을 118
18 오키나와 안마 식당으로 간다 120
19 팔러에서 가볍게 한 끼 122
20 사카에마치 시장에서 깊어지는 밤 124
21 류큐 요리교실에서 배우다 126

SHOPPING

오키나와에서 쇼핑하기 130
01 류큐 유리 득템 132
02 야치문, 첫눈에 빠지다 134
03 귀여운 직물 잡화를 내 손에 136
04 센스 있는 편집숍 140
05 가구 거리로 가자! 142
06 일단 쇼핑 센터로 고고! 144

- 07 친스코 프로파일링 146
- 08 소박한 맛의 전통 과자 148
- 09 와시타 숍에서 폭풍 쇼핑 150
- 10 마트에서 식재료 구입하기 152
- 11 아케이드 상가 알뜰 쇼핑 154

TOWN

나하·슈리
- 01 국제거리 158
- 02 요시모토 개그 158
- 03 포징미치촌 159
- 04 수족관 정보 홍보관 159
- 05 우키시마 거리 160
- 06 사쿠라자카 거리 161
- 07 뉴파라다이스 거리 162
- 08 쓰보야 야치문 거리 162
- 09 유리 공방 163
- 10 우미카지 테라스 163

남부
- 01 오키나와 전투 격전지 164
- 02 바다 전망 카페 166
- 03 이토만 공설 시장 167
- 04 '우민추(어부)'의 섬 167

중부
- 01 미나토가와 외인주택 카페 168
- 02 미나토가와 외인주택 편집숍 169
- 03 기타나가구스쿠의 장인 카페 170
- 04 지역 영화 감상 171
- 05 수공예 작품들 171
- 06 게이트 타운 172
- 07 가이추 도로 173

서해안 리조트
- 01 리조트 호텔 카페 174
- 02 부드러운 팬케이크 175
- 03 전망 좋은 카페 175

- 04 야치문 마을 176
- 05 만들기 체험 177

추라우미 수족관 주변
- 01 후쿠기 가로수길 178
- 02 절경의 섬 여행 179
- 03 모토부의 인기 카페 180
- 04 모토부 소바 거리 181
- 05 이에 섬 181

얀바루
- 01 절경 파워 스폿 182
- 02 비경 트레킹 183
- 03 웅장한 자연 184
- 04 숲속 카페 185
- 05 천연기념물 얀바루쿠이나 185
- 06 테라피 로드 186
- 07 얀바루 미치노에키 186

STAY

- 01 럭셔리 호텔 스테이 188
- 02 리조트 호텔 190
- 03 프라이빗 호텔 192
- 04 시티 호텔 194
- 05 고택 & 외인주택 196
- 06 호텔에서 자연과 동물로 힐링 198
- 07 지역별 호텔 정하기 200

오키나와 본섬에서 당일치기 여행
- 느린 시간이 흐르는 외딴섬으로 202
- 다케토미 섬 204
- 미야코 섬 206
- 이시가키 섬 207

오키나와를 배워요 38, 68, 94, 138
특별 만화 20, 44, 80, 128, 156
INFORMATION 208
INDEX 218

오감으로 즐기는 파라다이스
오키나와

느긋한 시간이 흐르는 오키나와는 관광은 물론 식도락과 쇼핑까지 매우 알차다.
코발트 블루의 바다를 바라보노라면 멀리 하늘까지 푸르다.

PLAY 레포츠

동서남북 어느 곳이든 투명한 바다로 둘러싸이고, 풍요로운 초록 숲이 온 섬을 뒤덮은 오키나와. 자연 속으로 뛰어들어 재충전의 시간을 갖자!

짜릿하게 하늘을
날아올라!
플라잉보드
해변에 가면 해양 레포츠에 도전해보자! 바나나보트도 좋지만 가장 핫한 레포츠는 플라잉보드! 일상의 바쁜 일은 바다에 던져버리고 신나게 놀아보자.
플라잉보드 >>> P.26

TOURISM 엔터테인먼트

오키나와 추라우미 수족관과 유네스코 세계문화유산 슈리성 등 오키나와에는 꼭 한 번 가봐야 하는 볼거리가 가득하다.

유유히 헤엄치는 모습에
절로 훈훈
고래상어
오키나와 추라우미 수족관에는 3마리의 고래상어가 있다. 그중 1마리는 사육되는 동물 중 세계 최대의 크기를 자랑한다. 유유히 헤엄치는 모습을 보면 마치 바닷속에 있는 듯한 기분이 든다.
오키나와 추라우미 수족관 >>> P.48

EAT
미식
오키나와소바, 찬푸르, 아와모리 등 명물 요리가 가득! 고택이나 바다 경관이 보이는 곳에서 즐길 수 있다!

바다를 바라보며
차 한 잔의 여유
해변 카페
바다를 조망할 수 있는 해변 카페가 곳곳에 있다. 주로 본섬 남부와 서해안 해변가에 모여 있다. 히비스커스 차, 오키나와산 과일을 사용한 디저트를 맛보면서 여유로운 시간을 보내자.

카페 구루쿠마 >>> P.111

SHOPPING
쇼핑
역사와 문화를 소중히 여기는 오키나와에는 전통 공예품을 어렵지 않게 찾아볼 수 있다. 모던한 스타일로 변화를 준 그릇이나 자수 액세서리(小間物) 제품이 인기다.

세련된 장인의 솜씨가
빛나는 명품
직물
수십 가지가 넘는 오키나와 전통 공예품의 대부분은 직물이다. 슈리오리(首里織), 바쇼후(蕉布) 등 각지에서 독특한 직물 문화가 육성되고 있다. 기념품으로는 귀여운 자수 액세서리를 추천한다.

직물 공방 시온 >>> P.136

오키나와 지역별로 들여다보기

오키나와에서 놓쳐서는 안 될 인기 절정의 아쿠아리움
추라우미 수족관 주변 >>>P.178

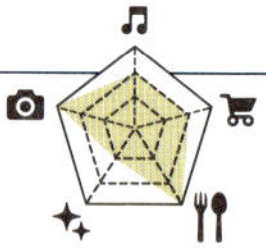

이 지역의 중심은 오키나와 추라우미 수족관이 있는 모토부정(町·초). 천연 해변과 아열대 식물이 우거진 숲 등 풍부한 자연을 자랑한다. 고우리 섬 등 외딴섬들과 맛집들이 모여 있는 '소바의 거리'도 놓칠 수 없다.

고래상어가 헤엄치는 오키나와 추라우미 수족관의 대형 수조

해변과 호텔에서 리조트 느낌을 만끽하다
서해안 리조트 >>>P.174

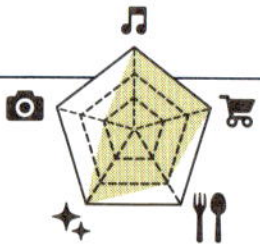

해변을 따라 호텔이 들어선 리조트 지역. 해변에서는 해양 레포츠를 다양하게 즐길 수 있다. 자연의 신비를 직접 눈으로 확인할 수 있는 절경의 여행지가 많고, 감탄을 자아내는 절경을 간직한 여행지도 많다. 또한 요미탄촌(村·손)에는 공방이 모여 있는 야치문 마을이 있다.

오키나와 여행지에서 빼놓을 수 없는 만자모

무엇이든 있는 오키나와 중심지!
나하·슈리 >>>P.158

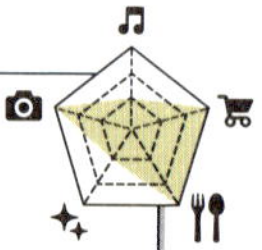

나하 공항이 가까운 국제거리와 오키나와 식재료가 가득한 시장은 사람들로 북적인다. 류큐왕국 시대의 모습을 간직한 세계문화유산 슈리성과 슈리성 주변의 번화가 등 볼거리가 가득하다.

국제거리 스크램블 교차로

沖縄美ら海水族館 / 오키나와 추라우미 수족관
추라우미 수족관 주변

🚗 자동차로 약 90분

リゾートホテル / 리조트 호텔

서해안 리조트

중부

🚗 자동차로 약 60분

🚗 자동차로 약 40분

나하·슈리

🚗 자동차로 약 35분

남부

平和祈念公園 / 평화 기념 공원

오키나와 지도

지역별로 특색이 분명한 오키나와를 6개 구역으로 나눠 소개한다. 북단에서 남단까지는 자동차로 2시간 이상 걸리기 때문에 이동 시 경로 확인은 필수!

大石林山
다이세키린잔

알아두면 좋은 오키나와 기본 정보

- 도쿄에서 약 2시간 50분 / 주요 교통수단은 렌터카, 유이레일, 버스 등
- 여행하기 딱 좋은 시기는 4~10월 / 여행 예산은 하루 1만엔부터
- 오키나와 면적은 2,281km²
- 오키나와 인구는 142만 7,431명(2016년 4월 현재)
- 오키나와 섬 수는 총 160곳(유인, 무인 포함)

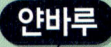
얀바루

🚗 자동차로 약 120분

야생 그대로의 자연을 느낀다
얀바루 >>> P.182

오키나와 본섬 최북단에 위치. 면적의 약 80%가 숲이다. 거암, 기암, 맹그로브에서 놀라운 자연을 느낄 수 있다. 얀바루쿠이나(얀바루 흰눈썹뜸부기) 등 희소 생물들도 많이 서식하고 있으며 관찰 투어도 있다.

맹그로브 숲(위), 트레킹 풍경(아래)

미국 문화와 혼재된 지역
중부 >>> P.168

미군 기지가 곳곳에 자리하고 있기 때문에 오키나와 미국 문화가 융합된 요리와 건축물들을 볼 수 있다. 가이추 도로 너머의 외딴섬에는 오키나와 옛 풍경과 만난다.

아메리칸 빌리지(위), 미국 문화를 품은 거리 모습(아래)

절경으로 가득한 시크릿 지역
남부 >>> P.164

신화가 살아 숨 쉬는 세이화우타키와 간가라 계곡, 전쟁의 흔적이 남아있는 평화 기념 공원 등 특색이 있다. 최근에는 바다 전망이 보이는 카페가 화제를 모으고 있다.

간가라 계곡(위), 히메유리 탑(아래)

지역별 정보
지역별 추천 포인트를 한눈에!

- 🎵 놀거리
- 🛒 쇼핑
- 🍴 먹거리
- ✨ 뷰티
- 📷 관광

시간대별 추천 코스

오키나와에서 알찬 하루를 보내고 싶다면? 시간대별로 관광지, 맛집, 쇼핑을 가장 알차게 즐길 수 있는 코스를 소개한다. 아침부터 밤까지 행복해지는 계획을 세워보자.

PLAY

아침
- 해변 >>> P.24·28 (0엔~)
- 해양 레포츠, 다이빙 >>> P.26·32 (3,000엔~)
- 당일치기 섬 여행 >>> P.34 (2,000엔~)
- 맹그로브 카약 체험 >>> P.36 (6,000엔~)
- 해안도로 드라이브 >>> P.40 (0엔~)

※ 만조가 아니면 탈 수 없기 때문에 날마다 시간에 차이가 있다.

점심
- 스파 >>> P.42 (6,500엔~)

저녁
- 선셋 비치 >>> P.30 (0엔~)

이보다 더 바닷물이 투명할 수 없다. 세소코 섬의 세소코 해변

TOURISM

아침
- 슈리성 공원 >>> P.70 (0엔~)
- 오키나와 추라우미 수족관&해양 엑스포 공원 >>> P.48·52 (0엔~)
- 제일 마키시 공설 시장 >>> P.78 (0엔~)
- 테마파크 >>> P.76 (0엔~)
- 성지&비경 >>> P.64·66 (300엔~)
- 풍경이 아름다운 관광지 >>> P.58 (0엔~)

유네스코 세계문화유산에 등재된 슈리성 정전

※ 점심시간대가 제일 붐빈다. 비교적 한적한 시간대는 아침시간이다.

점심
- 국제거리 >>> P.54 (0엔~)

※ 간가라 계곡은 하루 4차례 열리는 투어 참여가 필수이다.

저녁
- 시마우타(섬 민요) >>> P.74 (1,000엔~)

제일 마키시 시장에는 신선한 생선이 가득하다.

오키나와 월별 일출·일몰 시간 참고 기준

月	1月	2月	3月	4月	5月	6月	7月	8月	9月	10月	11月	12月
일출	7:18	7:05	6:38	6:06	5:43	5:36	5:46	6:01	6:15	6:28	6:47	7:09
일몰	17:58	18:21	18:38	18:53	19:09	19:24	19:25	19:06	18:34	18:01	17:39	17:39

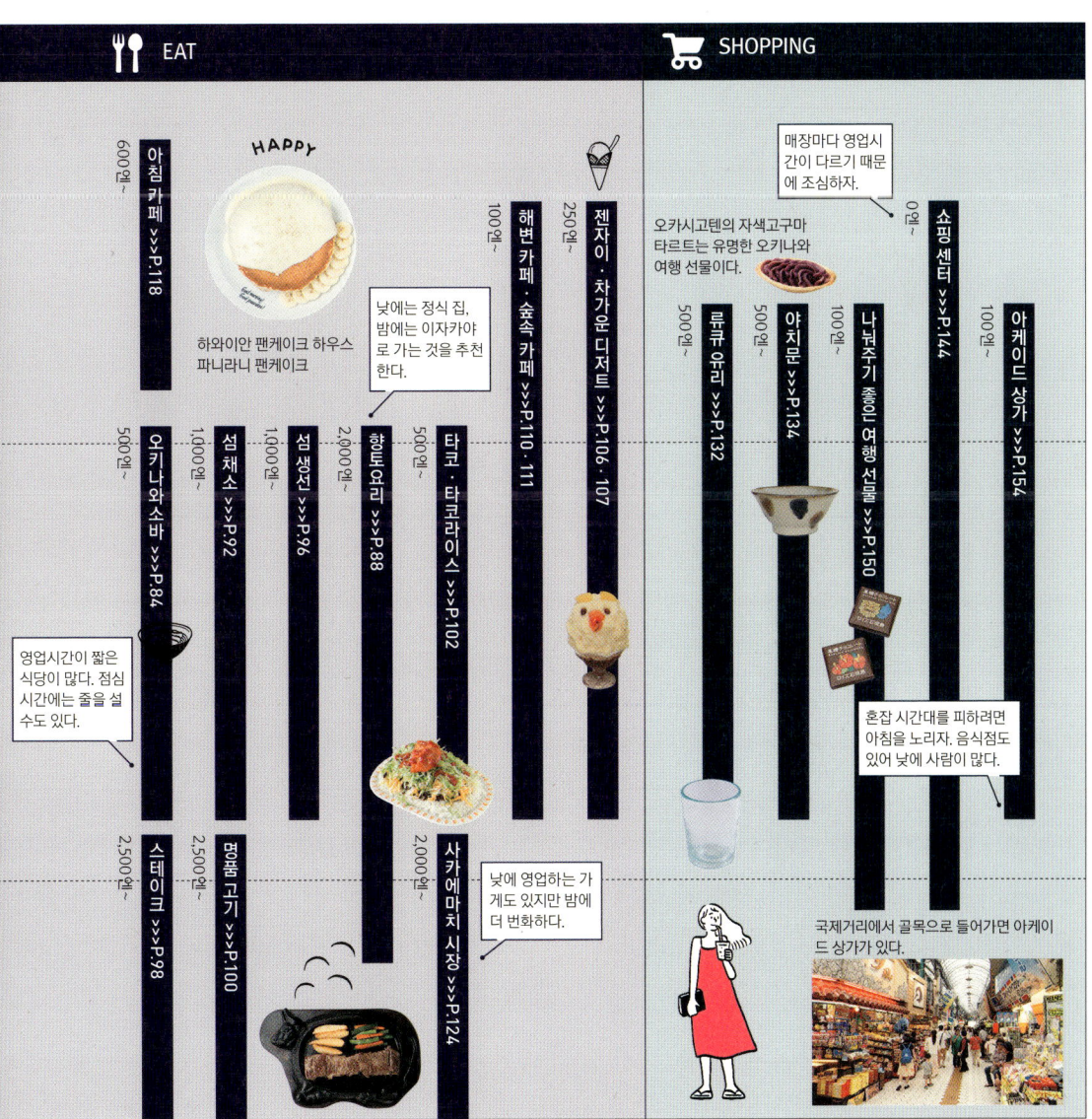

EAT

- 아침 카페 >>> P.118 — 600엔~
- 해변 카페·숲속 카페 >>> P.110·111 — 100엔~
- 젠자이·차가운 디저트 >>> P.106·107 — 250엔~
- 오키나와 소바 >>> P.84 — 500엔~
- 섬 채소 >>> P.92 — 1,000엔~
- 섬 생선 >>> P.96 — 1,000엔~
- 향토요리 >>> P.88 — 2,000엔~
- 타코·타코라이스 >>> P.102 — 500엔~
- 스테이크 >>> P.98 — 2,500엔~
- 명품 고기 >>> P.100 — 2,500엔~
- 사카에마치 시장 >>> P.124 — 2,000엔~

하와이안 팬케이크 하우스 파니라니 팬케이크

낮에는 정식 집, 밤에는 이자카야로 가는 것을 추천한다.

영업시간이 짧은 식당이 많다. 점심 시간에는 줄을 설 수도 있다.

낮에 영업하는 가게도 있지만 밤에 더 번화하다.

SHOPPING

- 쇼핑센터 >>> P.144 — 0엔~
- 아케이드 상가 >>> P.154 — 100엔~
- 루큐 유리 >>> P.132 — 500엔~
- 야치문 >>> P.134 — 500엔~
- 나뷔주기 좋은 여행 선물 >>> P.150 — 100엔~

매장마다 영업시간이 다르기 때문에 조심하자.

오카시고텐의 자색고구마 타르트는 유명한 오키나와 여행 선물이다.

혼잡 시간대를 피하려면 아침을 노리자. 음식점도 있어 낮에 사람이 많다.

국제거리에서 골목으로 들어가면 아케이드 상가가 있다.

2박 3일 오키나와 여행법

나하 · 슈리 정복하기

나하 공항에 도착하면 먼저 나하시 주변을 둘러보자. 관광, 쇼핑, 식도락 등 즐길 수 있는 것으로 가득하다.

DAY 1

AM
9:30 나하 공항
약 15분 소요
10:00 세나가지마 우미카지 테라스 >>>P.163
〈소요시간 약 2시간〉
약 30분 소요

PM
13:00 슈리성 공원 >>>P.70
〈소요시간 약 1.5시간〉
약 20분 소요
15:00 국제거리 주변
〈소요시간 약 5시간〉
• 국제거리 >>>P.54
• 마호 커피 >>>P.160
• 국제거리 포장마차촌 >>>P.159

LUNCH
남유럽 분위기의 리조트에서 점심을 해결하고 쇼핑하기

2015년에 탄생한 새로운 센스 만점 쇼핑몰 우미카지 테라스에서 우선 점심을 먹자.

SIGHTSEEING
세계문화유산 슈리성 공원에서 류큐왕국 공부하기

오키나와를 상징하는 유적지를 방문해서 류큐왕국 시대 문화를 만난다.

POINT 슈리성 공원에는 볼거리가 많은데 시간이 없을 때는 하이라이트라 할 수 있는 정전만 구경하자.

SHOPPING
지역 요리부터 작가들의 공예품까지 무엇이든 다 있는 국제거리

음식점, 기념품점 등 모든 가게가 다 모인 나하의 중심가를 산책하자.

DINNER
아직도 늦지 않았다! 즐거운 술집 순례

밤늦게까지 영업하는 집이 많은 것도 나하의 특징이다. 야타이무라(포장마차촌)도 있어 왁자지껄 활기가 있다!

신나는 분위기!

CAFE
맛있는 커피와 함께 여유롭게

국제거리에서 가까운 골목에는 여유롭게 쉴 수 있는 분위기 있는 카페가 많다.

POINT 오키나와 각지에는 기념품 종류가 다양하다. 이곳에서 여행 선물과 기념품을 공략하는 게 좋다.

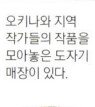

오키나와 지역 작가들의 작품을 모아놓은 도자기 매장이 있다.

인기 작가가 만든 야치문을 만날지도 모른다.

오키나와에서 이동하는 법

오키나와에서 원활하게 이동하려면 자동차가 가장 좋다. 렌터카 이용 방법은 P.216를 참고하자. 운전할 수 없다면 시간제 관광택시도 추천할 만하다. 오키나와 이동 수단은 6개가 있다. 자동차(렌터카)뿐만 아니라 나하 시내에서는 유이레일을 이용할 수 있고, 공항에서는 리무진 버스를 이용해 중부와 서해안의 리무진 호텔에 찾아갈 수 있다.

주요 이동 수단
◎유이레일 ◎렌터카 ◎택시
◎셔틀택시 ◎노선버스 ◎공항 리무진 버스

오키나와 바다 정복하기

나하에서 서해안 리조트 지역까지 드라이브를 하자. 추라우미 수족관에서 절경의 포인트까지 모두 만끽하는 것이 좋다.

SIGHTSEEING
오키나와 추라우미 수족관에서 바다 생물들 관찰

POINT 이곳은 오전이 비교적 한산하다. 시간이 있다면 해양 엑스포 공원도 가보자.

오키나와 관광 하이라이트 중 하나. 고래상어가 헤엄치는 대형 수조 '구로시오의 바다'를 보노라면 시간 가는 줄 모르니 주의.

SIGHTSEEING
후쿠기 가로수길에서 느긋하게 산책

여유로운 시간이 흐르는 가로수길에서 물소 수레를 타보자. 이것이 바로 오키나와 여행법!

LUNCH
오키나와소바 정복하기!

소바 거리로 오세요!

오키나와소바의 맛집이 모여 서로 경쟁하고 있는 모토부 소바 거리로 가보자! 점심에 인기 맛집 이시쿠비리에서 오키나와소바 한 그릇.

STAY
이왕이면 리조트 호텔에서 하룻밤을

요미탄촌과 나고시 사이 서해안 곳곳에 들어선 럭셔리 리조트 호텔을 노리자!

SIGHTSEEING
만자모에서 해가 지는 풍경에 감동!

만자모에서 로맨틱한 풍경에 취하다.

POINT 일몰 시간은 계절에 따라 다르다. >>>P.9 표를 참조하자.

ACTIVITY
에메랄드 블루 빛 바다에서 해양 레포츠

바닷속이 훤히 보이는 서해 바다에서 하고 싶었던 해양 레포츠를! 스노클링에도 도전하자.

POINT 다이빙 숍에서 운영하는 스노클링 투어는 대략 2~3시간이 걸린다. 투어에 참여하기 위해서는 사전 예약이 필요하다.

DAY 2

AM

9:00 오키나와 추라우미 수족관 >>>P.48
〈소요시간 약 2.5시간〉

 약 3분 소요

PM

12:00 비세 마을 후쿠기 가로수길 >>>P.178
〈소요시간 약 30분〉

 약 15분 소요

13:00 이시쿠비리 >>>P.181
〈소요시간 약 1시간〉

 약 1시간 소요

15:30 스노클링 >>>P.32
〈소요시간 약 2시간〉

 약 1시간 소요

18:00 만자모 >>>P.58
〈소요시간 약 30분〉

 약 20분 소요

19:00 더 부세나 테라스 >>>P.188

남쪽 섬 리조트를 만끽하다

여행 마지막 날은 마음을 단단히 먹고 여행 기념품 찾자! 전통 공예품 야치문(도자기)부터 면세품에 이르기까지, 쇼핑 포인트를 잘 살피며 공항으로 가자.

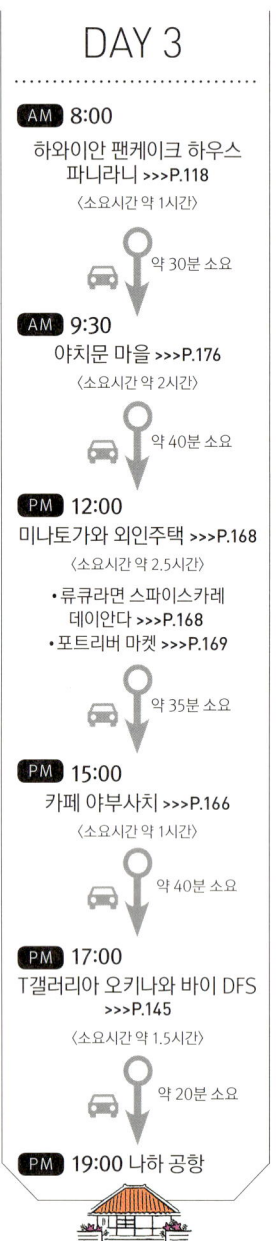

DAY 3

AM 8:00
하와이안 팬케이크 하우스 파니라니 >>>P.118
〈소요시간 약 1시간〉

약 30분 소요

AM 9:30
야치문 마을 >>>P.176
〈소요시간 약 2시간〉

약 40분 소요

PM 12:00
미나토가와 외인주택 >>>P.168
〈소요시간 약 2.5시간〉
• 류큐라멘 스파이스카레 데이안다 >>>P.168
• 포트리버 마켓 >>>P.169

약 35분 소요

PM 15:00
카페 야부사치 >>>P.166
〈소요시간 약 1시간〉

약 40분 소요

PM 17:00
T갤러리아 오키나와 바이 DFS >>>P.145
〈소요시간 약 1.5시간〉

약 20분 소요

PM 19:00 나하 공항

MORNING
인기 만점 팬케이크로 아침부터 기분이 좋아!

하와이안 카페가 오키나와에서도 인기다. 건강한 아침 한 끼 잘 먹겠습니다!

맛있는 조식 어때요?

SHOPPING
아기자기한 야치문 쓸어 담기!

요미탄촌에 있는 야치문 마을(やちむんの里・야치문노사토)에서 오키나와 야치문을 데려가자.

POINT 이곳에는 16개 공방이 모여 있으며 갤러리와 매장들을 둘러볼 수 있다. 시간이 있다면 분위기 있는 카페에서 휴식하자.

다양한 작품이 있는 요미탄잔야키 기타가마점

전통 무늬인 물고기 그림이 매력적인 스튜디오 템플 접시

개성 넘치는 무늬를 입은 도자기가 있는 갤러리 야마다

LUNCH SHOPPING
센스 있는 숍이 모여 있는 외인주택으로

과거 주일미군이 거주하던 외인주택을 활용한 센스 넘치는 매장과 카페를 둘러보자.

SHOPPING
마지막은 면세점에서 나를 위한 선물 구입!

기념품을 쇼핑하기 위한 곳! 여권 없이 면세품을 구입할 수 있는 DFS로 가자.

100종 이상의 브랜드를 모두 면세 가격으로 구입 가능하다.

나를 위한 선물을 득템한다.

POINT T갤러리아 오키나와 바이 DFS에서 구입한 면세품은 공항 면세품 카운터에서 수령한다.

CAFE
여행 코스의 마무리는 바다가 보이는 카페

환상적인 전망을 자랑하는 카페에서 오키나와 바다를 눈에 담아보자. 남부에는 전망 좋은 해안 카페가 많다.

디저트나 주스 한 잔으로 휴식을 갖자.

점심 한 끼 해결하기에 딱 좋은 카페와 식당이 많다.

편집숍에서 개성 넘치는 잡화를 득템

+반나절이 더 있다면?

한 번 더 해양 레포츠를!  시간이 있다면 바다 혹은 숲에서 이루어지는 레포츠 체험에 할애한다. 기본적으로 사전 예약이 필수다.

SEA
옷을 갈아입고 준비하는 시간, 휴식 시간까지 감안해서 계획을 세운다.

FOREST
숲속 체험들은 오키나와 북부 얀바루 지역에 많다.

플라잉보드 >>>P.26
바다 위 공중 산책을 즐길 수 있는 다이내믹한 레포츠!

카약 >>>P.36
투어에 참여해서 맹그로브 숲을 카약 타고 투어하기.

바다 생물들과 교류 >>>P.33, 199
가족 여행자들에게 추천하는 바다 생물 체험. 수영을 못해도 괜찮아!

트레킹 >>>P.183
활동적인 여행자들에게 추천한다. 1~3시간 동안 삼림욕이 가능하다.

+하루 더 여유가 있다면?

자동차와 페리로 가까운 섬에 가자! 오키나와 본섬 주변에는 온종일 놀 수 있고 호텔까지 갖춘 외딴섬들이 많다!

고우리 섬 >>>P.179
바다 위를 달리는 절경을 자랑하는 고우리 대교를 건너서 갈 수 있다. 전망 포인트도 많다.

CAFE
t&c 토라쿠

테라스 석에서 고우리 대교와 이에 섬을 한눈에 볼 수 있는 카페.

- 今帰仁村古宇利1882-10
- 0980-51-5445
- 10:00-18:00
- 교다IC에서 약 24km
- 주차장 있음

추라우미 수족관 주변 ▶ MAP P.13 E-1

위: 하트바위(ティーヌ浜・티누하마)
아래: 고우리 대교

젠자이 빙수 600엔

이에 섬 >>>P.181
모토부 항에서 페리를 타고 30분 만에 갈 수 있다. 전망대와 해변도 있다.

섬 특산물을 구입하자

땅콩과 시마락교가 유명하다.

사탕수수로 만든 이에무라 산타마리아 2,700엔

섬 중앙에 우뚝 솟은 구스쿠야마(닷수)

013

즐거운 여행을 위한 준비물

출발 날짜가 정해지면 바로 여행 준비에 들어간다. 현지에서 당황하지 않도록 가져갈 물건들을 꼭 적어두자. 나하·슈리 지역 외에는 주변에 편의점이 없는 곳도 많다. 현지에서 구입하면 된다고 생각하지 말고 최소한 필요한 것들은 꼭 챙긴다.

현지에서 구입할 다양한 물품을 위해 반은 비워두자.

2박 3일용 캐리어

2박 3일이면 기내 반입 가능한 크기라도 괜찮다. 단 여행 기념품을 많이 살 거면 큰 캐리어를 준비하는 것이 여유 있다.

FASHION

오키나와는 덥다? 일 년 내내 그렇지는 않다. 겨울에도 평균 17℃로 다른 지역에 비해 따뜻하지만 기온이 내려갈 때도 있으니 걸칠 수 있는 겉옷을 준비하자.
8~9월에는 태풍이 많으므로 주의하자.

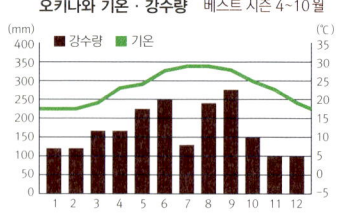

오키나와 기온·강수량   베스트 시즌 4~10월

월별 패션 코디법

1~2월
밤에는 기온이 뚝 떨어진다. 약간 두꺼운 겉옷을 준비하자.

3~4월
낮에는 반팔로 충분하다. 혹시 모르니 카디건을 준비한다.

5~10월
내리쬐는 햇볕이 강해 양산이나 모자가 필요하다.

11~12월
셔츠 혹은 얇은 니트가 좋다. 반팔만 입어도 괜찮은 날도 있다.

COSMETICS

오키나와는 자외선이 무척 강하기 때문에 선크림을 꼭 챙긴다. 특히 애프터 선 제품을 꼼꼼하게 챙기는 것이 소중한 피부를 지키는 지름길이다.

선크림
현지 드럭스토어 등에서도 구입할 수 있다. 가능하면 도착 직전에 바르자.

애프터 선로션·마스크
자외선에 노출된 피부는 크게 손상된다. 저자극 애프터 선 전용 제품이 좋다.

비치용 필수 아이템

수영복
현지에서 구입할 수도 있지만 모처럼 여행 시간을 낭비할 수 없으니 가져가는 게 좋다.

샌들
여름에는 시내에서도 신고 다니는 사람들을 볼 수 있다.

방수 가방
휴대전화나 타월 같은 물건이 들어가는 작은 가방이 있으면 편리하다.

타월
대여할 수도 있지만 하나 정도 가지고 있으면 여러모로 편리하다.

티셔츠·후드티
자외선을 막아주기도 한다. 바로 꺼내서 걸칠 수 있도록 준비하면 좋다.

MONEY

신용카드를 사용할 수 없는 곳도 많으니 현금을 준비하자. 주차장을 많이 이용한다면 잔돈을 더 준비한다.

절약하면서 여행한다면
5만엔도 가능

지갑
현금인출기가 가까이에 없을 수도 있으니 현금은 좀 더 많이 준비하자.

해변에서는 도난 조심!

해변에서
동전이 들어가는 서브용 지갑을 가지고 있으면 편리하다.

현지에서 사용하는 서브 가방

서브 가방에는 귀중품, 손수건, 가이드북을 넣고 다닌다. 무거운 짐을 들고 있으면 무더운 날씨에 금방 지친다. 짐을 잘 나눠 넣자.

2박 3일 평균 예산 약 **8.5 만엔**

◎ 출발 전 경비
- 항공권 …1~7만엔
- 호텔 …1~4만엔
- 렌터카 …1~2만엔

◎ 현지 경비
- 🍴 …1만 5,000엔
- 🛒 …1만 5,000엔
- 🎵 …1만엔
- 📷 …5,000엔
- ✨ …1만엔

*가격대는 폭이 넓다. 어디까지나 표준 기준이다.

...etc.

티켓, 우비, 물 등 여행을 보다 더 쾌적하게 해주는 아이템을 들고 다니자.

비행기 티켓
전자 티켓일 경우 사전에 출력하자.

휴대전화 충전기
여행하다보면 생각보다 빨리 방전된다.

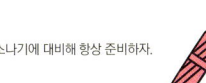

우산
갑작스런 소나기에 대비해 항상 준비하자.

패브릭 가방
쇼핑하면서 짐이 늘어났을 때 편리하다.

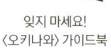 

음료/물
더위를 이기기 위해 자주 수분을 마시자.

잊지 마세요!
〈오키나와〉 가이드북

드라이브를 위해 편리한 아이템들

자동차로 이동하는 시간이 의외로 길다. 불편함이나 짜증을 느끼지 않도록 아래 아이템들을 챙긴다.

시거 잭 어댑터
휴대전화 충전용. 렌터카에 옵션으로 있을 수도 있다.

선글라스
오키나와 햇볕은 대단하다.

사탕/껌
장거리 여행의 동반자. 잠이여, 사라져라!

동전
요금소에서 통행료를 지불할 때 바로 꺼낼 수 있도록 준비하자.

비닐 봉투
쓰레기 봉투로 사용하자. 주유소에서 버리면 된다.

휴지
있으면 여러모로 편리하다. 땀을 닦을 때도 좋다.

오키나와 쇼핑 리스트

GOODS — 기념품은 역시 기본에 충실하게

ITEM 01 야치문

오키나와 전통 공예품인 야치문은 부담스럽지 않은 소박한 디자인이 많다. 단, 인기 작가의 작품은 가격이 꽤 세다. 무겁고 부피가 크기 때문에 많이 구입했다면 택배로 보내자.

가격대: 500~3만엔
이 매장으로 GO!
스튜디오 템플 >>> P.135
잇스이가마 >>> P.135

GOODS — 특별한 아이템을 노린다면

ITEM 03 패브릭 공예품

류큐 직물, 빈가타, 디자이너 제품 등이 있으며 소품부터 가방까지 아이템도 다양하다. 공방에 딸린 갤러리 숍에서 구입할 수 있다.

가격대: 500~1만엔
이 매장으로 GO!
직물 공방 시온 >>> P.136
미무리 >>> P.137

GOODS — 오키나와다운 선물로 딱!

ITEM 05 손수건

시샤, 파인애플 등 오키나와다운 색과 무늬를 지닌 손수건(手ぬぐい・데누구이)도 좋다. 보자기로도 사용할 수 있는 큰 사이즈가 편리하다. 부피가 작고 가벼워 친구들을 위한 여행 선물로 안성맞춤이다.

가격대: 1,000엔부터
이 매장으로 GO!
잡화점 소 >>> P.171
쿠쿠루 나하점 >>> P.137

GOODS — 잊을 수 없는 수분 마스크

ITEM 07 보습 시샤 마스크

얼굴에 붙이면 시샤가 되는 '추라시샤마스크'는 소소한 이야기를 불러일으키는 즐거운 기념품이다. 부피가 작아서 대량 구입해도 짐이 되지 않는다.

가격대: 1,000엔
이 매장으로 GO!
와시타 숍 국제거리 본점 >>> P.150

GOODS — 오키나와 바다와 하늘을 담다

ITEM 02 류큐 유리

집에서 보고 있으면 오키나와의 바다 빛깔이 떠오를 것이다. 가져갈 때는 깨지지 않도록 잘 포장하자. 비행기 탈 때는 맡기지 않고 기내 수하물로 들고 가는 게 안전하다.

가격대: 500~5,000엔
이 매장으로 GO!
분유리 공방 니지 >>> P.133
류큐 유리 공방 글라치타 >>> P.132

GOODS — 오키나와가 자랑하는 지역 맥주

ITEM 04 오리온 맥주 굿즈

유명한 지역 맥주인 오리온 맥주는 잘 알려지지 않았지만 관련 상품이 다양하다. 필스너(ビルスナー) 유리잔, T셔츠 등 이런 것까지 있느냐고 놀랄 정도로 다채롭다.

가격대: 200엔부터
이 매장으로 GO!
지사카스 >>> P.160
호텔 오리온 모토부 리조트&스파 >>> P.201

GOODS — 원포인트로 오키나와다움을 연출

ITEM 06 오키나와 모티브 소품

고래상어, 흰눈썹뜸부기, 히비스커스 등 오키나와다운 모티브를 살린 펠트 브로치가 눈에 띈다. 수작업의 따뜻한 디자인이 감성 저격!

가격대: 1,500엔부터
이 매장으로 GO!
가이소 국제거리점 >>> P.57
사쿠라자카 극장 >>> P.161

GOODS — 비누, 바스솔트 등

ITEM 08 화장품

겟토, 시콰사 등 오키나와 소재를 원료로 한 오키나와 화장품은 어떨까? 무첨가, 유기농 등 순한 자연주의 화장품을 기념품으로 챙겨보자.

가격대: 800~3,000엔
이 매장으로 GO!
오가닉&아로마 베타르나 국제거리 카고점 >>> P.43
라 쿠치나 숍 부티크 >>> P.43

전통 공예품부터 과자, 술까지 오카나와 기념품은 매우 다채롭다. 어디서 어떤 것을 살지, 예산은 얼마로 책정할지, 기념품을 고를 때 고민이 많은 당신에게 오카나와의 멋진 아이템들을 소개한다. 비행기를 탈 때 수하물 무게 기준을 초과하지 않도록 주의하자. 여러 사람들에게 나눠줄 여행 선물을 찾고 있다면 와시타 숍 국제거리 본점(>>>P.150)을 추천한다. 나하 공항 내에도 있다.

 실패 없는 여행 선물
ITEM 09 친스코
오키나와 대표적인 선물이라면 과자 친스코다. 여러 업체에서 만들고 있으니 P.146를 참고해서 비교해보고 최고의 하나를 구입하자. 여러 사람들에게 나눠줄 선물로 딱이다.

가격대: 500~3,000엔
이 매장으로 GO!
아라가키 친스코혼포 마키시점 >>>P.146
와시타 숍 국제거리 본점 >>>P.150

 아버지에게는 이것
ITEM 10 아와모리
오키나와에는 많은 양조장이 있고, 브랜드도 다양하다. 숙성시킨 묵은 술도 많다. 인기 브랜드는 잔파, 즈이센, 구메지마 구메센 등이다. 매장 직원에게 추천 상품을 물어보는 것도 방법이다.

가격대: 1,500엔부터
이 매장으로 GO!
아와모리 류카 >>>P.154
와시타 숍 국제거리 본점 >>>P.150

 고급스러운 선물이 필요하다면
ITEM 11 호텔 기념품
고급 리조트 부티크에는 호텔 셰프가 직접 만든 식재료나 스파에서 사용되는 디톡스 차 등 엄선된 제품들이 많다. 럭셔리한 기분을 집으로 데려가자.

가격대: 1,000~5,000엔
이 매장으로 GO!
더 부세나 테라스 >>>P.188
코코 가든 리조트 오키나와 >>>P.190

 오키나와의 간편한 간식
ITEM 12 사타안다기
오키나와 도넛을 말한다. 자색고구마, 흑설탕 등 종류가 다양하고 진공포장을 하면 1주일 정도, 의외로 유통기한이 길다.

가격대: 100~1,000엔
이 매장으로 GO!
아유미 사타안다기 >>>P.79
마쓰바라야 제과 >>>P.154

 친환경 산호초 커피
ITEM 13 커피
풍화된 산호를 사용해서 로스팅한 오키나와 커피. 드립 팩이 하나씩 개별 포장되어 있고 포장도 센스 만점! 커피를 좋아하는 분들에게 추천한다.

가격대: 150엔부터
이 매장으로 GO!
와시타 숍 국제거리 본점 >>>P.150
더 커피 스탠드 >>>P.117

 즉석 오키나와 요리를 맛보다!
ITEM 14 오키나와소바
면, 스프, 소키 등 건더기가 전부 들어가 있어 냄비 하나만 있으면 쉽게 만들 수 있다. 공항이나 인기 기념품을 취급하는 매장에는 반드시 있다. 낱개로 구매할 수 있고 가격도 저렴하다.

가격대: 100엔부터
이 매장으로 GO!
산에 나하 메인플레이스 >>>P.152

 오키나와 맛을 집에서!
ITEM 15 고레구스
오키나와 요리에서 빠질 수 없는 섬 고추를 아와모리에 절인 매운 조미료. 매운맛을 좋아하거나 요리를 좋아하는 분에게 선물하면 좋다.

가격대: 500엔부터
이 매장으로 GO!
산에 나하 메인플레이스 >>>P.152
와시타 숍 국제거리 본점 >>>P.150

 오키나와 요리에서 빠질 수 없는!
ITEM 16 스팸
고야찬푸루나 주먹밥에 들어가는 만능 식재료. 통조림이라 유통기한도 길다. 오키나와의 마트에서는 대부분 취급하며 공항에서도 살 수 있다.

가격대: 300엔부터
이 매장으로 GO!
산에 나하 메인플레이스 >>>P.152
지미스 오야마점 >>>P.153

TOWN

새로운 이야기로 가득한 오키나와의 주목할 만한 스폿

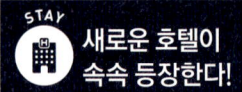 새로운 호텔이 속속 등장한다!

인기 브랜드 리조트 오픈!
오키나와를 여행한다면 한번쯤 숙박해보고 싶은 바닷가 럭셔리 리조트. 오키나와의 해변에 새로운 브랜드의 리조트 호텔이 등장했다.

2016년 3월 OPEN

2016년 6월 RENEWAL

디 우자 테라스 비치 클럽 빌라스
ジ・ウザテラス ビーチクラブ ヴィラズ

더 부세나 테라스>>>P.188로 잘 알려진 더 테라스 호텔스(The Terrace Hotels)가 운영하는 다섯 번째 리조트. 총 48객실 모두 프라이빗 수영장을 갖추고 있다.

● 読谷村宇座630-1 ● 098-921-6111 ● 나하 공항에서 약 36km, 이시카와IC에서 약 14km ● 주차장 있음   서해안 리조트   ▶ MAP P.8 A-1

요금 1박 조식 포함 6만 4,800엔부터
IN 15:00 OUT 11:00

쉐라톤 오키나와 선마리나 리조트
シェラトン沖縄 サンマリーナリゾート

세계적인 호텔 브랜드 쉐라톤과 오키나와 인기 리조트 선마리나 호텔이 협업했다.

● 恩納村冨着66-1 ● 098-965-2222 ● 나하 공항에서 약 48km, 이시카와IC에서 약 6km ● 주차장 있음   서해안 리조트   ▶ MAP P.10 B-1

요금 1박 조식 포함 1만 2,000엔부터
IN 15:00 OUT 12:00

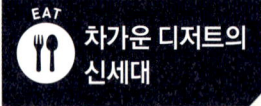 차가운 디저트의 신세대

엄선된 그릇과 재료 등이 개성 만점!
망고, 흑설탕 등 오키나와 재료를 사용한 시럽을 뿌리거나 새알심과 단팥을 토핑한 빙수가 인기다. 오키나와 전통 그릇 야치문에 담으면 눈도 즐겁다!

빙수 밑에 단팥이 깔린 디저트를 오키나와에서는 '젠자이(ぜんざい)'라 부른다.
야치문 카페 차타로>>>P.106

일단 그릇이 예쁜 빙수. 엄선된 시럽만을 사용해 맛 또한 일품이다.
루안+시마이로>>>P.109

오키나와 망고의 맛을 지겨울 정도로 즐길 수 있는 스페셜 빙수
다나카 과실점>>>P.108

TOWN 나하의 우키시마 거리를 기억하세요!

여자들에게 인기 있는 센스 만점 핫플레이스

국제거리에서 남쪽으로 들어간 '우키시마 거리(浮島通り・우키시마도오리)'는 트렌드에 민감한 오키나와 사람들이 모이는 핫플레이스. 하와이안 카페, 엄선된 홍차를 마실 수 있는 찻집, 개성 넘치는 편집숍 등이 모여 있어 가볍게 산책하면 즐겁다!

어디에서도 볼 수 없는 독특한 디자인이 많다. 가방, 소품 등을 취급한다.
미무리 >>> P.137

맛있는 홍차와 디저트로 휴식을…. 아늑하고 편한 분위기가 좋아서 자주 오는 단골손님도 많다.
카페 프라누라 >>> P.160

화제의 하와이안 카페

요리연구가가 고안한 하와이안 메뉴는 토핑과 맛이 기발하다.
C&C 브렉퍼스트 오키나와 >>> P.118

TOWN 미야코 섬에서 공중산책 어때요?

끝없이 펼쳐지는 바다와 하늘, 미야코 섬의 블루를 만끽하다

4개의 호텔이 모인 시기라 리조트 지구에 탄생한 '더 시기라 리프트 오션스카이'는 약간 높은 언덕 위에서 바다로 뻗은 길이 283m의 리프트다. 미야코 섬의 절경을 가리는 것이 하나 없는 넓은 시야로 조망할 수 있다.

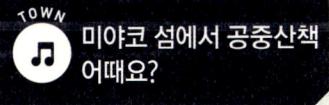

CLOSE UP
기타나카(キタナカ)도 주목하자!

2015년 이온몰 오키나와 라이카무가 오픈해 화제를 모은 기타나카구스쿠 지구(>>> P.170). 외인주택을 이용한 센스 있는 가게들이 모여 있다.

더 시기라 리프트 오션스카이
ザ・シギラリフト オーシャンスカイ
● 宮古島市上野新里1004-32 ● 0980-76-3711
● 10:00-13:00, 14:00-17:00(토・일요일, 공휴일 10:00-17:00) ● 왕복 800엔, 편도 500엔

TOPICS
오키나와 관광객 수 사상 최고치 기록!

오키나와는 이제 일본인뿐만 아니라 외국인들에게도 인기 여행지. 오키나와현 문화관광스포츠부에 따르면 오키나와를 방문한 관광객은 연간 793만 명을 돌파하여 사상 최고치를 기록했다.

2015년 793만 6,300명(↑10.7% 증가)
2014년 716만 9,900명
(출처: 오키나와현 문화관광스포츠부)

PLAY

- P.24   리조트 해변
- P.26   해양 레포츠/체험
- P.28   천연 해변
- P.30   선셋 비치
- P.32   다이빙&스노클링
- P.34   당일치기 섬 여행
- P.36   맹그로브 숲
- P.40   해변도로
- P.42   스파

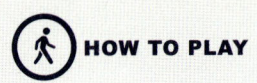 HOW TO PLAY

오키나와에서 레포츠 즐기기

태양 아래서 마음껏 놀고 싶어! 들뜬 기분을 잠시 가라앉히고 뜻밖의 사고에 대비하는 방책을 살펴보자.

CASE 1

"따가워…. 선크림을 발랐는데 해변에서 하루 종일 놀았더니 이렇게 될 줄이야!"

바다로 가니까 당연히 자외선에 대비해야지 하고 생각해서 선크림을 바르고 갔는데 어느새 피부가 까맣게 타 있었다.

SOLUTION
오키나와 자외선은 홋카이도의 약 2배 자외선 대비는 제대로 하자!

남쪽나라 오키나와의 자외선은 일본 본토보다 강렬하다! 선크림은 워터프루프 제품을 사용하자. 완전 방어를 원한다면 래시가드를 추천한다.

자외선량(KJ/㎡) — 오키나와(沖縄) / 홋카이도(北海道)
일본 기상청 자료

CASE 2

"신기하고 귀여운 바다 생물들…. 만져도 되겠지?"

청정한 오키나와 바다에는 얕은 여울에도 물고기들이 많다. 물놀이를 하다가 신기한 생물을 발견했는데 잡아도 괜찮을까?

SOLUTION
이들을 조심하자

해수욕과 스노클링을 하면서 다치지 않는 것이 제일 중요하다. 바다 생물 중에는 독성을 지닌 것들이 있으니 애초에 만지지 않는다.

맛있어 보여도 성게는 잡으면 안됩니다

일반인이 해산물을 잡는 일은 일본어업법으로 금지되어 있다. 제한구역이 정해져 있으므로 바다에서 잠수를 하고 싶으면 어업조합에 문의해보자.

쏠배감펭 ミノカサゴ / 하부쿠라게 ハブクラゲ / 바다뱀 ウミヘビ / 악마불가사리 オニヒトデ

🔍 CASE 3

"비가 와서 오늘 계획이 다 엉망이네."

여행 첫날! 완벽한 물놀이를 위해 만반의 준비를 했건만, 갑자기 쏟아지는 비. 오늘 하루 무엇을 해야 할까?

SOLUTION
다양한 시설을 갖춘 리조트 호텔이면 안심! 실내 시설들도 미리 확인하자

오키나와는 5월 초부터 우기에 들어가고 6~10월에는 태풍 가능성이 많이 온다. 하지만 비 오는 날도 즐길 수 있는 실내 시설을 미리 확인해 놓으면 안심할 수 있다. 아래 정보를 참고하자.

위: 다양한 시설을 갖춘 리조트면 호텔 밖으로 나가지 않아도 즐겁다.
아래: 오키나와 추라우미 수족관 등 하루 종일 놀 수 있는 대형 시설들도 추천할 만하다.

다양한 시설을 갖춘 리조트 호텔

호텔	위치	시설
더 부세나 테라스 >>>P.188	서해안 리조트	● 레스토랑/카페/바 ● 스파 ● 실내 수영장 ● 매장
더 리츠 칼튼 오키나와 >>>P.189	서해안 리조트	● 레스토랑/카페/바 ● 스파 ● 실내 수영장 ● 매장 ● 라이브러리
힐튼 오키나와 자탄 리조트 >>>P.194	중부	● 레스토랑/카페/바 ● 스파 ● 실내 수영장
르네상스 리조트 오키나와 >>>P.199	서해안 리조트	● 레스토랑/카페/바 ● 온천 ● 실내 수영장 ● 매장 ● 수공예 공방
호텔 닛코 알리빌라 >>>P.201	서해안 리조트	● 레스토랑/카페/바 ● 스파 ● 실내 수영장 ● 매장
호텔 오리온 모토부 리조트&스파 >>>P.201	추라우미 수족관 주변	● 레스토랑/카페/바 ● 온천 ● 스파 ● 실내 수영장 ● 매장 ● 노래방
JAL 프라이빗 리조트 오쿠마 >>>P.201	얀바루	● 레스토랑/카페/바 ● 스파 ● 매장 ● 네일샵 ● 키즈 스페이스

실내 시설

📷 관광	오키나와 추라우미 수족관 >>>P.48	추라우미 수족관 주변	어떤 날씨에도 즐길 수 있는 아쿠아리움. 극장, 견학 투어도 있어 하루 종일 놀 수 있다.
📷 관광	류큐 유리 마을 >>>P.133	남부	류큐 유리 만들기 체험, 미술관, 매장, 이벤트 등 모두 실내에서 즐길 수 있다.
📷 관광	오리온 해피 파크 >>>P.77	추라우미 수족관 주변	1시간 정도의 공장 견학 투어가 인기. 오리온 맥주를 마시는 레스토랑도 있다.
🛒 쇼핑	이온몰 오키나와 라이카무 >>>P.144	중부	영화관도 갖춘 대형 쇼핑센터. 주말에는 가까운 역에서 무료 셔틀버스도 운행한다.
🛒 쇼핑	T갤러리아 오키나와 바이 DFS >>>P.145	나하	오모로마치역과 연결되어 비를 맞지 않고 갈 수 있다. 안에 레스토랑도 있다.
🛒 쇼핑	아메리칸 빌리지 >>>P.145	중부	13개 상업 시설이 모여 있다. 이동할 때는 바깥을 다녀야 하지만 실내 오락 시설도 있다.
🛒 쇼핑	제일 마키시 공설 시장 >>>P.78	나하	장을 봐도 되고, 식당에서 식사도 가능하다. 지붕이 있는 아케이드 상가와도 연결된다.

천연 해변(>>>P.28)에는 감시하는 안전요원이나 구조요원이 없는 경우가 많기 때문에 사고가 나지 않도록 특히 조심하자.

PLAY - 01

다양한 해양 레포츠가 있는
리조트 해변에서 맘껏 놀다

남쪽 섬에 갔다면 꼭 가봐야 할 하얀 모래 해변! 아름다운 바다와 해변은 물론 해양 레포츠도 즐길 수 있는 120% 다채로운 여행지를 즐겨보자!

쾌적한 리조트 해변에서 액티비티를 즐겨보자!

🚗 마에다 곶에서 차로 약 5분

투명한 바다와 환상적인 백색 모래사장
르네상스 비치 ルネッサンスビーチ

르네상스 리조트 오키나와에 있는 프라이빗 비치. 일본 환경성 '쾌'수욕장 100선에서 특선을 받았다. 해양 레포츠의 인기가 높고, 초보자도 어렵지 않게 즐길 수 있다.

● 恩納村山田3425-2 ● 098-965-0707 ● 9:00-19:00(7-10월 8:00-19:30) ● 요금 방문자 3240엔(호텔 숙박객 무료) ● 나하 공항에서 약 49km, 이시카와IC에서 약 4km ● 주차장 있음
[샤워 시설 있음] [화장실 있음] [매점 있음] [서해안 리조트] ▶ MAP P.10 A-2

RENAISSANCE BEACH

블루의 화이트 패턴이 돋보이는 머리글

MANZA BEACH

스탠드업 패들보트 등 최근 주목받고 있는 레포츠도 즐길 수 있다.

🚗 만자모에서 차로 약 5분

만자모가 보이는 최적의 위치
만자 비치 万座ビーチ

관광 명소 만자모 건너편에 자리한 아름다운 모래사장을 품은 해변이다. 이곳에서 출발하는 스노클링 등의 레포츠가 인기다.

● 恩納村瀬良垣2260 ● 098-966-1211 ● 9:00-18:00(계절 따라 상이) ● 요금 무료 ● 야카IC에서 약 7km ● 주차장 있음(3-10월 유료)
[화장실 있음] [샤워 시설 있음] [매점 있음] [서해안 리조트] ▶ MAP P.10 C-2

NIRAI BEACH

산호초에서 퍼큘라크라운 등 열대어를 만날 수도 있다.

🚗 잔파 곶에서 차로 약 10분

간조의 바다와 만조의 바다 둘 다 체험할 수 있는!
니라이 비치 ニライビーチ

호텔 닛코 알리빌라 앞에 있는 천연 해변. 오키나와에서 제일 투명한 바다를 자랑하는 이곳은 다양한 해양 레포츠 아이템이 있다. 맑은 날에는 게라마 제도도 보인다.

● 読谷村儀間600 ● 098-982-9111(호텔 닛코 알리빌라) ● 9:00-18:00(계절 따라 상이) ● 요금 무료(일부 유료) ● 오키나와미나미IC에서 약 18km ● 주차장 있음
[화장실 있음] [샤워 시설 있음] [매점 있음] [서해안 리조트] ▶ MAP P.8 A-1

파라솔이 늘어선 해변. 해변가 리군에서는 돌고래와 교감할 수 있다.

PLAY

르네상스 비치에서 할 수 있다!
BEACH ACTIVITY
인기 액티비티 4

시 워크
- 소요시간 약 60분
- 5,000엔

헬멧 안으로 공기가 주입되기 때문에 수영을 하지 못해도 신비로운 바닷속을 산책할 수 있다.

제트팩
- 소요시간 약 45분
- 1만엔

등에 맨 장비에서 나오는 제트스키의 분사 힘으로 상쾌한 공중비행을 즐길 수 있다.

바나나보트
- 소요시간 약 10분
- 1,000엔

바나나 모양의 튜브 보트를 타고 제트스키가 끌어주는 짜릿한 고속 질주!

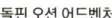

돌핀 오션 어드벤처
- 소요시간 약 60분
- 8만엔(1그룹 당)

강습 받은 후 배를 타고 먼 바다로 나가서 돌고래와 놀 수 있다. 1명인 경우 요금은 2만 5,000엔이다.

KANUCHA BEACH

슬라이더가 있는 카누챠 오션파크도 있다.

마치노에키 교자이
차로 약 30분

얀바루의 자연에 둘러싼 프라이빗 비치
카누챠 비치 カヌチャビーチ
조용하고 차분한 분위기가 매력적인 리조트 비치. 추천하는 해양 레포츠는 제트스키의 분사 힘으로 공중으로 날아오르는 플라잉보드이다.

- 名護市安部156-2 ● 0980-55-8880(호텔&빌라) ● 9:00-18:00 ● 요금 방문자 1,575엔(숙박객 무료) ● 교다IC에서 약 20km ● 주차장 있음
[화장실 있음] [샤워 시설 있음] [매점 있음] [추라우미 수족관 주변] ▶ MAP P.14 B-3

OKUMA BEACH

스노클링 투어 등 다양한 액티비티가 기다린다.

오쿠마 리조트에서 도보로 약 1분

탁 트인 롱비치에 바로 뛰어들자
오쿠마 비치 オクマビーチ
JAL 프라이빗 리조트 오쿠마가 관리하는 약 1km 길이의 천연 해변이다. 다양한 해양 레포츠를 즐길 수 있고, 초보자도 안심하고 할 수 있는 아이템들을 갖췄다.

- 国頭村奥間913 ● 0980-41-2222(JAL 프라이빗 리조트 오쿠마) ● 9:00-18:00(11~2월 17:00까지) ● 방문자 750엔(숙박객 무료) ● 교다IC에서 약 35km ● 주차장 있음(유료)
[화장실 있음] [샤워 시설 있음] [매점 있음] [얀바루] ▶ MAP P.16 B-3

025

PLAY - 02

새파란 바다와 친해지기!
해양 레포츠에 도전하다

스노클링이나 다이빙으로 바닷속에 들어가는 것도 좋지만 다이내믹한 레포츠에 도전하고 싶다면?
바로 화제의 해양 레포츠를 체험해 보자.

프랑스에서 온 신개념 해양 레포츠
플라잉보드
- 소요시간 30분
- 7,560엔 예약 필수

제트스키용 엔진으로 빨아들인 바닷물을 한꺼번에 분사시키면 공중으로 슝!! 상하좌우로 자유롭게 날아다닐 수 있다.

해양 레포츠를 체험하는 곳!
고수부터 초보자까지
문 비치
ムーンビーチ

초승달 모양을 닮은 하얀 모래사장이 넓게 펼쳐져 있다. 파란색과 흰색이 상쾌한 패턴을 이루는 수십 개의 파라솔들은 리조트 비치에서만 볼 수 있는 풍경이다. 해양 레포츠를 다양하게 즐길 수 있고, 당일 체험도 가능하다.

- 恩納村前兼久1203 ● 098-965-1020 (호텔 문 비치) ● 8:30-18:00(계절 따라 상이) ● 무휴 ● 요금 500엔 ● 이시카와IC에서 약 4km ● 주차장 있음(유료)

서해안 리조트 ▶ MAP P.10 A-1

박력 넘치는 수압으로 하늘을 향해 다이빙!

HOW TO
START 플라잉보드 레슨 순서

STEP1
등록
호텔을 나와서 바로 왼편에 있는 마린스포츠클럽에서 등록한다.

STEP2
레슨
해변에서 강사로부터 강습을 받는다. 강습이 끝나면 드디어 바다로!

STEP3
도전!
처음에는 엎드린 자세로 시작한다. 배를 아래로 하고 발을 잘 사용한다.

STEP4
성공!
균형을 잡을 수 있게 되면 대성공이다. 공중에 떠 있는 것 같아!

PLAY

오키나와 청정 바다를 한눈에!
패러세일링

- 소요시간 30분~1시간 20분
- 7,000엔 예약 필수

모터보트에 이끌려 하늘로 날아오른다. 나하의 미에구스쿠 항 또는 오키나와 추라우미 수족관 근처의 모토부 항에서 출발한다.

한없이 펼쳐진 푸른 물결을 내려다보며 절경을 즐길 수 있는 하늘 산책

해양 레포츠를 체험하는 곳!
체험 메뉴가 다양한
시 월드
シーワールド

다양한 해양 레포츠를 지원한다. 그중에서도 오키나와 본섬에는 흔치 않은 패러세일링이 인기다. 상공 40~50m에서 바다와 섬을 내려다볼 수 있다.

- 那覇市若狭3-3-1
- 098-864-5755
- 8:00~20:00 나하 공항에서 약 6km
- 주차장 있음 / 나하 ▶ MAP P.18 C-1

여러 명이 그룹으로 즐길 수 있는 것이 매력이다.

보트를 타고 낙하산을 펼치면 하늘로 슝!

유리 바닥의 카약에서 물고기들을 구경할 수 있다

바닷속을 관찰하면서 배 여행
클리어 카약
クリアーカヤック

- 소요시간 약 3시간
- 5,000엔 예약 필수

선체 바닥이 투명한 클리어 카약을 타면 바닷속 물고기와 산호초를 선명하게 볼 수 있다. 섬으로 상륙하여 스노클링도 즐길 수 있다.

해양 레포츠를 체험하는 곳!
바다 카약이 인기
카약 클럽 굿라이프
kayakclub GOODLIFE

세라가키 어항 근처의 마린 숍. 일명 야도카리 섬 주변에서 선체 바닥이 투명한 클리어 카약을 타고 발 밑에 펼쳐진 산호초를 즐긴다.

- 恩納村瀨良垣1288
- 098-966-8282
- 8:00~17:00 야카IC에서 약 8km
- 주차장 있음
- 서해안 리조트 ▶ MAP P.10 C 2

027

PLAY - 03

천연 해변에서 아무것도 하지 않다

WATCH
고깔모자가 떠 있는 듯한 섬
먼 바다에 떠 있는 그 곳은 본섬에서 페리로 약 30분 걸리는 이에 섬이다. 해발고도 약 170m인 고깔모자 같은 구스쿠야마(닷추)가 그 상징이다.

WATCH
한없이 펼쳐지는 자연의 조형물
산호초와 열대어들이 모이는 푸른 바다에 하얀 모래사장이 800m가량 펼쳐진다.

WATCH
본섬에서 손꼽히는 투명한 바다
바닥이 선명하게 보이는 투명한 바다는 최고 수준의 청정함을 자랑한다.

SESOKO BEACH

해변이 조용한 것도 매력 중 하나다.

 미치노에키 교다에서 차로 약 20분

스노클링을 즐기기에 제격
세소코 비치
瀬底ビーチ

모토부반도와 다리로 연결된 세소코 섬 서쪽에 자리한 천연 해변이다. 오키나와 해변 중에서 가장 투명한 바다를 자랑하고, 수영이 가능한 구역 내에서 스노클링도 즐길 수 있다. 해변 어디에서든 일몰을 볼 수 있다.

- 本部町瀬底5583-1 ● 0980-47-7000
- 9:00-17:00(7-9월 17:30까지) ● 악천후 휴무
- 교다IC에서 약 25km ● 주차장 있음(유료)

화장실 있음 │ 샤워 시설 있음 │ 매점 있음
추라우미 수족관 주변 ▶ MAP P.12 C-2

CHECK!
어디에 있는지 찾아봐요!

꺄악! 로맨틱해.

위: 해변을 거닐다 울퉁불퉁한 거대한 바위를 발견!
아래: 어디서든 일몰을 볼 수 있는 명소이다.

 세소코 비치

POINT
- 열대어 종류가 다양하고 스노클링을 하기에 최적의 환경
- 비치에 있는 마린 스포츠 숍에서 장비를 대여할 수 있다.
- 주차장, 샤워 시설 등도 갖춰져 있어 이용 가능하다.

인공 해변도 수없이 많은 오키나와이지만 자연 그대로의 천연 해변이 주는 아름다움은 특별하다. 본섬 최고 수준의 투명도를 자랑하는 해변에서 시간을 잊고 힐링 타임을 가져볼까?

WHAT IS

천연 해변
사람의 손을 거치지 않은 자연 그대로의 아름다움으로 감탄을 자아낸다. 다양한 시설을 갖춘 인공 해변의 지닌 편의성은 없지만 소라게 등 바다 생물들도 많고 자연과 하나가 되는 느낌이 든다.

MIBARU BEACH

👀 WATCH
박력 넘치는 울퉁불퉁한 바위
썰물 때 그 전체 모습을 드러내는 거대한 바위들. 밀물 때는 작은 물고기들이 많이 모인다.

👀 WATCH
바닷속을 들여다볼 수 있는 유리 보트
선체 바닥이 유리로 되어 있어 바닷속 모습을 관찰할 수 있는 유리(글라스) 보트를 운행한다.

👀 WATCH
얕은 여울이 펼쳐진 안전한 해변
해변은 멀리까지 수면이 얕아 해수욕을 하기에 딱 좋은 환경이다. 어린이도 안심하고 물놀이를 할 수 있다.

유리 보트를 타면 바닷속을 구경할 수 있다.

 평화 기념 공원에서 차로 약 25분

남부 최고의 천연 해변
미바루 비치
新原ビーチ

약 2km나 이어지는 얕은 여울의 천연 해변. 바다 위에 늘어선 큰 바위가 볼만하다. 썰물이 되면 암초 안쪽까지 걸어갈 수 있는데 바위 주변에 모인 작은 물고기들을 볼 수 있다.

- 南城市玉城百名 098-948-1103
- 8:30-16:30(여름에는 17:00까지) 무휴 (유영 기간 4-10월) 요금 무료 하에바루미나미IC에서 약 13km 주차장 있음(유료)

[화장실 있음] [샤워 시설 있음] [매점 있음]

[남부] ▶ MAP P.5 E-2

조용히 느긋한 시간을 보낸다면 추천!
CHECK!

개발되지 않은 숨은 해변

미바루 비치
POINT

- 유리 보트를 타고 바다 생물을 관찰할 수 있는 등 가족 단위 여행객에게 제격이다.
- 해변은 멀리까지 수심이 얕아 잔잔한 바다를 즐길 수 있다.
- 바나나보트 등 해양 레포츠도 가능하다.

미바루 비치 주변에는 푸른 바다를 전망할 수 있는 카페들이 곳곳에 있다.

PLAY - 04

오렌지색이 신비롭다
일몰이 아름다운 천연 해변

나고 만에 지는
아름다운 석양에 매료되다

미치노에키 교다에서
차로 약 15분

높은 투명도를 자랑하는 하얀 모래사장 해변
21세기노모리 비치
21世紀の森ビ

21세이키노모리 공원에 자리하고 하얀 모래사장을 품었다. 나고 만을 마주보고 있고 간만의 차이가 크지 않아서 잔잔하다.

- 名護市宮里2-2-1 ● 0980-52-3183(나고시 노동복지센터) ● 9:00-21:30(일요일은 17:00까지) ● 무휴(유영 기간 4월 하순~9월 하순) ● 요금 무료 ● 나고IC에서 약 10km ● 주차장 있음

화장실 있음 샤워 시설 없음 매점 있음
추라우미 수족관 주변 ▶ MAP P.12 A-3

석양을 바라보며 해변에서 조개껍질을 찾아도 재미있다.

DAYTIME

파도가 잔잔해 가족 단위 여행객들을 위한 해변
3개 구역으로 나뉘진 해변에서는 비치발리볼이나 바비큐도 가능하다.

CHECK! \ 조개껍질 찾았어! /

\ 나고시 야구장 옆! /

위: 하얀 모래사장에서 유심히 살펴보면 귀여운 조개껍질을 찾을 수 있다.
아래: 프로야구 구단 캠프도 열리는 야구장과 야외무대도 있다.

WHEN IS

일몰 시간

순식간에 지는 석양을 놓치지 않도록 사전에 일몰 시간을 확인하자. 오키나와에서는 일몰 시간이 일본 본토보다 늦다. 도쿄 대비 약 20분~1시간 차이가 난다.

1월	17:58	7월	19:25
2월	18:21	8월	19:06
3월	18:38	9월	18:34
4월	18:53	10월	18:01
5월	19:09	11월	17:39
6월	19:24	12월	17:39

*일몰 시간은 참고자료입니다.

PLAY

낮에 마음껏 놀았다면 저녁에는 로맨틱하게 보내자. 오키나와에는 석양 명소가 많다. 오렌지색으로 물든 하늘과 바다를 만끽하자.

이국적인 분위기! 일몰 즈음 해변을 걸어볼까?

잘 정비된 해변은 운동하기에도 제격이다.

🚗 아메리칸 빌리지에서 차로 약 5분

아열대 지역의 정취가 물씬
아라하 비치
アラハビーチ

현지대인부터 외국인 관광객까지 모든 사람들에게 인기를 모은 석양 명소. 일몰 시간에는 분위기 만점이다.

● 北谷町北谷2-21 ● 098-926-2680(아라하 공원 아라하 비치 관리동) ● 9:00-18:00(계절에 따라 다름) ● 무휴(유영 기간 4월 하순-10월 말) ● 요금 무료 ● 기타나카구스쿠IC에서 약 7km ● 주차장 있음
[화장실 있음] [샤워 시설 있음] [매점 있음]
[중부] ▶ MAP P.22 B-3

\ 비치발리볼을 즐길 수 있다 /

CHECK!
바비큐 장소

왼쪽: 유영 구역이 그리 넓지 않아서 수영보다 물놀이를 추천한다. 낮에는 활동적으로 비치발리볼에 도전하는 건 어떨까?
오른쪽: 바비큐 장소를 이용하려면 1주일 전까지 예약은 필수(098-936-9442 아라하 공원 매점)

아름다운 석양은 이 지역에 사는 외국인들도 인정할 정도

도시 속 오아시스! 젊은이들에게 인기인 타운 비치

🚶 아메리칸 빌리지에서 걸어서 바로

쇼핑하다 들를 수 있는
자탄 선셋 비치
北谷サンセットビーチ

오키나와 중부에 위치한 도심 비치. 해변에는 바비큐 시설도 있다.

● 北谷町美浜2 ● 098-936-8273 ● 9:00-18:00(계절에 따라 다름) ● 무휴(유영 기간 4-11월) ● 요금 무료 ● 오키나와미나미IC에서 약 6km ● 주차장 있음
[화장실 있음] [샤워 시설 있음] [매점 있음]
[중부] ▶ MAP P.22 B-2

\ 도시 속에 있는 캐주얼한 분위기 /

\ 아메리칸 빌리지가 옆! /

왼쪽: 미국적인 분위기의 자탄에 있다.
오른쪽: 해변은 거대한 쇼핑 시설 아메리칸 빌리지(>>>P.145) 바로 근처에 있다. 쇼핑과 식사를 즐긴 후에 방문해보자.

CHECK!

일몰 시간이란 태양의 윗 부분과 수평선이 겹치는 시간을 말한다. 서서히 지는 모습을 보고 싶다면 일찍 나가자.

PLAY - 05

궁극의 블루를 느끼다!
다이빙&스노클링

물고기들과 함께 헤엄칠 수 있는 다이빙&스노클링으로 바다를 색다르게 즐겨보자. 해양 레포츠는 날씨의 영향을 많이 받기 때문에 예약을 했더라도 취소될 경우가 많아 일기예보를 확인하는 것이 좋다.

LET'S DIVING!
환상적인 마린 블루의 세상으로

THIS IS

인기 다이빙 명소

푸른 동굴 青の洞窟
마에다 곶에 있는 인기 다이빙 명소. 동굴 내부가 푸르게 빛나서 신비롭다. 스노클링 투어 등을 이용해서 갈 수 있다.

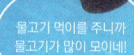
물고기 먹이를 주니까 물고기가 많이 모이네!

WHAT IS

다이빙과 스노클링의 차이
다이빙은 공기통을 메고 깊은 곳까지 잠수할 수 있다. 한편 스노클링은 얕은 여울에서도 즐길 수 있다.

어느 바다에서 할 수 있어요?
마에다 곶의 '푸른 동굴' 등 서해안 리조트 지역을 추천한다. 해변에서도 할 수 있지만 금지된 곳도 있으니 주의하자.

초보자도 괜찮아요?
당연히 괜찮다. 다이빙뿐만 아니라 스노클링도 다이빙 강사가 동행하기 때문에 안심이다.

DIVING SHOP

다양한 시설을 갖추고 있어 여성들에게 큰 인기다. 빈손으로 참여할 수 있다.

'푸른 동굴 다이빙' 이라면 여기!
마린 서포트 타이드 잔파
マリンサポートタイド残波

전용 보트를 타고 가는 푸른 동굴 다이빙은 바닷속 절경을 볼 확률이 높은 것으로 정평이 나 있다. 바다와 강에서 즐기는 카약, 야간 스노클링 등도 가능하다.

- 読谷村字瀬名波950 ● 098-958-2646
- 8:00~22:00 ● 이시카와IC에서 약 15km
- 주차장 있음 서해안 리조트 ▶ MAP P.8 A-1

수중 디지털카메라를 대여할 수 있어 기념촬영도 가능하다.

INFORMATION
전용 보트로 가는 푸른 동굴 스노클링

전용 보트와 다양한 장비가 있어 당일 참여해도 편하게 즐길 수 있다. 무료 수중카메라도 대여 가능하다.

- 소요시간 약 2시간 ¥ 요금 2,980엔부터
- 전화 또는 홈페이지 예약(단일 예약 가능)

초보자도 강습을 받으면 안심하고 즐길 수 있다.

하루 종일 놀 수 있는 다양한 프로그램
마린 클럽 나기
MARINE CLUB Nagi

스노클링과 다이빙, 바다 카약 등 해양 레포츠 프로그램이 다양하다. 마에다 곶을 중심으로 즐길 수 있다.

- 恩納村山田501-3 ● 098-963-0038
- 7:30~22:00 ● 이시카와IC에서 약 7km
- 주차장 있음 서해안 리조트 ▶ MAP P.10 A-3

수중 기념촬영도 가능하다.

INFORMATION
푸른 동굴 안에서 사진 촬영도 가능하다. 초보자도 안심할 수 있는 추천 코스.

- 소요시간 약 2시간 30분(시작 시간 8:00~, 10:30~, 13:20~, 15:30) ¥ 요금 푸른 동굴 체험 다이빙 9,800엔(세전), 푸른 동굴 스노클링 3,800엔(세전) ● 예약 필수

다이빙을 하고 마사지와 에스테틱 시술을 받을 수 있어 인기다.

몸을 움직이고 나서 힐링 에스테틱을
Gum 와레와레유메
Gum~我々夢~

다이버들의 꿈이라 할 수 있는 고래상어를 볼 수 있는 코스가 있다. 수중에서 고래상어 두 마리가 눈앞에 지나가는 모습은 감동 그 자체!

- 浦添市港川2-10-11 ● 098-870-6102
- 코스마다 다름 ● 니시하라IC에서 약 6km
- 주차장 있음 중부 ▶ MAP P.7 F-2

고래상어를 이렇게 가까이에서!

INFORMATION
고래상어 체험 다이빙

수심이 낮은 곳에서 그물을 잡고 다이빙을 하기 때문에 초보자도 편하게 참여할 수 있다.

- 소요시간 약 2~3시간 ¥ 요금 1만 3,000엔
- 전날까지 전화 또는 홈페이지(이메일) 예약

푸른 동굴은 마에다 곶 주변 바위 틈에 있다.

PLAY - 06

본섬에서 50분 내 갈 수 있는
당일치기 섬 여행

오키나와 본섬 주변에는 사람의 손이 닿지 않은 자연 그대로의 작은 섬들이 많다. 교통편이 좋고 당일치기로 다녀올 수 있는 시크릿 섬 여행을 경험해보자. 나하 시내에서 다이빙과 스노쿨링이 포함된 투어도 많으니 확인하는 것이 좋다.

POINT!
- 고래 관광의 명소
- 다이빙이 인기

거대한 야생 고래를 관찰하자
① 자마미 섬
座間味島

국립공원에 지정된 게라마 제도에 있는 섬이다. 자마미촌 웨일 워칭협회에서는 12월 하순~4월 초에 혹등고래를 관찰하는 투어를 개최한다.

● 座間味村座間味 ● 098-987-2277(자마미촌 관광협회) ● 도마리 항에서 페리(페리 자마미)로 약 2시간/2,120엔(편도), 고속선(퀸 자마미)으로 약 50분/3,140엔(편도) 　섬　 ▶ MAP P.3 E-3

역동적인 고래가 뛰는 모습을 가까이에서 볼 수 있다.

최고의 투명도를 자랑하는 주변 해역은 다이빙 명소다.

POINT!
- 비치 호핑도 가능하다.
- 다이버들이 즐겨 찾는 곳

열대어와 산호들의 낙원에서 비치 호핑
② 아카 섬
阿嘉島

게라마 제도 중에서도 다이버들에게 인기가 있다. 섬 안에는 개성 넘치는 해변들이 각각의 매력을 발산한다. 아카 대교에서 바라보는 전망도 압권이다.

● 座間味村阿嘉 ● 098-987-2277(자마미촌 관광협회) ● 도마리 항에서 페리(페리 자마미)로 약 2시간/2,120엔(편도), 고속선(퀸 자마미)으로 약 50분/3,140엔(편도) 　섬　 ▶ MAP P.3 E-3

다리로 주변 섬들과 연결되기 때문에 옆 섬 해변에도 갈 수 있다!

다이빙 명소로 부동의 인기를 자랑한다. 소박한 거리 풍경도 매력적이다.

POINT!
- 스노클링 투어로 상륙 가능하다.
- 뛰어난 산호초 바다

나하에서 20분 거리의 모인도
③ 구에후 섬
クエフ島

나하에서 가장 가까운 위치를 자랑하는 무인도로 찾는 사람들이 많다. 게라마 제도 지비시 환초에 떠있는 산호초들로 이루어져 있다.

● 渡嘉敷村(집합 장소: 도마리 항 북쪽 해안 해피아일랜드호 앞)
● 098-860-5860(주식회사 도카시키) ● 도마리 항에서 크루저 보트로 약 20분/4,500엔부터(투어) 　섬　 ▶ MAP P.3 E-3

구에후 섬은 무인도다. 투어에 참여하면 섬에 상륙할 수 있다.

360도 펼쳐지는 산호초 바다를 바라보다.

WHERE IS

당일치기로 가는 외딴섬

크고 작은 160개의 섬으로 둘러싸인 오키나와. 그중에서도 페리로 쉽게 갈 수 있는 외딴섬이라면 당일치기가 가능하다. 본섬보다 더 청정한 바다에서 해양 레포츠의 즐거움도 두 배가 된다!

2014년 게라마 제도 국립공원 지정
일명 한없이 투명한 '게라마 블루'를 볼 수 있는 바다. 그리고 바다거북과 혹등고래와 같은 동물들이 서식하는 등 자원이 풍부해 국립공원으로 지정되었다.

게라마 제도에는 일본 산호초의 약 60%가 서식한다고 한다.

ISLAND MAP

- 도구치 항에서 약 15분 / 渡久地港
- ④ 민나 섬 水納島 / 도구치 항 渡久地港
- 도마리 항에서 약 50분 / 泊港
- 오키나와 섬
- ① 자마미 섬 座間味島
- 게라마 제도 慶良間諸島
- 구메 섬 久米島
- ② 아카 섬 阿嘉島
- ③ 구에후 섬 クエフ島
- 도마리 항에서 약 50분 / 泊港
- 도마리 항에서 약 20분 / 泊港
- 도마리 항 泊港
- 지넨 해양 레저 센터 知念海洋レジャーセンター
- ⑤ 고마카 섬 コマカ島
- 지넨 해양 레저 센터에서 약 15분 / 知念海洋レジャーセンタ

MINNA ISLAND

POINT!
- 본섬에서 고작 15분!
- 여유로운 마을도 매력적이다.

크루아상 모양의 섬에서 마음껏 놀다
④ 민나 섬
水納島

인구 약 40명이 거주하는 크루아상 모양의 섬이다. 비치 시설도 다양하고 팔러와 식당들도 있다. 서쪽에 위치한 니시노하마 해변까지 마을을 구경하면서 기분 좋게 산책하자.

● 本部町瀬底 ● 0980-47-5572(유한회사 민나 비치) ● 도구치 항에서 고속선(뉴 윙 민나)으로 약 15분/900엔(편도) `추라우미 수족관 주변` ▶ MAP P.12 B-2

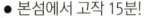

본섬 도구치 항에서 페리로 15분밖에 안 걸린다. 마치 별천지와 같은 풍경이다.

남쪽나라답게 히비스커스 꽃으로 가득하다.

KOMAKA ISLAND

POINT!
- 자유롭게 스노클링이 가능하다.
- 조용한 무인도.

주위 800m인 섬을 한 바퀴
⑤ 고마카 섬
コマカ島

지넨 곶과 구다카 섬 사이에 두둥실 떠 있다. 해변의 얕은 여울은 스노클링 명소다. 항구에서 약 15분 만에 갈 수 있어 교통이 좋다.

● 南城市知念久手堅 ● 098-948-3355(지넨 해양 레저 센터) ● 지넨 해양 레저 센터에서 왕복선으로 약 15분/2,500엔(왕복) `남부` ▶ MAP P.3 E-3

특별한 시설이 없는 조용한 섬이다. 스노클링 장비는 대여 가능.

레저 센터 전용 나룻배로 갈 수 있다.

PLAY - 07

카약 타고 아열대 대자연 속으로! 맹그로브 숲 탐험

WHAT IS

게사시가와 맹그로브 카약
慶佐次川マングローブカヤック

카약을 타고 맹그로브 숲의 본류를 지나 지류를 따라간다. 전문 안내사와 함께 서식하는 생물들도 관찰하면서 여행할 수 있다.

카약 2시간 30분 코스
- 소요시간 약 2시간 30분
- 요금 6,000엔
- 예약 전날까지 예약 필수
- 시작 시간 만조 시(문의 필수)

준비

모자
자외선을 대비해 모자를 꼭 챙긴다. 챙이 넓은 모자와 선크림이 필수!

복장
움직이기 편하고 젖어도 괜찮은 복장이 필요하다. 반드시 물에 젖기 때문에 갈아입을 옷은 꼭 챙긴다.

구명조끼
무료로 대여할 수 있고 어린이부터 어른 사이즈까지 다양하게 준비되어 있다. 옷 위에 입는다.

신발
젖어도 괜찮은 아쿠아 슈즈나 샌들을 가지고 가자. 바닥은 평평한 게 좋다.

기분은 탐험가!

**패들을 저어서
미지의 세계로! 두근두근**

오키나와의 아름다운 자연을 바다만 생각했다면 오산. 박력 넘치는 아열대 식물이 무성한 숲으로 뛰어들어 맑은 공기 속에서 자연의 신비를 느끼자.

앞으로 더 자라요!
코스 중간에 발견한 계속 자라는 중인 어린 맹그로브

HOW TO

START LET'S GO! 맹그로브 카약

STEP 1
투어 신청
시작 15분 전에 집합. 등록하고 옷을 갈아입으면 준비 OK!

STEP 2
기본 조작 레슨
해변에서 투어 가이드의 카약 기본 조작을 강습 받는다.

STEP 3
출발!
이제 실천이다! 처음에는 어색하지만 점점 앞으로 갈 수 있게 된다.

STEP 4
상류로 올라가기
맹그로브 숲 깊숙이 빨려들어간다. 가까이에서 보면 박력 만점이다.

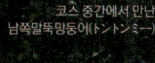

코스 중간에서 만난 남쪽말뚝망둥어(トントンミー)

STEP 5
바다로 나가기
강을 따라 내려와서 바다로 나오면 물 색깔도 바뀐다. 바닷바람을 느껴보자.

🏁 **해양 레포츠를 체험하는 곳!**

카약을 타고 숲으로 바다로
얀바루.클럽 やんばる.クラブ

오키나와 본섬 최대 맹그로브 숲에서 바다 카약과 카누 투어를 운영한다. 맹그로브 숲을 탐험하는 액티비티가 인기며 현지 전문 가이드가 자세하게 안내하기 때문에 안심할 수 있다—

● 東村慶佐次155 ● 0980-43-2785 ● 8:00-22:00 ● 교다IC에서 약 27km 주차장 있음 얀바루 ▶ MAP P.14 C-2

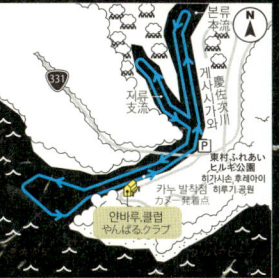

게사시가와 외에도 중부 지역의 오쿠쿠비가와, 히자가와 등지에서 맹그로브 카약을 즐길 수 있다.

오키나와를 배워요

동양의 갈라파고스
오키나와 자연

온난한 아열대 기후가 빚어낸
아름다운 자연

산호초가 솟아오르면서 만들어졌다는 오키나와. 유리 같은 투명한 바다는 따뜻한 구로시오 해류가 흘러 산호와 물고기들이 서식하기에 가장 좋은 환경이다. 바다거북, 다양한 종류의 고래와도 만날 수 있다. 하지만 요즘 들어 지구온난화 영향으로 수온이 상승해 산호가 멸종 위기에 처했으며, 산호초 보전이 중요한 과제가 되었다.
한편 본섬 북부의 풍성한 숲이 펼쳐진 얀바루에는 1,000여 종이 넘는 식물들이 서식하고 있다. 대표 식물로는 상록광엽수 구실잣밤나무, 양치식물 필통수 등이 있다. 또한 게사시가와, 오쿠쿠비가와, 히자가와 등지에는 오키나와에서만 볼 수 있는 맹그로브가 자생한다. 맹그로브 숲에서는 천연기념물인 오키나와뜸부기를 비롯한 많은 희귀 생물들이 서식한다.
섬을 화려하게 장식하는 꽃들도 주목하자. 오키나와를 상징하는 상아화를 비롯해 히비스커스, 부겐빌레아 등 강렬한 색채가 돋보이는 꽃들 덕분에 하와이 분위기가 물씬 풍긴다. 코발트 블루의 바다와 섬을 뒤덮은 생생한 풀과 꽃, 형형색색의 자연이야말로 오키나와의 최대 매력이라 할 수 있다. 수천 가지 색채 속에서 자연의 기를 온몸으로 느껴보는 건 어떨까? 한편, 자생하는 꽃과 나무를 마음대로 꺾거나 가져가는 것은 당연히 안 된다. 오키나와의 아름다운 자연을 함께 지키자.

오키나와의 아름다운 바다가 키운
산호의 신비

세계에는 약 800여 종의 산호가 존재하며 오키나와에서는 약 200여 종이 확인된 상태다. 바다에서 중요한 역할을 하는 산호의 생태를 살펴보자.

CORAL

동중국해 방향으로 툭 튀어나온 만자모는 솟아오른 산호초로 이루어진 곳이다.

코끼리 코는 인기 포토존이다.

🪸 산호는 바다를 정화시킨다!

산호는 동물이지만 식물과 동일하게 바닷물 중에 있는 이산화탄소를 흡수하고 산소를 수중에 뿜어낸다. 산소를 뿜어낼 때 공기와 물질을 정화하는 작용을 하기 때문에 바다가 깨끗해지는 것이다.

산호에 모이는 열대어들, 산호가 배출하는 풍부한 미네랄을 먹이로 삼는다.

형형색색의 물고기들이 많아!

🪸 산호와 산호초는 다르다!

산호는 생물이고 산호초는 지형을 가리킨다. 산호가 석회질 골격을 쌓으면서 만들어지는 지형을 산호초라 한다. 혼돈하기 쉬운데 서로 다른 개념이므로 잘 기억해두자.

🌲 자연 체험 프로그램은 어때?

아웃도어 트립

오키나와 본섬의 대자연을 아웃도어용 자동차로 둘러보는 1박 탐험 투어다. 재방문자 한정.

- 🕐 소요시간 1박 2일
- 💴 요금 2만 5,000엔부터
- ● 예약 필수(전화 또는 홈페이지에서)
- ● 어스쉽 오키나와 098-975-6312

○ 희귀한 생물들도 서식하는
맹그로브
아열대 식물인 맹그로브가 서식하는 숲은 그야말로 정글이다. 신기한 모습의 맹그로브와 생물들을 보러 가자.

○ 오키나와에서만 볼 수 있는
꽃과 생물
생물들의 보고라 불리는 오키나와에는 이곳에서만 서식하는 꽃과 생물들도 많다. 남쪽나라의 꽃과 멸종위기에 처한 생물에 주목해보자.

MANGROVE

장대한 맹그로브에 감동하다.

국가 천연기념물로도 지정된 게사사만의 맹그로브 숲

카약 투어가 인기!
산책로가 잘 정비된 곳도 있지만 카약 투어가 기본이다. 정글 속을 탐험하는 듯한 기분을 맛볼 수 있으며 그곳에 서식하는 생물들을 관찰하면서 맹그로브 투어를 즐길 수 있다.

카약 투어의 모습(>>>P.36)

생물들에게도 주목!
맹그로브 숲에는 게, 문절망둑, 물총새 등 다양한 종류의 생물들이 살고 있다. 그 중에서도 많은 종류를 볼 수 있는 히자가와 생태계를 꼼꼼하게 관찰해보자.

수컷은 한쪽만 큰 집게를 가진 꽃발게

유유히 하늘을 나는 일본 최대급 크기의 나비 왕얼룩나비

찰칵!

다타키 트레킹
오키나와 본섬의 2대 폭포로 불리는 다타키까지 바위를 타고 올라간다. 여름에는 용소에서 수영할 수도 있다. 움직이기 편한 복장으로 도전해보자.

- 소요시간 약 2시간
- 요금 4,300엔부터
- 예약 필수(전화만 가능)
- 0980-44-1960

FLOWER
🌺 화려한 오키나와의 꽃들
섬 곳곳에서 쉽게 발견할 수 있는 사랑스러운 꽃들. 발견했다면 가까이 가서 관찰해보자.

히비스커스
오키나와에서는 '아카바나'라는 이름으로 불린다. 히비스커스 차를 만드는 데 사용되기도 한다.

부겐빌레아
주로 10~4월에 꽃을 피운다. 작은 꽃받침을 감싸듯이 잎이 빨강색, 보라색, 흰색으로 물든다.

ANIMAL
🐾 멸종위기의 동물들
약 5,900여 종이 서식하고 있는 오키나와 동물들. 하지만 최근에는 환경 파괴와 외래종이 유입되어 멸종위기에 처한 종들이 늘어나고 있다. 대표적은 동물들은 다음과 같다.

오키나와뜸부기
'날 수 없는 새'로 유명하다. 부리가 굵고 빨강색이다. 오키나와 본섬 북부에 위치한 얀바루에 서식한다.

이리오모테살쾡이
야에야마 제도 이리오모테 섬에만 서식한다. 담갈색 몸에 암갈색 얼룩무늬가 흩어져 보이는 것이 특징이다.

고우리 섬 별하늘 투어
고우리 대교 주변을 산책하면서 별 하늘과 같이 사진을 찍어준다. 빛나는 작은 별도 육안으로 볼 수 있다.

- 소요시간 약 30분~1시간
- 요금 1,500엔부터
- 예약 필수(전화 또는 홈페이지에서)
- 고우리지마 다이빙 080-2799-0567

PLAY - 08

코발트 블루 빛 절경이 펼쳐지는
해변도로 드라이브

인기 있는 외딴섬으로 드라이브
고우리 대교
古宇利大橋

오키나와에서 두 번째로 긴 길이 약 1,960m를 자랑하는 육지와 섬을 연결하는 바다 위 다리다. 야가지 섬에서 고우리 섬으로 쭉 뻗은 다리에서 보는 풍경은 각별하다. 양쪽으로 바다가 한없이 펼쳐진다.

● 今帰仁村古宇利 ● 0980-56-2256(나키진촌 경제과) ● 교다IC에서 약 22km
추라우미 수족관 주변 ▶ MAP P.13 E-2

고우리 섬은 일명 '코이지마(사랑의 섬)'로도 불리며 하트바위 등 명소도 많다.

고우리 대교

하늘로 날아오르는 듯한 상쾌한 기분
니라이·카나이 다리
ニライ橋·カナイ橋

길이 약 660m, 굴곡이 큰 것이 특징이다. 86번 현도에서 331번 국도를 잇는 다리이고, 86번 현도 쪽(다리 상부)에서 달리면 탁 트인 시야가 펼쳐져 마치 하늘을 달리는 듯한 기분이 든다.

● 南城市知念吉富 ● 098-948-4611(난조시 관광협회) ● 하에바루미키타 IC에서 약 17km 남부 ▶ MAP P.5 E-3

'니라이카나이'는 오키나와 사투리로 '바다 저편의 이상향'이라는 뜻이다.

남부 최고의 전망 도로

니라이·카나이 다리

절경을 즐길 수 있는 드라이브 코스가 많은 오키나와. 그중에서도 특별한 2대 해변도로를 소개한다. 해변도로 모두 인도가 잘 정비되어 있어서 천천히 경치를 즐기고 싶다면 주차장에 차를 세워서 걸어보는 것도 좋겠다.

화제를 모은 하트바위도 놓치지 마세요!

고우리 대교 즐기기

양쪽에 펼쳐진 바다
어느새 사랑의 섬이 눈에 보인다.

\ 계속 달리고 싶어! /

① 인도에서 기념 촬영!

대교 위에는 경치를 즐길 수 있는 인도가 있다. 바다를 배경으로 기념사진 찰칵!

도로에서는 주차할 수 없으니 다리 끝에 있는 로드파크(ロードパーク)를 이용하자.

② 높은 곳에 올라 다리를 바라보다

고우리 섬의 높은 곳에 자리한 카페에서 다리를 바라보며 잠시 휴식하는 것을 추천한다.

야가지 섬 쪽에 위치한 레스토랑 추라 테라스에는 기념품 매장도 있다.

니라이·카나이 다리 즐기기

① 경치가 좋은 방향으로 달리자

다리 시작점과 종점의 높낮이 차이가 약 80m나 된다. 86번 현도에서 내려가는 방향이 바다가 아름답게 잘 보인다.

② 절경을 자랑하는 86번 현도 전망대로 가자

다리 중간 외에도 86번 현도 터널 위가 전망대다. 왼쪽 사진과 같은 경치를 즐길 수 있다.

맑은 날에는 멀리 구다카 섬도 보인다.

커다란 커브를 그리며
낙원으로 이어지는 바다

PLAY - 09

오키나와 최상의
에스테틱을 경험하다!

고택 SPA

처마 밑에서 여유롭게 족욕

맑은 하늘 밑, 고택에서 힐링 타임

스파는 혈액 순환을 촉진하는 족욕부터 고택 처마 밑에서 여유롭게 시작하자.

기분 좋은 바람이 부는 편안한 살롱
고민가 스파 다바야
古民家すぱ たぁば~家

약 70년 된 고택에서 스파를 즐기는 헨자 섬의 살롱이다. 오키나와산 소금, 진흙, 에센셜 오일을 사용한다. 하마히가 섬을 둘러보는 등 체험 프로그램을 결합한 코스도 있다.

- 우루마시 与那城平安座329
- 080-3919-2357
- 10:00~18:00
- 음력 1, 15일, 음력 본(盆), 규정 휴무
- 기타나카구스쿠IC에서 20km
- 주차장 있음 중부 ▶ MAP P.9 E-2

INFORMATION

누치마스 테라피
ぬちまーすテラピ

소금으로 등을 스크랩하고 진흙으로 팩을 한다. 마지막에는 전신 트리트먼트를 한다.

- 소요시간 약 1시간 30분
- 요금 1만 9,980엔
- 예약 필수(전화 또는 이메일 info@shimaspa.com)

주황색 부분에 섬 당근을 사용한 모이스처 크림 1만 3,824엔 등 집에서 제대로 관리할 수 있는 UMUI 라인을 판매한다.

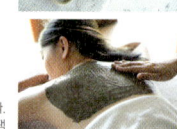

위: 하마히가 섬에서 나는 소금을 사용한다.
아래: 오키나와 바다 밑에 쌓인 진흙을 사용한 팩

오키나와만의 여유로운 분위기가 물씬 풍기는 오키나와 스파들. 시간이 멈춘 공간에서 아름다움을 가꿔보는 건 어떨까?

WHAT IS

오키나와 스파
오키나와 천연 재료를 사용한 것이 특징이다. 주로 류큐석회암, 오키나와산 소금, 시콰사, 히비스커스, 겟토 등이 사용된다.

호텔 SPA

리조트 느낌 만점! 나만의 휴식 시간

카바나에서 받는 마사지는 여름에만 요청할 수 있다.

① 가든힐링 코스는 수영장 옆 전용 카바나에서 이루어진다.
② 나무 그늘 밑에서 꽃들에 둘러싸인 황홀한 공간
③ 오키나와 천연 재료를 사용한 스파 제품들로 힐링

사치스런 럭셔리 스파
코코 스파
CoCo Spa

개인 발코니가 있는 룸에서 마사지를 받는다. 히비스커스, 시콰사 등 오키나와 천연 재료를 사용한다. 하계 한정 가든힐링 코스도 추천한다.

● うるま市石川伊波501(코코 가든 리조트 오키나와 내) ● 098-965-1000 ● 14:00-익일 1:00(최종 접수 23:00) ● 이시카와IC에서 2km ● 주차장 있음

중부 ▶ MAP P.8 C-1

INFORMATION
가든힐링
ガーデンヒーリング

야외 카바나에서 받는 마사지. 하계(6~9월 중순 15~18시) 한정이다.
● 소요시간 약 30분부터
● 요금 6,480엔
● 예약 필수(전화만 가능)

오키나와 화장품을 데려가자!

TAKE OUT COSMETICS

친환경 자연주의 화장품
오가닉&아로마 베타르나 국제거리 카고스점
オーガニック&アロマペタルーナ 際通リカーゴス店

유기농 선진국 호주, 그리고 오키나와 천연 재료들을 사용한 100% 천연 화장품과 아로마 등을 엄선하여 판매한다. >>>P.57

① 겟토 잎 추출물을 사용한 모이스처 크림 2,538엔
② 겟토하이드로졸(화장수) 1,296엔

공방에서 만든 수제 비누
라 쿠치나 솝 부티크
La Cucina SOAP BOUTIQUE

겟토, 시콰사 등 오키나와 천연 재료를 사용해 콜드 프로세스 기법으로 만들어진 천연 비누 매장. 아로마 오일, 바스 솔트 등 '릴랙스 제품'들도 있다.

● 那覇市松尾2-5-31 ● 098-988-8413 ● 12:00-20:00 ● 수요일 휴무 ● 유이레일 미에바시역에서 도보 약 15분 ● 주차장 없음 나하 ▶ MAP P.20 C-3

① 인기 비누 오키나와 시리즈 각 1,296엔
② 바스 솔트 각 367엔
③ 겟토 에센셜 오일을 함유한 천연 바스 어메니티 세트

오키나와 사람들에게 친근한 '겟토(月桃葉・알피니아 제품벳)'는 하얀 꽃이 피는 생강과 식물이다. 살균 및 릴랙스 효과가 있다고 한다.

043

❶ 나하 시내에만 전철(유이레일)이 있는 오키나와에서는 교통수단은 렌터카를 추천한다. 요금도 1박 2일이 약 5,000엔부터로 저렴하다. ❷ 차가 많은 오키나와는 교통 체증이 자주 일어난다. 나하에서 북쪽으로 가는 방향의 주요도로인 58번 국도는 특히 혼잡하니 주의가 필요하다. ❸ 나고시 야가지 섬과 나키진의 고우리 섬을 연결하는 고우리 대교는 인기 전망 명소다.

TOURISM

P.48	오키나와 추라우미 수족관
P.52	해양 엑스포 공원
P.54	국제거리
P.58	절경의 관광지
P.60	세계문화유산
P.64	비경&동굴
P.66	2대 성지
P.70	슈리성 공원
P.72	슈리
P.74	섬 민요와 춤
P.76	테마파크
P.78	제일 마키시 공설 시장

HOW TO TOURISM

효율적으로 오키나와 구경하기

볼거리 가득한 오키나와. 시간을 낭비하지 않기 위해서 사전조사를 철저히 하고 효율적으로 둘러보자.

🔍 CASE 1

"도로 교통 통제 중! 오늘 무슨 이벤트가 있지?"

나하 국제거리에서 기념품을 사고 맛집을 탐방하고…. '거리를 거닐면서 놀아야지!' 하고 생각했는데 큰 행사로 교통 통제 중이라면?

SOLUTION
달력에서 연간 행사를 확인하자

도시 전체에서 이루어지는 큰 행사 때는 교통도 통제하지만 가게들도 영업을 쉬거나 단축 영업을 하는 등 변수가 작용한다. 주요 행사들은 달력을 확인해보자.
별첨부록 P.26 CHECK!

1월 중순~2월 초	모토부 야에다케 벚꽃 축제	모토부정 야에다케 사쿠라노모리 공원
2월 중순	오키나와 마라톤	오키나와시 오키나와현 종합 운동 공원
5월 초	나하 할리	나하시 나하 항 신항 부두
6월 23일	오키나와 전쟁 전사자 추모식	이토만시 평화 기념 공원
8월 하순	오키나와 에이사 축제	오키나와시 코자 운동 공원 육상 경기장, 고야 교차로 주변
10월 중순	나하 줄다리기 축제	나하시 국제거리, 구모지 교차로, 오우노야마 공원

🔍 CASE 2

"세계문화유산을 보고 싶어! 근데 대체 어디로 가면 돼?"

오키나와를 방문하면 류큐왕국 시대 세계문화유산이 보고 싶어진다. 슈리성 외 구스쿠도 등도 많이 있다고 하는데, 어디로 가면 볼 수 있어?

SOLUTION
오키나와 세계문화유산은 모두 9곳, 본섬 곳곳에 흩어져 있다

한마디로 세계문화유산이라 해도 위치는 북쪽에서 남쪽까지 따로따로 흩어져 있다. 유적 안으로 들어가 관람할 수 있도록 된 곳, 성터만 남아 있는 곳 등 형태도 다양하기 때문에 세계문화유산 페이지에서 체크하자. 자세한 내용은 >>>P.60

🔍 CASE 3

"국제거리 통행 불가! 트랜짓몰이 뭐야…?"

드라이브 중 나하 중심가인 국제거리가 통제됐다! 어제는 지나갈 수 있었는데 왜??

SOLUTION
국제거리 규칙을 파악하자

항상 관광객으로 붐비는 국제거리는 차 없는 거리 시간대가 정해져 있어 그 시간에는 차량이 들어올 수 없다. 그밖에 알아두면 편리한 정보 6가지를 소개한다.

INFO 1   트랜짓몰 トランジットモール

차 없는 거리를 말한다. 매주 일요일 12~18시에 국제거리 겐초키타구치 교차로에서 사이온바시 교차로 구간에서 실시된다.

INFO 2   일방통행 주의

출·퇴근시간인 평일 아침과 저녁에는 정체를 피하기 위해 도로 한쪽이 버스전용차로가 된다.

INFO 3   짐을 맡기고 쇼핑

관광안내소에는 대형 수하물을 맡길 수 있는 서비스를 제공한다. 하루 1개당 500엔이다.

나하시 관광안내소
● 那覇市牧志3-2-10 てんぶす那覇1F ● 098-868-4887 ●
9:00-20:00 ● 유이레일 마키시역에서 도보 약 5분 ● 주차장 있음
(유료)   나하   ▶ MAP P.21 D-2

INFO 4   쿠폰을 받자

국제거리에서 나눠주는 '국제거리 가이드 지도'에는 주변 가게들의 쿠폰이 있다.

INFO 5   와이파이가 공짜!

나하 시내에서는 국제거리를 비롯해 전철역 등 10곳에서 무료 와이파이가 제공된다.

INFO 6   기념품 가게는 22시까지

길가에 있는 음식점과 매장은 비교적 밤늦게까지 영업한다. 기념품 가게는 22시까지 영업하는 곳이 많다.

TOURISM - 01

오키나와 여행 코스에서 빼놓을 수 없는
추라우미 수족관 완전정복!

'추라우미'란 오키나와 사투리로 '청정한 바다'를 의미한다. 오키나와 최고의 인기 관광지로 꽤나 넓기 때문에 3가지 포인트만 잡고 관람하면 대부분을 눈에 담아올 수 있다. 세계에서 가장 거대한 고래상어, 형형색색의 열대어들… 환상적인 바닷속 미지의 세계를 탐험해보자.

최대 규모

구로시오 해류를 그대로 담은 대규모 수조

깊이 10m, 세로 35m, 가로 27m인 압도적인 크기다. 아크릴 패널 두께는 60cm나 된다.

등 부분에 얼룩 무늬가 있다.

세계 최고

진타의 길이

'진타'라는 이름의 고래상어는 사육 중인 동물 중에서 세계 최대 크기다! 길이는 무려 8.7m.

고래상어

열대 지역 등에 서식하는 거대한 상어다. 움직임은 느슨해서 위험도는 낮다.

구로시오 바다
黒潮の海
수족관에서 가장 인기 있는 거대 수조

POINT 1

구로시오 바다 수조를 여러 각도에서 감상하기

수족관에서 가장 인기 있는 수조! 유유히 헤엄치는 고래상어 2마리와 무려 약 70종 1만 6,000마리나 되는 바다 생물들을 여러 각도에서 감상하자.

정면에서 보다!

C 샤크 스탠드 シャークスタンド

구로시오 바다 수조의 정면 안쪽 상단에 있는 총 56석 전용 좌석이다. 구로시오 바다 수조 전체를 정면에서 찍을 수 있는 최상의 포토존이기도 하다. 전용 좌석에 앉아 편안하게 바다의 아름다움을 감상하자.

수조 앞에서 보다!

A 추라우미 극장 美ら海シアター

HD 영상으로 오키나와 연안에서 외양까지 바다에 서식하는 여러 생물들의 생태에서부터 사람과 바다의 관계까지 다양한 해양 아이템들 소개한다. 상영시간 외에도 극장이 개방되어 스크린 뒤쪽 자리에서 구로시오 바다 수조를 감상할 수 있다.

*자세한 내용은 홈페이지를 참조

밑에서 보다!

B 아쿠아룸 アクアルーム

투명한 아크릴 패널로 되어 있는 절반이 돔 형태 수조다. 여러 각도에서 감상할 수 있으며 마치 바다 밑을 걷는 기분이 든다. 머리 위를 헤엄치는 고래상어와 만타의 배를 올려다볼 수 있다.

구로시오 바다 수조

어디서 보아도 박력 넘친다!

A
B 수족관 출구 방면
C
D 수족관 입구 방면
E

수족관 내부 지도는 >>>P.51

난요만타

가오리 종류 중 최대 규모다. 가슴지느러미를 날개처럼 펄럭이며 헤엄친다.

희귀한 블랙만타도 있다.

세계 최초
만타의 출산

2007년에 사육 중에 있는 난요만타가 세계에서 처음으로 출산에 성공했다.

● 소요시간 약 2시간
¥ 1,850엔

오키나와 최고의 관광 명소

오키나와 추라우미 수족관
沖縄美ら海水族館

연간 관람객 수는 약 300만 명 이상. 약 740종, 2만 1,000점이나 되는 바다 생물들이 전시돼 있으며 세계 최고, 세계 최초 기록을 많이 보유한 수족관이다. 고래상어 2마리가 헤엄치는 거대 수조 '구로시오 바다'는 놓치지 말자.

● 本部町石川424(해양 엑스포 공원 내)
● 0980-48-3748 ● 8:30~19:00(3~9월),
8:30~17:30(10~2월) ● 12월 첫 번째 수요일과 그 다음날 ● 1,850엔 ● 교대IC에서 약 27km

추라우미 수족관 주변 ▶ MAP P.12 C-1

위에서 보다!

D 구로시오 탐험 黒潮探検

구로시오 바다 수조를 수상 데크에서 감상하는 수상 관람 코스. 통유리 바닥에서 고래상어를 관찰하자. 1층에 있는 고래상어, 만타 코너는 엘리베이터로 접근할 수 있다.

수조 해설 시간
● 약 20분
9:20 · 10:00 · 18:00(18:30 · 19:00 *3~9월까지)

관람 시간
8:30~11:00 · 17:30~종료까지*입장 마감 10:45, 입장 마감은 종료 15분 전까지

E 카페 오션블루
カフェー[オーシャンブルー]

고래상어를 보면서 디저트나 타코라이스 등 가벼운 식사를 할 수 있다. 바로 옆에 있는 구로시오의 바다 수조를 바라보면서 럭셔리한 카페 타임을 보내자.

● 8:30~19:00(3~9월),
9:30~17:30(10~2월)

수족관 캐릭터를 모티브로 한 귀여운 데코 머핀 1개 520엔

카페에서 보다!

WHAT IS
알아두면 좋은 포인트

미치노에키와 편의점에서 할인 티켓을 구할 수 있다
나고시에 있는 미치노에키 쿄다나 오키나와 내 로손, 훼미리마트 등에서는 10% 할인가로 사전에 티켓을 구입할 수 있다.

당일에 한해 몇 번이든 재입장 가능
출입구에서 찍은 입장 티켓을 보여주고 손에 스탬프를 받으면 재입장이 가능하다. 수족관은 아침과 밤의 분위기가 다르다.

음성가이드 무료 대여 가능
예약(필수)은 1주일 전까지 전화 또는 이메일로 한다. 음성 가이드를 사용하면 각 수조의 자세한 해설을 들을 수 있다.

큰 짐은 시설 내 보관함으로
입구 로비 옆에 있는 보관함을 잘 활용하자.
(8:30~ 입장 마감 시까지 이용 가능. 특대형 500엔, 소형 100엔)

P7 주차장 건물이 가장 수족관에 가깝다
해양 엑스포 공원 내 주차장(무료)은 총 9곳. 목적지에 가까운 곳을 선택하자.

오키나와 생물 도감을 만들 수 있다
수족관 내에는 총 10가지의 무료 '추라우미 관찰 가이드'가 비치되어 있다. 관람하면서 모으면 생물 도감을 만들 수 있다.

오키나와 추라우미 수족관에서는 2016년 4월 1일부터 무료 와이파이를 사용할 수 있게 되었다. 이용 시간은 1회 30분으로 횟수는 무제한이다.

POINT 2 인기 수조 물고기들을 꼼꼼히 관찰

4층 건물 수족관의 입구는 3층이다. 입구에서 1층 출구까지 꼭 보고 싶은 수조와 물고기들을 보면서 가자.

깃대돔
긴 등지느러미를 흔드는 모습이 귀엽다.

A 열대어 바다 熱帯魚の海
안쪽으로 들어갈수록 깊어지며 밝은 얕은 여울부터 어두운 동굴까지 산호초의 복잡한 지형을 재현한 수조.

나폴레옹놀래기
길이 2m까지 자라는 놀래기의 한 종이다. 앞머리 부분의 큰 혹이 특징이다.

먹이를 주며 해설하는 시간
🕐 약 15분
13:00

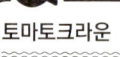

토마토크라운
말미잘과 함께 공생하는 것으로 잘 알려진 열대어다.
선명한 주황색의 작은 몸을 지녔다

수조 해설 시간
🕐 약 15분
11:00 · 15:30

시간과 날씨에 따라 수조 환경이 바뀐다
열대어 바다 수조와 산호 바다 수조는 지붕이 없고 자연광이 직접 비춘다. 방문하는 시간과 날씨에 따라 다른 수조 환경을 볼 수 있다.

B 산호 바다 サンゴの海
전시된 약 70종 800군체 산호 중에는 10년 이상 키운 것도 있다. 색깔도 모양도 여러 가지다.

블루탱
산호초 지역의 암초에 서식한다.
코발트 블루 색이 돋보인다.

자연에 가까운 상태로 살아 있는 산호를 사육하다
사육원이 모토부정 바다에 들어가서 본 산호초 풍경을 재현했다. 수족관 바로 앞의 바다에서 신선한 바닷물을 공급하기 때문에 산호에게는 쾌적한 환경이다.

수조 해설 시간
🕐 약 15분
10:30 · 12:30 · 14:30

수족관 지도

구로시오 바다 수조
지도 >>> P.48

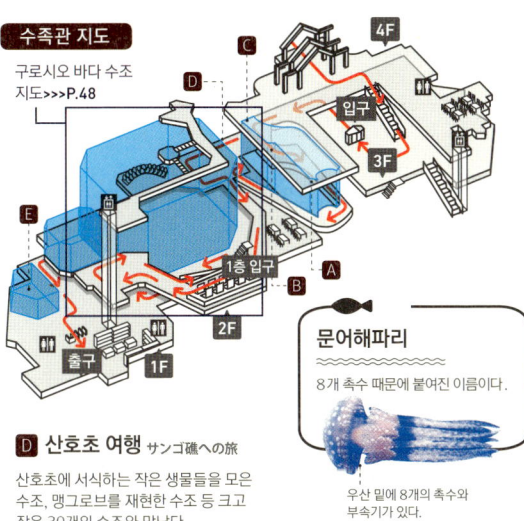

D 산호초 여행 サンゴ礁への旅

산호초에 서식하는 작은 생물들을 모은 수조, 맹그로브를 재현한 수조 등 크고 작은 30개의 수조와 만난다.

문어해파리
8개 촉수 때문에 붙여진 이름이다.
우산 밑에 8개의 촉수와 부속기가 있다.

스플렌디드가든일 &가든일
스플렌디드가든일은 흰색과 노란색 얼룩무늬가 특징이다. 검은 얼룩이 있는 것이 가든일이다.

머리와 윗몸만 모래에서 튀어나와 있다.
측면에 검은 얼룩이 있는 게 특징이다.

C 이노의 생물들 イノーの生き物たち

'이노'는 오키나와 사투리로 '산호초에 둘러싸인 얕은 바다'를 의미한다. 이 수조에서는 형형색색의 불가사리와 해삼 등 얕은 여울에 서식하는 생물들과 만져볼 수 있다.

불가사리와 해삼을 만질 수 있다
수족관에 들어가면 바로 보이는 공간. 보는 것뿐만이 아니라 바다 생물들을 직접 만져볼 수 있다.

사육사 해설 시간
● 상시운영

E 심층의 바다 深層の海

수심 200m 이상의 어두운 심해 세계를 재현한 수조. 약 70종의 심해 생물들이 있는 '심층의 바다' 등 흥미로운 전시가 많다.

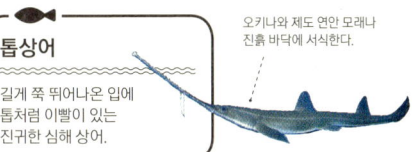

톱상어
길게 쭉 뛰어나온 입에 톱처럼 이빨이 있는 진귀한 심해 상어.

오키나와 제도 연안 모래나 진흙 바닥에 서식한다.

높은다리게
세계 최대 크기를 가진 게다. 가늘고 긴 다리가 특징이다.
큰 것은 다리를 벌리면 4m나 된다.

POINT 3 수족관 오리지널 기념품을 사다

오키나와 추라우미 수족관 한정 상품도 있다! 귀여운 오리지널 상품들을 살펴보자.

리얼 난요만타
디테일까지 난요만타의 특징을 살린 오리지널 상품이다. M 1,697엔

실리콘 고래상어 동전 지갑
부드럽고 탄력있는 감촉을 지닌 동전 지갑. 이 외에도 돌고래, 황소상어도 있다. 1,234엔

미니 펜
빨강과 검정 2색 볼펜. 디자인은 가든일 등 여러 가지가 있다. 540엔

블루만타 숍
수족관 1층 출구 근처에 있는 매장이다. 숍에서 구입한 상품은 사이즈 및 무게와 상관없이 배송해 주는 서비스도 있다.

개인 기념촬영이라면 수족관 내부에서 자유롭게 촬영할 수 있다.
다만 삼각대나 셀카봉 등 다른 사람에게 방해가 되는 장비는 사용 불가다.

TOURISM - 02

바다동물과 만나는
해양 엑스포 공원 투어

오키나와 추라우미 수족관이 위치한 해양 엑스포 공원. 역동적인 돌고래 쇼, 바다소와 바다거북 사육 등 공원 내에 있는 바다를 주제로 한 시설들은 모두 관람 무료! 수족관과 함께 방문해서 즐기자.

귀여운 돌고래들의 점프가 감동적이야!

광대한 공원에 자리한
해양 엑스포 공원
본부해변쪽

태양과 꽃과 바다 를 주제로 한 일본 국영 공원이다. 추라우미 수족관 외에도 오키나와 역사, 문화, 자연을 소개하는 시설들이 자리하고 있다.

● 本部町石川424 ● 0980-48-2741(해양 엑스포 공원 관리 센터) ● 8:00-19:30(3-9월), 8:00-18:00(10-2월) ● 12월 첫 번째 수요일과 그 다음날 ● 입장 무료(*공원 내 유료시설 있음) ● 교다IC에서 약 27km ● 주차장 있음

추라우미 수족관 주변 ▶ MAP P.12 C-2

쇼를 위한 훈련, 좀처럼 볼 수 없는 건강검진 모습도 볼 수 있어요!

바다동물 ① 돌고래
큰 야외 풀장에서 자유롭게 헤엄치는 돌고래를 관찰할 수 있다. 흑범고래와 남방큰돌고래 등과 만난다.

돌고래를 바로 가까이에서 볼 수 있다.

🚩 여기서 보다

오키짱 극장
모든 재주를 다 익힌 똑똑한 돌고래들이 펼치는 박력 만점의 쇼를 볼 수 있다.

🐬 돌고래 쇼 시간
⏰ 소요시간 약 20분
11:00 · 13:00
14:30 · 16:00
(17:30 *4~9월만)

🚩 여기서 느끼다

다이버 쇼
오키짱 극장과 같이 있는 다이버 쇼 수조에서는 다이버들이 내는 과제에 돌고래들이 도전한다. 유리창 너머 돌고래 생태를 배울 수 있다.

🐬 다이버 쇼 시간
⏰ 소요시간 약 15분
11:50 · 13:50 · 15:30

🚩 여기서 보다

돌고래 라군
오키짱 극장 옆에 있는 돌고래 라군에서는 데크 위에서 돌고래에게 먹이를 주는 체험이 열린다. 선착순이며 정원 충족 시 종료되므로 기회를 놓치지 않도록 좀 일찍 방문하자.

돌고래가 이렇게 가까워!!

🐬 돌고래 먹이 주는 체험 시간
10:00~12:00 · 13:00~13:20
14:45~15:15(차례표 배포 14:45~15:15)
15:15~15:45(차례표 배포 14:45~15:15)
*선착순, 먹이 값 500엔

🐬 돌고래 관찰 시간
⏰ 소요시간 약 15분
10:00만 오키짱 극장 및 돌고래 라군
11:30 · 13:30 · 15:00는 오키짱 극장에서 개최

편안하게 물속에서 쉬는 모습이 귀여워

WHAT IS

해양 엑스포 공원

주차장이 9곳 있으며 부지는 아주 넓다. 목적지에서 가까운 주차장을 선택하자. 참고로 오키나와 추라우미 수족관과 오키짱 극장에 가까운 주차장은 P7 주차장이다.

공원에서는 유람차로 이동해요
1회 100엔으로 공원 내 순환버스를 이용 가능하다. 공원 내 13개 정류장을 6~30분 간격으로 운행하기 때문에 넓은 공원 안에서 이동할 때 편리하다. 1일 탑승권은 200엔이다.

바다동물 ❷ 바다소

인어전설의 모델이 되었다고 하는 바다소(매너티). 멸종위기에 처해 있으며 국제보호동물로 지정되었다. 몸무게가 300~1,000kg에 달한다.

🚩 여기서 보다
바다소관
아메리카매너티 4마리를 키우고 있는 인기 명소. 건물 1층에서는 물 위에서 바다소의 모습을 볼 수 있고 지하는 수중 관찰실이다.

해양 엑스포 공원 내 명소

오키나와 향토마을 おきなわ郷土村
17~19세기 오키나와 마을을 재현한 곳. 이벤트 및 체험행사도 많이 열린다.
● 8:30-18:30(3-9월), 8:30-17:00(10-2월)
● 무료 ● MAP P.12 C-2

해양 문화관 海洋文化館
오키나와를 비롯한 태평양 지역 해양민족들의 역사와 문화를 소개한다. 플라네타륨도 인기다.
● 8:30-18:30(3-9월), 8:30-17:00(10-2월)
● 190엔 ● MAP P.12 C-2

에메랄드 비치 エメラルドビーチ
Y자형으로 튀어나온 산호 모래 해변이다. 유영 기간 외에도 산책을 즐길 수 있다.
● 8:30-19:00(10월은 17:30까지) ● 무료
● MAP P.12 C-1

희귀한 바다거북 5종을 꼼꼼히 관찰~

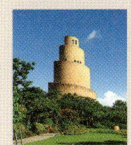

열대 드림 센터 熱帯ドリームセンター
2,000포기 난을 비롯해 화려한 열대/아열대 꽃들이 핀다. 과일이 열리는 온실도 있다.
● 8:30-18:30(3-9월), 8:30-17:00(10-2월)
● 760엔*수족관 반쪽 티켓을 제시하면 입장료 50% 할인 ● MAP P.12 C-2

바다동물 ❸ 바다거북

대모와 푸른바다거북, 일본에서는 희귀한 공주바다거북을 볼 수 있다. 2016년 8월에는 세계에서 처음으로 청바다거북이 산란과 부화에 성공했다고 한다.

🚩 여기서 보다
바다거북관
바다거북 5종을 사육한다. 물 위에서는 수면을 헤엄치는 바다거북을, 지하 관찰실에서는 물속을 유유히 헤엄치는 바다거북을 볼 수 있다.

TOURISM - 03

보고 먹고 사고!
국제거리 산책하기

- 겐초마에역 県庁前駅
- 오나리바시 도오리 御成橋通り
- 팔레트 구모지 パレットくもじ
- 와시타 숍 국제거리 본점 >>>P.150
- 유난기 >>>P.89
- 오키나와 샤브샤브 MOMO
- 산초쿠시죠 왓쇼이 구모지점
- 시오야 국제거리점
- 국제거리 国際通り
- 걸어서 약 1분
- 류큐 시장
- 아라가키 진스코혼포 마키시점
- 오카시고텐 御菓子御殿
- 오카시고텐 국제거리 마쓰오점
- 오키나와현청 沖縄県庁
- 슈리소바 현청점

WHAT IS

국제거리 国際通り

일방통행 조심
출·퇴근 시간대인 평일 아침과 저녁에는 도로 한쪽이 버스전용차로로 변경된다. 운전할 때 주의가 필요하다.

기념품 가게는 22시까지
길가에 위치한 음식점과 기념품 가게는 비교적 밤늦게까지 영업한다. 시간을 신경 쓰지 않고 즐길 수 있다.

짐을 맡길 수 있다
나하시 관광안내소에서는 보관함 외에 카운터에서도 짐을 맡길 수 있다.
>>>P.47

① 임펙트 있는 씹는 맛
슈리소바 현청점
首里そば 県庁店

문을 닫은 전설적인 소바집 맛을 계승한다. 쫄깃한 면과 맑은 육수가 맛있다. 슈리소바(중)는 500엔. 30개 한정이라 매진되는 경우도 많다. 조금 일찍 가는 것을 추천한다.

- ● 那覇市泉崎1-2-2 沖縄県庁舎内
- ● 098-861-0889 ● 11:00~14:30
- ● 토/일요일, 공휴일 ● 유이레일 겐초마에역에서 도보 약 5분 ● 주차장 없음
- 나하 ▶ MAP P.20 A-3

② 오키나와 명과를 산다면 여기!
오카시고텐
御菓子御殿

원조 자색고구마 타르트로 유명한 과자점. 류큐왕국으로 시간여행을 온 듯한 빨강벽돌의 건물을 찾아가자. 자색고구마 타르트 6개들이 648엔.

- ● 那覇市松尾1-2-5 ● 098-862-0334 ● 9:00~22:00(8~9월 22:30까지) ● 유이레일 겐초마에역에서 도보 약 4분 ● 주차장 없음
- 나하 ▶ MAP P.20 A-3

③ 부드러운 패티가 먹기 좋은
쥬톤스
Zooton's

패티부터 번즈, 베이컨까지 수제를 고집하는 햄버거 가게. 가장 인기 있는 아보카도 치즈버거는 780엔. 각각 재료들이 서로 강하게 주장하지 않는 균형 있는 맛이다.

- ● 那覇市久茂地3-4-9 ● 098-861-0231 ● 11:00~20:30(화/일요일 16:30까지) ● 유이레일 겐초마에역에서 도보 약 5분 ● 주차장 없음
- 나하 ▶ MAP P.20 B-3

나하시 중심을 가로지르는 1.6km 길이의 메인스트리트! 맛집도 쇼핑 핫플레이스도 다 있는 이곳을 끝에서 끝까지 걸어보자. 천천히 산책하면 다음에 드는 아이템을 꼭 만날 수 있을 것.

④

동글동글 도넛에 심쿵
볼 도넛 파크
BALL DONUT PARK

뉴파라다이스 거리 근처에 위치한 도넛 가게. 작은 크기의 볼 도넛에 과일, 견과류, 소스를 토핑한다. 인기 품목은 상큼한 맛의 레몬&슈거(S사이즈/80g) 410엔.

- 那覇市牧志1-1-39 ● 098-988-9249 ● 12:00-20:00 ● 유이레일 겐초마에역에서 도보 약 8분 ● 주차장 없음 나하 ▶ MAP P.20 C-3

⑤

이것이 바로 오키나와 아이스크림
블루실 아이스크림
ブルーシールアイスクリーム

오키나와 재료들을 사용한 오리지널 맛이 인기인 아이스크림 가게. 일본 전역에 체인이 있고 크레페도 판매한다.

- 那覇市牧志1-2-32 ● 098-867-1450
- 10:00-22:30(금/토요일 22:30까지)
- 유이레일 겐초마에역에서 도보 약 8분
- 주차장 없음 나하 ▶ MAP P.20 C-2

⑥

해변에서 들고 다니고 싶은
오키나와 리조트 티다 비치
Okinawan Resort Ti-da Beach

해변을 모티브로 한 액세서리와 잡화가 주를 이루는 편집숍. 컬러풀한 양초 등 작가의 수제 상품들도 다양하다.

- 那覇市松尾2-2-13 シャトレ松尾1-B
- 098-917-1004 ● 12:00-20:00
- 유이레일 미에바시역에서 도보 약 15분
- 주차장 없음 나하 ▶ MAP P.20 C-3

⑦

덥석! B급 음식
타코스야
Tacos-ya

국제거리에서 뉴파라다이스 거리 방면으로 들어간 곳에 자리한다. 주문 즉시 타코쉘을 튀기는 타코는 1개 180엔. 테이크아웃 가능.

- 那覇市牧志1-1-42 斉藤ビル1F
- 098-862-6080 ● 11:00-20:45
- 유이레일 미에바시역에서 도보 약 8분
- 주차장 없음 나하 ▶ MAP P.20 C-3

> 나하 공항에서 국제거리에서 가장 가까운 겐초마에역까지 유이레일로 13분 만에 갈 수 있어 편리하다. 겐초마에역에서 국제거리까지는 도보 약 5분이면 도착한다.

오키에이 도오리
沖映通り

HAPINAHA >>> P.158

A&W 국제거리 마키시점
①
스타벅스

하삐나하
ハピナハ

구고 민예점
②
한스 국제거리점

쿠쿠루 나하점
>>> P.137 트알바트로 실버관

오키나와 티셔츠 요코초 블루코코

국제거리

④ 칼비 플러스
⑦ 숍 나하

과일시장

③ 돈키호테
ドンキホーテ

치즈 타르트 전문점
파블로 국제거리점

스테이크하우스88
국제거리점

시장본통리
市場本通り

시조혼 도오리

무쯔미바시 도오리
むつみ橋通り

헤이와 도오리
平和通り

국제거리 포장마차촌
国際通り屋台村

제일 마키시 공설 시장
>>> P.78

①
오키나와 사람들의 단골 햄버거집
A&W 국제거리 마키시점
A&W 国際通り牧志店

'엔다(エンダー)'라는 애칭으로 불리는 햄버거 가게. 3층 테라스 석이 인기다. 소고기, 토마토, 크림치즈가 들어간 인기 메뉴 '더★A&W버거'는 650엔. 루트비어 레귤러사이즈 220엔은 무한 리필 가능.

- 那覇市牧志2-1-21 ● 098-943-2106 ● 9:00~22:00 ● 유이레일 마키시역에서 도보 약 5분 ● 주차장 없음
- 나하 ▶ MAP P.21 D-2

②
창업 약 50년의 확실한 안목
구고 민예점
久髙民藝店

사장님이 정성스럽게 고른 오키나와 전통 공예들이 모여 있는 오래된 편집숍이다. 류큐 유리, 빈가타, 야치문, 하나오리 등이 넓은 매장에 가득 진열돼 있다. 작가와 공방 이름이 적혀 있어 안심하고 쇼핑할 수 있다.

- 那覇市牧志2-3-1 K2ビル1F ● 098-861-6690 ● 10:00~22:00 ● 유이레일 마키시역에서 도보 약 5분 ● 주차장 없음 나하 ▶ MAP P.21 D-2

③
자색고구마 디저트를 취급하는
치즈 타르트 전문점 파블로 국제거리점
焼きたてチーズタルト専門店 PABLO 国際通り店

오키나와 한정 자색고구마 치즈 타르트 1,296엔과 테이크아웃 메뉴 등 제품이 다양하게 있다.

- 那覇市松尾2-8-19 ドン・キホーテ国際通り店1F ● 098-867-8260 ● 11:00~23:00(시기에 따라 변동 있음) ● 유이레일 미에바시역에서 도보 약 8분 ● 주차장 없음 나하 ▶ MAP P.21 D-3

④
오키나와 스낵과자를 구입하자
칼비 플러스
Calbee+

제과업체 칼비(가루비)의 안테나숍이다. 오키나와에서만 볼 수 있는 스위트 포테리코(자색고구마) 290엔이 인기. 여행 선물로는 개별포장된 추라포테 흑설탕맛 825엔을 추천한다.

- 那覇市牧志3-2-2 ● 0120-55-8570(칼비 고객상담실) ● 10:00~21:00(핫 제품 20:30까지) ● 유이레일 마키시역에서 도보 약 5분 ● 주차장 없음 나하 ▶ MAP P.21 D-2

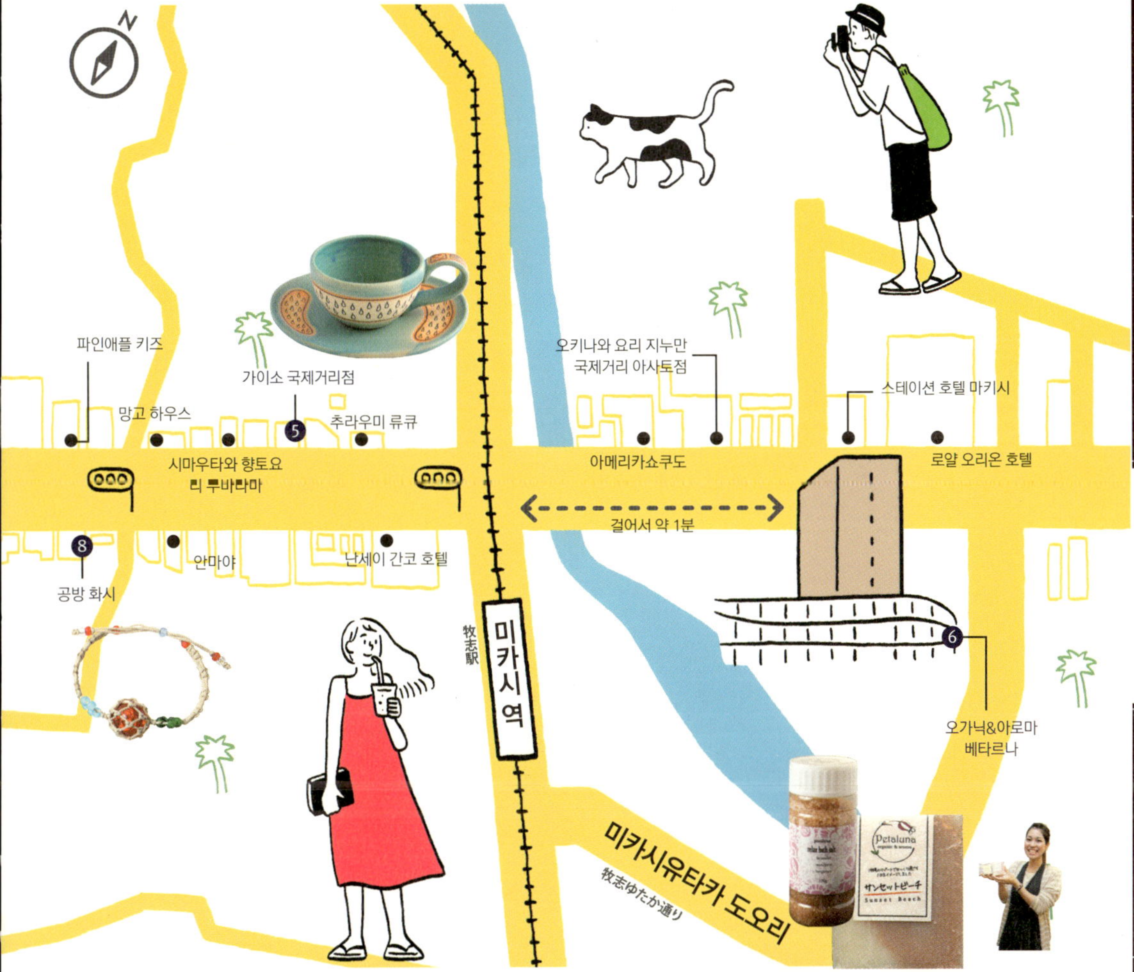

파인애플 키즈

망고 하우스

가이소 국제거리점

⑤

추라우미 류큐

시마우타와 향토요
티 루바라마

공방 화시

⑧

안마야

난세이 간코 호텔

오키나와 요리 지누만
국제거리 아사토점

아메리카쇼쿠도

걸어서 약 1분

스테이션 호텔 마키시

로얄 오리온 호텔

⑥

오가닉&아로마
베타르나

미카시유타카 도오리

⑤
오키나와 작가들의 작품이 있는
가이소 국제거리점
海想 国際通り店

가장 오래된 가이소 매장. 오리지널 상품 외에도 야치문, 류큐 유리 등 오키나와 인기 작가 및 공방 작품들도 다양하게 취급한다. 후타고도의 컵&컵받침 4,277엔. 오쿠하라 초자제조소의 이로쿠치컵 1,296엔.

● 那覇市牧志2-7-22 コスモビル1F
● 098-863-7117 ● 10:00-22:00 (토/일요일, 공휴일 23:00까지) ● 유이레일 마키시역에서 도보 약 2분 ● 주차장 없음 **나하** ▶ MAP P.21 E-2

⑥
환경 친화적인 화장품
오가닉&아로마 베타르나
オーガニック&アロマペタルーナ

자연 재료와 유기농을 고집하는 화장품과 아로마 제품 매장. 오키나와 재료를 사용한 각종 오리지널 제품들도 취급한다. 내추럴 비누(120g) 1,242엔 등.

● 那覇市安里2-1-1 カーゴス国際通り1F ● 098-988-4521 ● 10:00-21:00 ● 유이레일 마키시역 연결
● 주차장 있음(유료) **나하** ▶ MAP P.21 F-2

⑦
오키나와 기념품이 다 모였다
숍 나하
ショップなは

나하시 관광안내소에 있는 오키나와 현 안테나숍. 오키나와의 좋은 물건을 주제로 한 오키나와 기념품들이 모여 있다. '78'(일본어 발음이 '나하'와 가깝다)를 모티브로 한 나하사브레(8개묶음) 842엔은 여행 선물로 딱이다.

● 那覇市牧志3-2-10 てんぶす那覇1F
● 098-868-4887(나하 시 관광안내소) ● 10:00-20:00 ● 유이레일 마키시역에서 도보 약 5분 ● 주차장 있음(유료)
나하 ▶ MAP P.21 D-2

⑧
우키다마 유리에 매혹되다
공방 화시
工房 花時

옛날에 어부들이 바다에서 사용했던 우키다마(부표)를 화려하게 재해석한 유리 작품들이 있다. 공중 블래스팅(blasting) 방식으로 만든 우키다마 별 모양의 모래나 산호를 넣은 작품 등 모두 개성이 넘친다.

● 那覇市牧志3-12-4高泉ビルB1F
● 098-862-8010 ● 9:30-21:00
● 유이레일 마키시역에서 도보 약 3분
● 주차장 없음 **나하** ▶ MAP P.21 E-2

057

TOURISM - 04

즐기는 법이 다양한
절경 관광지의 매력

감청색 바다에 홀로 튀어나온 곳은 아침저녁으로 변하는 자연의 표정이 매력적이다. 경치뿐만 아니라 유리 보트와 스노쿨링 등 플러스 알파의 즐거움으로 가득한 절경 관광지에 흠뻑 취해보자.

\ 에메랄드 블루 빛 바다가 아름다워! /

👀 WATCH
코끼리 코
바다에 튀어나온 절벽이 코끼리 코 모양과 똑같다. 절벽 위에는 천연 잔디가 펼쳐져 있다.

👀 WATCH
산호초
주변 바다는 뛰어난 투명도를 자랑하며 리프(산호초)를 한눈에 볼 수 있다.

만자모의 절경은 가까이에서 또 멀리서, 두 번 즐길 수 있다.

낮에도 저녁에도 절경!
만자모
万座毛

류큐석회암의 절벽과 투명한 바다가 아름답다. 석양 명소로도 유명해 해질 무렵에는 인파로 몰린다.

● 恩納村恩納 ● 관람 자유 ● 야카IC에서 약 6km ● 주차장 있음 서해안 리조트 ▶ MAP P.10 C-2

무료 주차장
40대 수용 가능한 무료 주차장이 있지만 성수기에는 만차가 될 수 있으니 유의하자.

HOW TO

만자모 둘러보기
만자모 주변에는 한 바퀴 10~20분 정도 걸리는 산책로가 조성되어 있다. 이 길을 따라 걷다 보면 희귀 식물도 발견할 수 있다.

아단, 구데니아 등 아열대 식물이 무성하다.

부부바위 夫婦岩
바닷속에 나란히 있는 2개의 바위. 금줄로 묶여 있어 재수가 좋다고 한다.

명소인 코끼리 코를 볼 수 있는 만자모 전망공간에서의 경치는 각별하다!

+α로 즐기다!

만자모
석양을 한눈에 바라볼 수 있는 일몰 명소로도 유명하다.

기념품 샵

기념품 가게들
주차장 양쪽에 쇼와시대 향수를 풍기는 기념품들이 많이 있다.

탁 트인 전망에 감동하다!

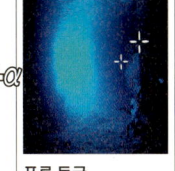

푸른 동굴
마에다 곶에서 인기 있는 해양 관광지. 동굴 내부가 파랗게 빛나는 모습은 신비롭다. 스노클링 투어 등을 이용해서 갈 수 있다.

다이버들도 인정하는 투명도
마에다 곶
真栄田岬

인기 다이빙 포인트로 계단을 내려가면서 직접 바다로 들어갈 수 있다.

● 恩納村真栄田469-1 ● 7:00-18:30(계절마다 변동 있음) ● 무료 ● 이시카와IC에서 약 7km ● 주차장 있음(유료)
서해안 리조트 ▶ MAP P.10 A-3

바닷바람이 선선한 조용한 시간

잔파 곶 휴게 광장 티다33
잔파 곶에 자리한 복합시설. 바비큐를 즐기거나 염소 먹이 주기 체험 등을 할 수 있다.

백악의 등대가 포토제닉
잔파 곶
残波岬

높이 30m의 절벽이 약 2km 이어진다. 맑은 날에는 게라마 제도의 풍경이 한눈에 보인다.

● 読谷村宇座 ● 관람 자유 (등대는 9:30-16:30, 10-4월 9:00-16:00) ● 등대는 관람 기부금 200엔 ● 이시카와IC에서 약 14km ● 주차장 있음 서해안 리조트 ▶ MAP P.8 A-1

물고기 먹이주는 체험도 특별하다

유리 보트
고래 모양의 보트 바닥이 통유리로 되어 있다. 바닷속을 산책하는 듯한 기분을 만끽할 수 있다.

해중 전망탑
24면 창문을 통해 360도 펼쳐지는 바닷속 세상을 들여다볼 수 있다.

열대어가 헤엄치는 바닷속 세상을 관찰하다
부세나 해중 공원
ブセナ海中公園

부세나 곶 끝단에 있다. 해중전망탑과 전용 보트로 바다 밑을 관찰할 수 있다.

● 名護市喜瀬1744-1 ● 9:00-17:30(11-3월 17:00까지) ● 해중전망탑+유리 바닥 보트 2,060엔 ● 교다IC에서 약 5km ● 주차장 있음 서해안 리조트 ▶ MAP P.11 D-2

TOURISM - 05

류큐왕국 번영의 궤적을 전해주는
세계문화유산을 찾아서

2000년 12월 일본에서 11번째 세계문화유산으로 등재된 오키나와 세계문화유산. 오키나와에 있는 9개의 세계문화유산을 탐방하며, 류큐의 역사를 경험해보자.

류큐왕국의 탄생을 장식하는 5개의 성

류큐왕국을 상징하는 성
슈리 성터

놓치지 말 것!

류큐왕국을 통일한 거점
슈리 성터
首里城跡

나하 시내를 내려다보는 대지에 축조된 화려한 색을 지닌 성. 건축연도와 건축주는 알 수 없지만 1429년 류큐 통일 후에 정치, 행정, 국가적 의례의 거점 및 왕의 거성으로 약 450년 동안 왕궁의 중추기관을 담당했다. 오키나와 전투 등으로 과거 4번 소실되었으며 현재 볼 수 있는 건물은 복원된 것이다.

슈리성 공원>>>P.70

지하에 있는 세계문화유산
'유구(遺構・이고)'
슈리성 정전 마루 밑에 남아 있는 옛 건축의 잔존물로 세계문화유산에 등재되었다.

중국 건축에 영향을 크게 받은 슈리성 정전

나키진 성터

호쿠잔왕국의 영화를 증명하는 산성

사지마조쿠에서 바다가 보인다.

길이 1.5km에 달하는 견고하게 축조된 성벽
사람의 손으로 축조된 긴 석축은 당시 호쿠잔왕의 세력이 대단했음을 말해준다.

9개 성곽을 지닌 웅장한 성터
나키진 성터
今帰仁城跡

오키나와 본섬 북부, 모토부반도 북쪽에 위치하는 류큐 통일 이전 호쿠잔왕이 거주하던 성이다. 슈리성에 버금가는 규모를 자랑하는 거대한 산성으로 용처럼 산기슭에 뻗어 있는 성벽과 코발트 블루 빛 바다를 조망하는 아름다운 경관이 특징이다. 요새 안팎에 있는 경배 장소나 제사 장소를 방문하는 사람들도 많다. 1~2월에 피는 붉은겨울벚꽃의 명소로도 잘 알려져 있다.

● 今帰仁村今泊5101 ● 8:00-18:00(5-8월 19:00까지) ● 입장료 400엔(나키진 성터/역사문화센터 공통) ● 교다IC에서 약 26km ● 주차장 있음 추라우미 수족관 주변
▶ MAP P.13 D-2

자키미 성터

요새로 지어진 산성

고사마루가 축조한 최고의 요새
완성형의 요새라고 불린다. 아치 형태의 문이 아름답다.

아치노카쿠와 니노카쿠, 두 성곽이 만들어내는 기능적이고 수려한 석축이다.

오키나와에서 가장 오래된 아치문이 남아 있는
자키미 성터
座喜味城跡

15세기 초 산성 건축의 명인 고사마루가 건립했다. 고사마루는 주잔군 무장의 한 명으로 주잔왕 쇼하시의 호쿠잔 침공에 참여하여 나키진성 함락이라는 무공을 세우고 자키미성을 건축하였다. 이치노카쿠와 니노카쿠, 두 성곽으로 이루어진 성벽은 두껍고 견고하여 독특한 곡선을 그린다. 요새 중에서 유일하게 경배 장소와 제사 장소가 없는 것도 특징이다.

● 読谷村座喜味708-6 ● 이시카와IC에서 14km ● 주차장 있음 서해안 리조트 ▶ MAP P.9 D-1

WHAT IS

오키나와 세계문화유산 沖縄の世界遺産

류큐왕국이라는 독립된 국가와 해외무역으로 이름을 떨친 독자성이 있는 왕국 문화, 신앙 형태의 특질이 인정되어 세계문화유산에 등재되었다.

- **등록 명칭** 류큐왕국의 구스쿠 및 관련 유산군
- **유산 구분** 문화유산
- **등록 년도** 2000년

세계문화유산 지도

- ③ 座喜味城跡(読谷村)자키미 성터(요미탄촌)
- ① 首里城跡 슈리 성터
- ② 識名園 시키나엔
- ⑥ 玉陵 다마우둔
- ⑦ 園比屋武御嶽石門 소노한우타키이시문 (那覇市)(모두 나하시)
- ⑧ 今帰仁城跡(今帰仁村)나키진 성터(나키진촌)
- ④ 勝連城跡(うるま市)가쓰렌 성터(우루마시)
- ⑤ 中城城跡(北中城村)나카구스쿠 성터(기타나카구스쿠촌)
- ⑨ 斎場御嶽(南城市)세이화우타키(난조시)

류큐왕국이란?

15세기 전반부터 약 450년 동안 슈리를 중심으로 존재했던 왕국이다. 3개 왕국으로 분립되어 있던 류큐를 주잔왕 쇼하시가 통일하면서 탄생했다. 중국과 일본에 영향을 받아 독특한 문화를 꽃피웠다.

- **14세기 중엽** 3개 왕국이 분립 → 호쿠잔 / 주잔 / 난잔
- **15세기 전반** 주잔왕 쇼하시가 세 나라를 통일 → 류큐왕국(제일 쇼씨 왕조)

9개의 세계문화유산을 하루 만에 둘러볼 수 있어?

북쪽에서 남쪽까지 넓은 범위로 흩어져 있기 때문에 하루에 모든 곳을 둘러보기엔 시간이 빠듯하다. 2일 이상에 나눠서 천천히 둘러보는 게 낫다. 다른 관광지나 맛집과 함께 즐겨보자.

세계문화유산을 무대로 한 행사도 꼭 확인하자!

- 【10월】【슈리 성터】 류큐쇼 에마키 행렬
  슈리성 축제의 메인 행사다. 화려한 의상을 입은 참가자들이 국제거리를 걸으며 류큐 이야기를 재현한다.
- 【12월】【나카구스쿠 성터】 나카구스쿠 쓰와부키 축제
- 【1~2월】【나키진 성터】 나키진구스쿠 벚꽃 축제

천하를 노린 아마와리의 성

구릉의 높낮이 차이를 살린 성 구조
아름다운 곡선을 그리며 높낮이 차가 20m나 되는 석축이 솟아오른다.

지형을 교묘히 잘 이용한 가쓰렌 성터의 석축

새파란 바다의 탁 트인 전망을 즐기다

가쓰렌 성터
勝連城跡

슈리 왕궁에 반기를 든 10대 성주 아마와리가 거주한 성이다. 해외 무역을 하며 가쓰렌의 번영을 이끈 아마와리는 지역 영웅이다. 1458년에 라이벌인 나카구스쿠성의 고사마루를 무찌른 후 슈리성을 침공했으나 크게 패배하여 멸망했다. 가쓰렌성 이치노카쿠 성곽에서는 나카구스쿠 만을 한눈에 볼 수 있는 탁 트인 경관이 펼쳐지는 최고의 위치다.

● 우루마市勝連南風原3908 ● 관람 자유(휴게소 9:00-18:00) ● 오키나와키타IC에서 약 10km ● 주차장 있음 **중부** ▶ MAP P.9 D-2

류큐의 전란을 몸으로 겪은 성

많은 유구가 원형 그대로 남아 있다
공공기관으로 사용되면서 오키나와 전쟁 피해가 적었다는 등의 사실이 그 이유다.

지형을 잘 이용한

위풍당당한 난공불락의 성

나카구스쿠 성터
中城城跡

15세기 중엽에 자키미 성주 고사마루가 아마와리를 견제하기 위해서 이주한 성이다. 아름다운 석축과 6개 성곽을 가졌고 그 석축의 건축기술 우수성은 페리 함대 일행도 극찬했을 정도다. 돌을 쌓는 방법이 다른 석축을 보면 시대 변천을 알 수 있다. 아마와리가 이끈 슈리왕궁군에 침공을 받아서 고사마루는 여기서 최후를 맞이했다.

● 中城村泊1258 ● 8:30-18:00(10-4월 17:00까지) ● 400엔 ● 기타나카구스쿠IC에서 약 5km ● 주차장 있음 **중부** ▶ MAP P.8 C-3

5개 요새 외에도 오키나와에는 약 200곳 이상의 요새가 있다. 성뿐만 아니라 자연석을 쌓기만 한 유적지도 포함된다.

류큐 문화의 유산 4가지

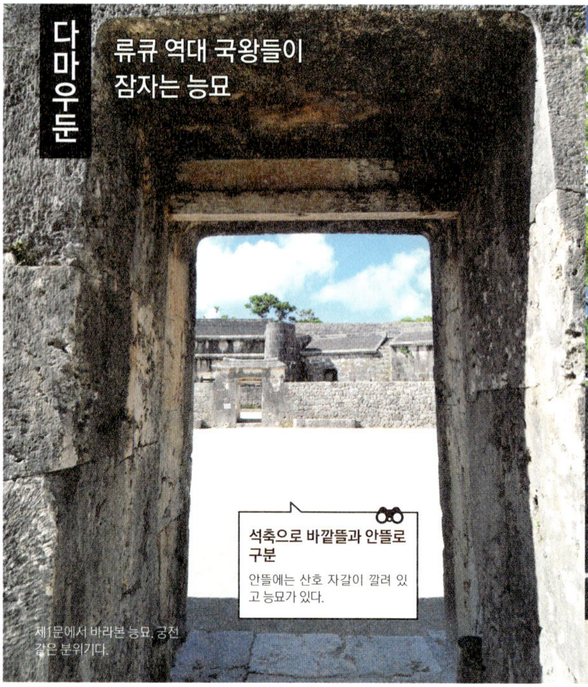
다마우둔
류큐 역대 국왕들이
잠자는 능묘
석축으로 바깥뜰과 안뜰로
구분
안뜰에는 산호 자갈이 깔려 있고 능묘가 있다.

제1문에서 바라본 능묘. 궁전 같은 분위기다.

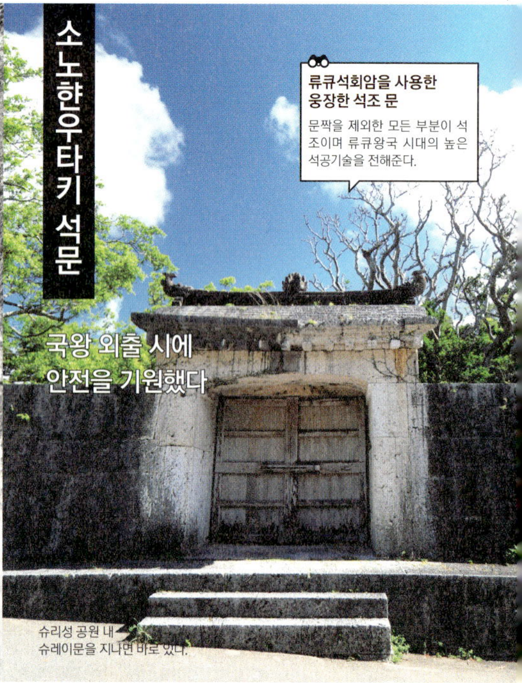
소노햔우타키 석문
류큐석회암을 사용한
웅장한 석조 문
문짝을 제외한 모든 부분이 석조이며 류큐왕국 시대의 높은 석공기술을 전해준다.
국왕 외출 시에
안전을 기원했다

슈리성 공원 내 슈레이문을 지나면 바로 있다.

제2 쇼씨왕조의 거대한 능묘로 1501년에 쇼신오가 아버지 쇼엔오를 이장하기 위해서 건립했다. 이 묘의 형태가 오키나와의 독특한 하후보 묘의 원형이 되었다고 한다. 묘실은 동실, 중실, 서실의 3곳으로 나눠져 있으며 중실에는 세골장 전의 시체를 안장하고 동실은 왕과 왕비, 서실은 한정된 가족만이 안장되었다.

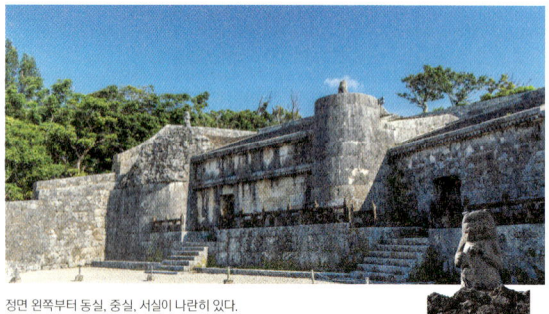

정면 왼쪽부터 동실, 중실, 서실이 나란히 있다.

묘실 동쪽 탑에 있는 왕의 묘를 지키는 돌사자

수수께끼도 많은 국왕의 능묘

다마우둔

玉陵

● 那覇市首里金城町1-3 ● 9:00-17:30 ● 300엔 ● 유이레일 슈리역에서 도보 약 15분
● 주차장 없음 슈리 ▶ MAP P.23 D-1

국왕이 성 밖으로 나갈 때 길에서 평안하고 무사하도록 기원하는 경배장소로 제2 쇼씨왕조 3대왕 쇼신오가 1519년에 창건한 돌문이다. 류큐에서는 신이 하늘에서 나무나 바위로 내려온다고 생각했고 돌문 뒤에 펼쳐진 숲이 성지로 여겨지고 있다. 성지순례(>>>P.69)의 시작점이기도 하여 참배자들이 끊임없이 찾는다.

世界遺産
World Heritage
琉球王国のグスク及び関連遺産群
園比屋武
御嶽石門
Sonohyan-utaki Ishimon

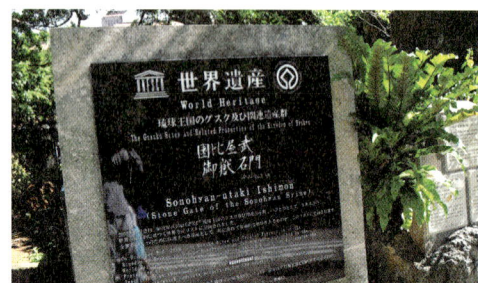

돌문 옆에 있는 비석. 세계문화유산 등재 경위가 적혀 있다.

왕의 무사를 기원한 신성한 돌문

소노햔우타키 석문

園比屋武御嶽石門

● 那覇市首里真和志1-7 首里城公園内 ● 유이레일 슈리역에서 도보 약 15분
● 주차장 있음(유료) 슈리 ▶ MAP P.23 E-1

세이화우타키

류큐왕국 최고의 성지

📷 놓치지 말 것!

우타키(제사 장소) 내 6개 경배장소
입구에서 우후구이, 유인치, 시키요다유루, 아마다유루, 산구이, 초노하나 순으로 경배 장소가 있다.

첫 번째 경배 장소 '우후 구이' 측위식등 국가 제사가 거행되었다.

시키나엔

류큐왕가의 별저

🔍 일본과 중국 문화가 섞인 정원
일본 정원의 기본 구조를 가지고 있으면서 중국풍 또는 류큐풍 디자인의 건물이 섞여 있다.

사계절마다 꽃놀이 피는 풍경이 펼쳐난 회유식 정원이다.

류큐왕국 최고의 신녀 기코에오오키미의 취임식인 '우아라우리'도 열린 신성한 우타키다. 이곳에는 6곳의 경배 장소가 있다. 과거에는 남자가 출입할 수 없었고, 국왕이라 할지라도 우타키 앞까지만 갈 수 있었다고 한다. 류큐 창조의 신 아마미키요(>>>P.68)가 최초로 만든 7개 우타키 중 하나라 전해진다.

슈리성에서 남쪽으로 약 3km 거리에 있는 류큐왕가의 별저다. 왕족의 휴양이나 중국 황제의 사자인 책봉사를 접대하기 위해 사용되었다. 1799년 쇼온오 시대에 조성되었고 오키나와 전쟁으로 파괴된 후 복원 정비되어 공개됐다. 정원은 열대 나무들이 뒤덮고 있으며 중국풍 정자인 육각당과 돌다리를 배치한 회유식 정원이 아름답다.

두 개의 거대한 바위가 서로를 지탱하고 있는 '산구이'

연못 가운데 떠 있는 중국풍 정자 육각당

아마미키요 신화가 숨 쉬는 성지
세이화우타키
斎場御嶽
>>> P. 66

산구이 안쪽에 있는 경배 장소에서 보이는 구다카 섬

책봉사를 맞이한 왕가의 별저
시키나엔
識名園

소노한우타키 석문과 세이화우타키에서는 지금도 경배를 드리는 사람들이 있다. 함부로 말을 걸거나 사진을 찍는 일은 삼가자.

● 那覇市真地421-7 ● 9:00-17:30(10-3월 17:00까지) ● 400엔 ● 유이레일 슈리역에서 도보 약 10분 ● 주차장 있음 나하 ▶ MAP P.23 E-3

TOURISM - 06

남부 최고의 정글 지역
간가라 계곡에서 비경 체험

태초의 자연이 깃든 남부 간가라 계곡은 생명력 넘치는 아열대 식물, 차갑고 시원한 종유동 등 볼거리가 가득하다. 생명의 신비를 느낄 수 있는 힐링 명소를 가이드 투어로 재미있게 둘러보자!

가이드 투어 볼거리 ①

대만고무나무

간가라 계곡에서도 압도적인 존재감을 자랑한다. 수령 약 150년. 15m나 되는 뿌리를 뻗으며 서서히 이동하기 때문에 '걸어 다니는 가주마루'라고도 불린다.

소요시간
약 1시간 20분

목이 아플 정도로 올려다보세요!

대자연이 만들어낸 신비의 계곡을 거닐다

웅장한 규모의 대만고무나무는 생명력으로 충만하다.

대자연 속에서 심호흡
간가라 계곡
ガンガラーの谷

약 1~2만년 전 인류 미나토가와인의 거주 지역이었던 가능성이 높고 현재도 조사가 진행되고 있는 아열대 숲이다. 역사적으로도 귀중한 사적을 가이드투어에 참여해서 관람한다.

● 南城市玉城前川202 ● 9:00~18:00(예약 접수) ● 하에바루미나미IC에서 약 6km ● 주차장 있음 남부 ▶ MAP P.5 D-2

체험 데이터
가이드 투어

소요시간 약 1시간 20분
¥ 2,200엔
예약 예약 전날까지 예약제(당일은 문의 필요)
시작 시간 10:00/12:00/14:00/16:00

📷 가이드 투어 볼거리 ❷
이나구 동굴 イナグ洞

'이나구'란 오키나와 사투리로 '여성'을 뜻한다. 과거에는 동굴 안에서 기도를 할 수 있었는데, 지금은 바라만 봐야 한다. 순산과 좋은 인연을 빌어보자.

향로가 보인다!

차갑고 시원해~!

동굴에서는 랩프가 필요하다.

📷 가이드 투어 볼거리 ❸
이키가 동굴 イキガ洞

이키가란 '남성'을 뜻하고 생명의 탄생과 성장을 기원하는 장소로 예부터 사람들이 찾아온다. 이나구 동굴 옆에 있다.

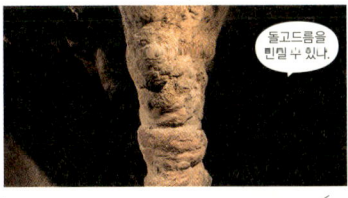

돌고드름을 핥을 수 있다.

많은 화석이 출토!

📷 가이드 투어 볼거리 ❹
부게이 동굴 武芸洞

투어 마지막 목적지는 이곳. 약 3,000년의 전 석관이 발견되었고 안에는 엎드려 누운 40대 남성의 뼈가 들어가 있었다고 한다. 그 외에도 많은 화석이 출토됐다.

미나토가와인이 살고 있을 수도?

석관이 출토된 곳

HOW TO
간가라 계곡 즐기기

희귀한 자연과 화석이 잠들어 있지만 가볍게 관람할 수 있는 간가라 계곡. 여행 스케줄을 세울 때 포인트를 소개한다.

예약제 투어만으로 계속 관람할 수 있다
지질과 자연 보호를 위해 계곡 안을 둘러볼 수 있는 건 예약한 사람뿐이다. 홈페이지 또는 전화로 예약 가능. 날짜에 따라서는 투어 타임이 더 추가될 수도 있다.

사계절 OK
어느 계절이라도 푸른 식물을 볼 수 있으며 오키나와 자연을 느낄 수 있지만 즐기기 좋은 계절은 나무들이 가장 아름답게 보이는 여름이다.

비가 와도 투어 실시!
관람 중간에 나무잎이 우산이 되어주기도 하고 동굴 속을 걷기도 하기 때문에 비가 와도 즐겁다. 단, 걷기 편한 복장과 신발을 신는 게 좋다.

운이 좋으면 발굴 조사하는 모습도 볼 수 있다
매년 정해진 시기에 지역 연구자들이 발굴한다. 이곳에서 석기와 사람의 뼈 등이 발견되었다.

🥤 일본에서 유일한 동굴 카페도 놓칠 수 없다!

간가라 계곡 입구에 있는 천연 종유동을 그대로 이용한 카페. 카페만 이용할 수도 있다. 추천 시간대는 참가자들이 모이는 투어 전보다 여유롭게 시간을 보낼 수 있는 투어가 끝난 이후다.

아이스크림(싱글)
신맛을 살린 히비스커스 맛은 새롭다. 330엔

히비스커스 소다
히비스커스와 오키나와 과일을 사용한 주스류도 다양하다. 370엔

종유동 카페에서 잠시 휴식을
케이브 카페
CAVE CAFE

무수히 많은 돌고드름이 달려 있는 천연 종유동을 이용했다.

● 南城市玉城前川202 ● 098-948-4192 ● 10:00-17:30 ● 하에바루미나미IC에서 약 6km ● 주차장 있음 남부 ▶ MAP P.5 D-2

간가라 계곡은 안내원들의 해설로 알기 쉽게 관람할 수 있다. 투어는 사전예약이 필수!

065

TOURISM - 07

류큐 신화가 살아 숨 쉬는 2대 성지에서 파워 충전

경배 장소에서는 허리를 걷기 마음을 가라앉히고 기도하기

세이화우타키 지도

류큐왕국 최고의 성지

세이화우타키 斎場御嶽

소요시간 약 1시간

나무가 우거진 성역에는 우후구이 등 6곳의 신비로운 구역이 있으며 현재도 신앙의 대상이다. 세계문화유산 등재.

- 南城市知念久手堅539
- 9:00-17:30(11-2월 17:00까지)
- 300엔 ● 하에바루키타IC에서 약 16km ● 주차장 있음 남부 ▶ MAP P.5 F-3

2개의 종유석이 붙으면서 만들어진 산구이

2대 성지 둘러보는 법

페리를 타고 방문할 수 있는 두 성지. 하루에 둘러볼 수 있는 방법을 소개한다.

티켓 구입
난조시 지역관에 주차하고 티켓을 구입한다. 주차장에서 우타키 입구까지 걸어서 10분 정도 걸린다.

경배 장소를 둘러보다
경배 장소는 우후구이, 유인치, 산구이 등 3곳이다.

산구이에서 기원하다
2개의 큰 바위 틈을 지나 경배 장소에 들어가면 멀리 구다카 섬이 보인다.

페리를 타고 구다카 섬으로
아자마 항구에서 페리를 타고 편도 약 25분 걸리는 구다카 섬으로 출발!

지금도 사람들이 신성하게 여기는 류큐왕조 2대 성지. 신비로운 분위기로 가득한 세이화우 타키를 방문했다면 가까운 항구에서 페리를 타고 구다카 섬으로 가볼까? 마음이 편해지는 마법과 같은 공간을 이어서 방문해보자.

섬 전체가 신성한 장소. 한 바퀴 돌면 마음이 정화된다!

신앙이 짙게 남아 있는 '신들의 섬'
구다카 섬
久高島

소요시간 약 2시간

지넨반도 끝에 위치한, 약 8km 규모의 해안선을 간직한 작은 섬이다. 류큐를 탄생시킨 아마미키요가 창조하였다고 전해져 기도하는 장소를 어렵지 않게 찾을 수 있다.

남부 ▶ MAP P.2 B-3

구다카 섬 지도
- カベール岬 가베루미사키
- ロマンスロード 로맨스 로드
- フボー御嶽 후보우타키
- 우둔야먀 御殿庭
- 이시키 해변 イシキ浜
- 도쿠진 항 徳仁港
- 오쇼쿠지도코로도쿠진 お食事処とくじん

밀려오는 파도가 박력 만점!

바다가 보이는 전망의 남은 보여 가베루 곶

구다카 섬 도착!

→

자전거를 대여한다
섬 안은 자전거로 둘러보는 것이 좋다. 도쿠진 항 근처에 대여소가 있으니 참고할 것.

→

낙원 '니라이카나이'로 통한다고 알려진 이시키 모래밭

명소들을 둘러본다
제례를 하는 신성한 장소가 곳곳에 있다. 사진은 후보우타키인데 안쪽으로 출입하는 것은 금지되어 있다.

→

GOAL

가베루 곶
섬 동북 끝에 있는 절경을 볼 수 있다. 거친 파도가 밀려오는 포인트로 최상의 오징어 낚시 명소이다.

067

☀️ 오키나와를 배워요

류큐 창조의 신
아마미키요
アマミキヨ

아마미키요

- 하늘에서 흙과 돌, 초목을 가져와서 섬들을 창조했다고 전해진다.
- 3명의 자녀를 낳았고, 이를 시작으로 류큐 사람들이 번성했다고 한다.
- 하마히가 섬에는 무덤도 있어 아마미키요가 실존인물이라는 설도 있다.

오키나와에서 구전으로 전해지는 류큐 창조 신화

오키나와에는 창조 신화가 있다. 하늘에서 내려온 여신 아마미키요와 남신 시네리키요가 바다 위의 나라를 만들었다고 전해진다. 그리고 바람이 전해준 선물로 아마미키요와 시네리키요 사이에 자식이 생기고, 대대로 자손이 번성하였다. 오키나와에는 지금도 창조 신화의 배경이 되는 장소가 남아 있고, 신성하게 보전되고 있다. 신화의 장소를 방문해보자.

창조 신화 관련 장소 지도
- 구보우타키
- 아스모리우타키
- 스이무이우타키
- 하마히가 섬
- 아마쓰즈텐쓰기우타키
- 구다카 섬
- 야부사쓰우타키
- 세이와우타키
- 후보우타키

창조 신화의 땅 1

아마미키요가 내려왔다고 전해지는 구다카 섬 >>> P.67

동쪽 바다 저편에 있는 낙원 니라이카나이에서 온 신은 처음에 구다카 섬에 내려오고, 그 다음으로 오키나와 본섬으로 향했다고 한다. 그 첫 장소가 구다카 섬 최북단에 위치한 가베루 곶으로 전해진다. 산호초가 펼쳐진 아름다운 바다를 바라볼 수 있는 명소다. 구다카 섬은 신의 섬으로도 불리는 신성한 곳이고, 오키나와에서도 가장 강력하고 신비로운 에너지를 발산하는 곳(パワースポット・파워 스폿)이다. 신과 인연이 없으면 섬으로 건너지 못한다는 이야기도 있다.

WHAT IS

여행 에티켓

기도를 할 수 있게 마련된 장소는 대부분 신성하게 여겨지는 곳이기 때문에 화려한 복장은 피하는 것이 좋다. 또한 기도하고 있는 사람에게 방해가 되는 행위는 해서는 안 된다. 제단이나 석축에 오르거나 향로를 만지지 않도록 조심하자.

아마미키요가 처음으로 내려온 가베루 곶. 파워 스폿으로 알려져 있으며 많은 사람들이 기도를 위해 찾는 곳이다.

창조 신화의 땅 2

하늘의 뜻을 받아 만든 우타키 7곳

아마미키요의 창조 신화에 등장하는 곳이 있다. 하늘의 명을 받은 아마미키요는 류큐에 7개 우타키를 만들었다고 전해진다. 이중에서 중요한 곳이 류큐왕국 시대 최고의 성지로 불리는 세이화우타키. 두 개의 거대한 바위가 만든 세모난 터널을 지나 산구이 경배 장소에 도착하면 구다카 섬을 바라볼 수 있다.

류큐 창조 신화에 등장하는 우타키
① 아스모리우타키(구니가미촌 헤도)
② 구보우타키(나키진 성터 부근)
③ 세이화우타키(난조시 지넨)>>>P.66
④ 야부사쓰우타키(난조시 다마구스쿠)
⑤ 아마쓰즈텐쓰기우타키(난죠시 다마구스쿠)
⑥ 후보우타키(난조시 지넨, 구다카 섬)
⑦ 스이무이우타키(나하시 슈리성 내)

세이화우타키의 산구이. 이 안쪽에 경배 장소가 있다.

창조 신화의 땅 3

아마미키요가 자리 잡은 하마히가 섬 >>>P.173

순서대로 둘러볼까?

아마미키요와 시네리키요가 살던 터로 알려진 하마히가 섬. 이곳에는 신의 집으로 알려진 '시루미추'와 두 신을 모신 '아마미추'라는 신성한 곳이 있어 무병장수와 자손번성을 기원하기 위해 찾는 사람들이 많다. 그 외에도 신들과 관련된 명소가 곳곳에 있으며 섬 전체가 성지로 여겨진다.

두 신을 모신 아마미추. 지금도 사람들이 기도하러 온다.

두 신이 터를 잡고 살았다는 시루미추. 자녀를 많이 낳는데 효험이 있다고 한다.

류큐 창조 신화와 왕조의 성립을 따라 둘러보는 **성지순례 여행**

소요시간 약 8시간

성지순례
東御廻り

아마미키요가 하늘에서 내려와 정착했다고 전해지는 14곳 성지를 순서대로 순례하는 여행을 일컫는다. 과거 류큐왕들이 성지순례를 하여 황국의 번영과 오곡풍등을 기원했다고 전해진다. 나하의 소노한우타키 석문에서 시작해서 남부에 흩어져 있는 성지를 둘러본다. 하루에 다 돌아볼 수 있다.

◎ 성지순례 코스
1 소노한우타키
2 우둔야마
3 오야카와
4 바텐우타키
5 사시키위구스쿠
6 데다웃카
7 세이화우타키
8 지넨구스쿠
9 지넨옷카
10 우킨주/하인주
11 야하라즈카사
12 하마가우타키
13 민톤구스쿠
14 다마구스쿠

성지순례로 정화된 소금 오마모리 塩のお守り

PICK UP

직물 공방 시온의 '마르스 주머니'에는 작가가 직접 순례하여 부정을 없앤 소금이 들어 있다!

성지순례를 할 경우 투어에 참여하는 것을 추천한다.
성지라 해도 바위, 나무, 물이 있을 뿐이라 그 장소를 찾아가기가 어렵기 때문이다.

TOURISM - 08

류큐왕국의 번영을 후대에 전하는
슈리성 공원 둘러보기

오키나와 관광의 하이라이트 중 하나인 슈리성을 비롯해 성곽과 문 등을 둘러볼 수 있는 슈리성 공원. 사적을 관람하면서 공원을 한 바퀴 돌며 과거에 더없는 영화를 누리던 류큐왕국 시대 역사의 향기를 피부로 느껴보자.

소요시간
약 1시간 30분

주홍색으로 채색된
류큐왕국의 역사를 따라가다

아카가와라 赤瓦
18세기경부터 기와지붕이 보급되었는데 당시에는 회색기와였다. 이후 빨강 기와가 되었다.

우키미치 浮道
슈리성 정면에 있는 우키미치는 과거 국왕과 귀빈만 다닐 수 있었던 길이다.

우나 御庭
빨갛고 하얀 기와가 깊은 인상을 주는 넓은 뜰. 의식을 치를 때 정렬하는 기준으로 이용되었다.

오키나와 최고의 관광 명소
슈리성 공원
首里城公園

나하 시내를 조망할 수 있는 언덕 위에 자리 잡은 넓은 국영공원이다. 1992년에 복원된 세계문화유산 슈리성을 중심으로 안팎의 성곽, 슈레이몬과 간카이몬 등이 있다. 공원 내부는 유료 구역과 무료 구역으로 나뉘어져 있다.

● 那覇市 首里金城町1-2 ● 유료 구역 8:30-19:00(4-6/10/11월), 20:00까지(7-9월), 18:00까지(12-3월, 입장권 판매 마감은 폐장 30분 전까지) ● 820엔 ● 유이레일 슈리역에서 도보 약 15분 ● 주차장 있음(유료)

남부 ▶ MAP P.23 E-1

슈리성 즐기기

POINT 1

아침에 문을 연 후 매일 거행되는 슈리성 개문 의례 '우케조'

POINT 2

유료 구역을 관람하고 싶다면 가이드 투어를 추천한다.

WHAT IS

슈리성 首里城
류큐왕국 시대 왕의 거성
13세기 말~14세기에 창건되었으며 왕국의 거점으로서 번영한 슈리성. 당시의 유구가 세계문화유산에 등재되었다.

1945년 소실
오키나와 전투 등으로 총 4번 전소되었다. 사진은 과거의 즈이센몬.

1992년 복원
현재 남아 있는 건물은 18세기 이후의 슈리성을 바탕으로 복원된 것이다.

슈리성 공원의 하이라이트는 새파란 하늘에 주홍색 건물이 빛나는 슈리성 정전이다.

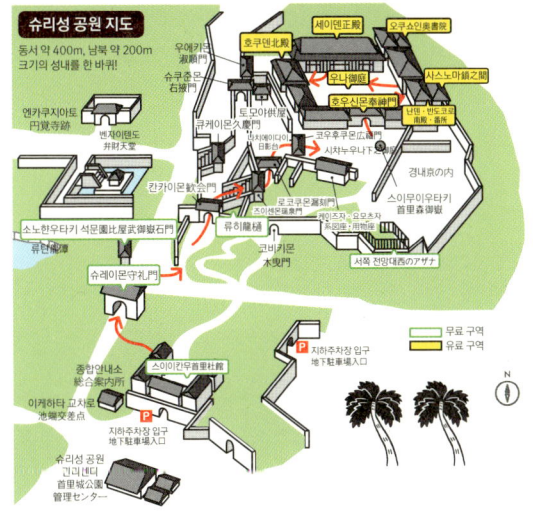

슈리성 공원 지도
동서 약 400m, 남북 약 200m 크기의 성내를 한 바퀴!

- 무료 구역
- 유료 구역

호쿠덴 北殿

여기가 종착지

내빈들을 환영한 곳
호신몬에서 봤을 때 왼편에 있다. 영빈관과 행정 시설로 사용된 곳. 당시의 모습을 해설해주는 영상도 있다.

화려하고 현란한 채색이 인상적인 '가라하후쓰마카지리' 장식

세이덴 正殿

화려하고 현란한 중심 시설
높이는 기단에서 약 18m, 폭은 약 29m에 이르는 오키나와 최대의 목조 건축물이다. 정무나 의식이 치러졌다.

2층에 있는 우스사카는 국왕들이 사용한 사적 공간이다.

슈리성 제일의 샘

류히 龍樋

왕궁의 식수
용이 물을 뿜는 형상의 샘물로 신성한 분위기를 자아낸다.

사스노마 鎖之間

여기서부터 유료 구역

왕자들이 지내던 공간에서 휴식
왕자들의 대기 장소로 손님들을 맞이한 방이다. 현재는 차와 전통과자를 제공한다(310엔).

소노한우타키 석문 園比屋武御嶽石門

문을 지나 바로 보이는 세계문화유산

슈레이몬 守礼門

여기서 시작!

처음에 나타나는 주홍색 문
아름답고 풍격이 있는 슈리성의 문. 2,000엔 지폐 도안에 사용된 문으로도 알려져 있다.

국왕의 안전을 기원하는 장소
1519년에 축조된 돌문. 국왕 외출 시 안전을 기원하던 신성한 곳으로, 세계문화유산 구성자산이다.

제공되는 것은 산핀 차, 친스코 등이다.

TOURISM - 09

역사 속 돌길을 걷는
슈리에서 시간 여행

과거 슈리성을 중심으로 만들어진 정취가 느껴지는 거리를 산책하자. 류큐왕조 시대 사적을 둘러보고 역사 산책을 즐겨보자.

돌이 깔린 길과 빨간색 기와가 이어지는 여유로운 산책 코스

슈리 지도

👁 WATCH
슈리성에서 이어지는 마다마미치
真珠道
류큐왕국 시대에 방어를 위해서 만들어진 군용 도로.
'일본의 길 100선'에 선정되었다.

슈리 둘러보기

슈리성을 시작으로 류큐왕국 관련 명소를 둘러보는 코스. 햇볕이 강하지 않은 아침이나 저녁시간을 추천한다.

START AM 10:00
슈리성 首里城

걸어서 약 5분

AM 10:05
물의 여신을 모신 사당
베자이텐은 처음에 옆에 있는 엔카쿠 절에서 모셨다.

① 베자이텐도 弁財天堂

1502년 조성된 인공연못 엔칸치 중앙에 서 있는 사당. 항해의 안전을 관장한다는 인도의 여신 베자이텐을 모셨다.
● 那覇市首里真和志町 ● 유이레일 슈리역에서 도보 약 15분 [슈리] ▶ MAP P.23 E-1

걸어서 약 3분

AM 10:20
중국 사신을 맞이한 곳
중국에서 배운 조경 기술로 조성되었다고 한다.

② 류탄 龍潭

슈리성 북쪽에 있는 인공 연못. 과거 중국황제 사자를 맞이하고 뱃놀이나 연회가 열렸다. '슈리 8경' 중 하나다.
● 那覇市首里真和志町 ● 유이레일 슈리역에서 도보 약 15분 [슈리] ▶ MAP P.23 E-1

걸어서 약 5분

좌우의 탑에서 사자상을 발견!

AM 10:50
③ 다마우둔 玉陵

3개의 묘실
내부는 동·중·서 3개 방으로 나뉘어져 있다.

1501년에 축조된 류큐왕국 시대 제2 쇼 왕통의 능묘. 오키나와 최대 파풍묘 형식의 무덤으로 왕족의 유골이 안치되었다. 묘당의 장식이 아름다우며 난간을 장식하는 용이나 화조 조각은 꼭 보자. 세계문화유산 등재. 주변은 돌담으로 둘러싸여 있다. ▶▶▶P.62

걸어서 약 10분

AM 11:30
전쟁 피해를 면한 큰 나무
오키나와 전투를 견뎌낸 6개 고목이 남아 있다.

④ 슈리긴조초 오아카기 首里金城町の大アカギ

추정 수령 200년 이상의 큰 아카기 나무는 1972년에 국가 천연기념물로 지정되었다. 생명력이 느껴지는 신성한 곳이다.
● 那覇市首里金城町 ● 유이레일 슈리역에서 도보 약 20분 [슈리] ▶ MAP P.23 E-1

걸어서 약 2분

AM 11:40
⑤ 슈리긴조초 돌길 首里金城町石畳道

류큐왕국 시대에 슈리성부터 남부 지역을 류큐 석회암으로 바닥을 깔아놓은 돌길이다. 오키나와 전투 때 대부분이 파괴되었으며 현재는 약 300m 구간만이 당시의 모습을 간직하고 있다.
● 那覇市首里金城町 ● 이용 자유 ● 유이레일 슈리역에서 걸어서 약 20분 [슈리] ▶ MAP P.23 E-1

걸어서 약 1분

사람들의 목을 축인 공동 우물
정면에는 우물신이 모셔져 있다.

AM 11:50
⑥ 가나구스쿠우후히자 金城大樋川

돌길을 왕래하는 사람과 말이 물을 마실 수 있는 곳. 오키나와 전통 공동우물이다.
● 那覇市首里金城町 ● 유이레일 슈리역에서 걸어서 약 20분 [슈리] ▶ MAP P.23 D-1

걸어서 약 3분

나무 그늘이라 좀 시원해

BUS GOAL
이시다타미마에 버스정류장

음력 6월 15일에는 오아가키에 신이 내려와 소원을 들어준다는 이야기도 있다.

TOURISM - 10

섬 민요와 춤으로 신나게 '이야사사(얼쑤!)'

오키나와에 왔다면 전통놀이 '에이사'나 섬 민요 공연 등 류큐의 전통을 알 수 있는 공연을 봐야하지 않을까? 류큐 전통놀이 체험 시설과 전통 공연 무대등 관광객이 쉽게 즐길 수 있는 곳이 많다. 함께 노래하고 춤추면 재미 100배!

미치주네 퍼레이드에서 류큐 전통놀이를 통째로 체험!

춤을 추는 사자에게 물리면 액땜할 수 있다

꽃 삿갓을 쓴 여성이 궁중무용을 선보인다.

큰 북을 치면서 춤추는 전통놀이 에이사

테마파크에서 오키나와 체험!
류큐무라
琉球村

지은 지 100년 이상 된 고택을 리모델링해서 류큐 옛 마을을 재현했다. 전통놀이 관람과 체험을 즐길 수 있다.

- 恩納村山田1130 ● 098-965-1234 ● 8:30-17:00(7-9월 9:00-17:30) ● 무휴 ● 1,200엔 ● 이시카와IC에서 약 7km ● 주차장 있음 서해안 리조트 ▶ MAP P.10 A-3

WHAT IS
미치주네 道ジュネー
에이사와 그 외 민요와 류큐 전통놀이를 섞은 퍼레이드. 쿵쿵 몸에 진동이 느껴질 정도로 무게감이 있는 큰 북소리가 울리며 예능인들의 일사불란한 힘찬 움직임은 압권! (내용은 시기에 따라 다름)

류큐무라에서는 이런 체험도 가능!

전통 의상 대여 [1,200엔]
옷 위에 걸치기만 하면 끝! 류큐왕국 시대 의상을 입고 기념촬영(사진 1매 포함).

산신 교실 [1,000엔]
일본 전통악기 샤미센과 비슷한 현악기 산신을 배운다. 악보 읽는 방법부터 치는 방법까지 알려준다.

귀여운 빈가타 컵받침 완성!

빈가타 체험(컵 받침) [600엔]
오키나와 전통 염색 '빈가타'. 여러 종류의 틀 중에서 좋은 것을 고르고 6색 물감을 이용하여 물들인다.

사타야 견학 [무료]
물소가 사탕수레를 끌어 사탕수수를 짜는 옛 설탕 정제법을 재현한다. 기념 촬영도 가능.

WHAT IS

시마우타와 춤

시마우타란 오키나와 민요를 말한다. 독특한 악기인 산신과 민요에 맞춰 손으로 춤을 추는 '가차시(かちゃーしー)'가 특징적이다.

류큐왕국 시대에 중국에서 원형이 들어왔다는 '산신'. 노래와 함께 연주된다.

이것도 시마우타 공연을 이루는 필수 요소 '산바'. 3개 판을 왼손에 끼워서 양손으로 박자에 맞춰 친다.

듣는 사람들의 흥도 중요해요!

공연을 보면서 식사도 할 수 있는!
가라하이
カラハーイ

노래를 들으면서 식사도 할 수 있는 레스토랑 공연장이다. 당일 방문 가능하며 아이들부터 어른까지 즐길 수 있다. 오키나와 팝의 창시자 '린켄밴드'의 주 무대이기도 하며 린켄밴드는 매주 토요일에 라이브공연을 한다.

- 北谷町美浜8-11 ● 098-982-7077 ● 일반 공연 8:00-21:30
- 일반 공연 뮤직차지(음식 별도) 1,620엔 ● 오키나와키타IC에서 약 6km ● 주차장 있음 **중부** ▶ MAP P.22 B-2

데비치 가라아게
속이 부드러운 족발 가라아게. 인기가 높다. 900엔

율동과 추임새도 있는 참여형 공연이 재미있다.

자연스레 몸이 움직이면 나도 오키나와 사람!?

가메지코미의 5년 묵은 술
아와모리는 30종류 이상을 준비한다. 1,500엔

신청곡도 OK!
민요 스테이지 우타히메
民謠ステージ 歌姫

사카모토 류이치, 밴드 'THE BOOM'의 미야자와 카즈후미와의 콜라보로도 잘 알려진 민요가수 가네코 요리코가 운영하는 주점. 개성 넘치는 가수들이 소속되어 있으며 날마다 다른 출연자가 무대에 오른다. 맛있는 아와모리와 안주를 민요 공연과 곁들이면 더 맛있다.

- 那覇市東町5-16 ● 098-863-2425 ● 20:00-익일 2:00 ● 유이레일 아사히바시역에서 도보 약 1분 ● 주차장 없음
- **나하** ▶ MAP P.18 C-2

지짐이 チヂミ
최고 인기 안주! 약간 매운 맛으로 아와모리와 궁합이 좋다. 700엔

아와모리 잔을 들며 아름다운 목소리에 취한다

하이야! 샤유이유이!

노래에 맞춰서 같이 가차시를 춰보자.

오키나와 전통 춤 '가차시'는 축제나 결혼식 등 경사스러운 자리에 빼놓지 않고 등장한다.

075

TOURISM - 11

보고 놀고 먹고!
오키나와 테마파크로 가자!

가족 단위로 즐길 수 있고 하루 종일 놀 수 있는 것이 테마파크의 가장 큰 매력일 것이다.
놀이기구를 즐기고 명물 요리를 맛보고 공장견학을 하고…. 오키나와 테마파크에서 마음껏 놀자!

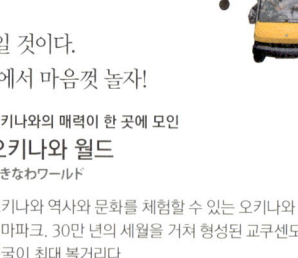

오키나와를 통째로 체험!

일본 국내에서 가장 많은 종유석을 자랑하는 교쿠센도 동굴

오키나와의 매력이 한 곳에 모인
오키나와 월드
おきなわワールド

오키나와 역사와 문화를 체험할 수 있는 오키나와 최대 규모의 테마파크. 30만 년의 세월을 거쳐 형성된 교쿠센도(玉泉洞) 동굴이 최대 볼거리다.

● 南城市玉城前川1336 ● 098-949-7421 ● 9:00-17:00 ● 교쿠센도+오쿠쿠무라 1,240엔, 프리패스 1,650엔 ● 하에바루미나미 IC에서 약 6km ● 주차장 있음 남부 ▶ MAP P.5 D-2

고택에서 각종 체험을 할 수 있다 　　박력 넘치는 슈퍼 에이사

시설
종유동·교쿠센도
류큐왕국 성하마을
하부(반시뱀) 박물공원
남부 양조장
레스토랑, 숍 외

program
● 슈퍼 에이사
● 반시뱀 쇼 외

⏱ 소요시간 약 2시간
💴 1,240엔

열대식물들이 모였다!
동남 식물 낙원
東南植物楽園

희귀한 아열대/열대 식물을 볼 수 있는 식물원이다. 가이드 이용을 추천한다.

● 沖縄市知花2146 ● 098-939-2555 ● 9:00-18:00(금/토요일, 공휴일 전날 22:00까지) ● 1,500엔 ● 오키나와키타IC에서 약 3km ● 주차장 있음 중부 ▶ MAP P.8 C-2

레스토랑만 이용할 수 있다.

런치는 뷔페 1,800엔

한 발 들어서면 바로 식물들의 낙원

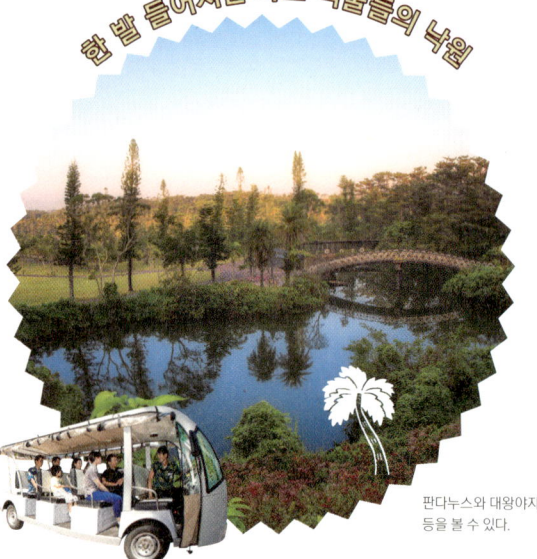

판다누스와 대왕야자 등을 볼 수 있다.

시설
수상낙원
식물원, 동물 관장
낚시터
레스토랑, 숍 외

program
● 트램 투어
● 미니 정원, 미니 어항 체험 외

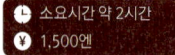

⏱ 소요시간 약 2시간
💴 1,500엔

WHAT IS

귓가에 맴도는 CF송을 주목!
오키나와 음원 사이트에서 무려 3주 연속 1위를 차지한 기록을 가진 '나고 파인애플 파크'의 CF송. "파, 파 파이낫푸루~"라는 노래가 머리를 떠나지 않을 수도?

춤도 귀엽다

열대과일을 맛볼 수 있는
나고 파인애플 파크
ナゴパイナップルパーク

파인애플이 가득한 테마파크. 파인애플 밭이 펼쳐지는 파크 안을 파인애플호를 타고 둘러본다.

- 名護市為又1195
- 0980-53-3659
- 9:00-18:00
- 850엔
- 교다IC에서 약 13km
- 주차장 있음

추라우미 수족관 주변 ▶ MAP P.13 E-3

빅 파인애플 파르페

파인애플호

시설
파인애플 관장
아열대 숲
티다스튜디오 외

program
- 파인애플호
- 시음/시식 외

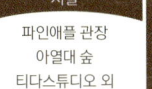
 소요시간 약 1시간
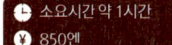 850엔

더운 지방다운 분위기의 파크 입구

맛있게 공원을 둘러보며 취한다?
오리온 해피 파크
オリオンハッピーパーク

오키나와를 대표하는 오리온 맥주 공장. 약 1시간 소요되는 견학 코스에서 바로 맥주 시음도 할 수 있다.

- 名護市東江2-2-1
- 0980-54-4103(예약 전용)
- 9:20-16:40
- 무료(견학 예약 필수)
- 교다IC에서 약 7km
- 주차장 있음

추라우미 수족관 주변 ▶ MAP P.12 B-3

오리온 맥주 관련 상품

program
- 공장 견학/시음

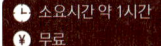 소요시간 약 1시간
무료

시설
맥주 공장
갤러리
레스토랑
숍

드래프트 맥주

클리어 프리

사우전 스타

원재료 파쇄부터 병과 캔에 담는 공정까지 견학할 수 있다.

TOURISM - 12

지역 사람들이 모이는
오키나와의 부엌, 제일 마키시 공설 시장

나하 시내 관광지에서 빼놓을 수 없는 곳이 바로 제일 마키시 공설 시장! 기념품을 사고 음식을 맛보고…. 즐기는 방법은 다양하다. 지역 식재료가 한 곳에 모이는 거대한 시장에서 오키나와 음식을 마스터하자!

약 60년 역사를 지닌 거대 시장
제일 마키시 공설 시장
第一牧志公設市場

2차 세계대전 이후 암시장에서 시작된 서민들의 시장이다. 정육, 생선, 채소, 가공식품 등 시장 주변을 포함해서 130여 개 가게들이 모여 있다. 오키나와에서만 볼 수 있는 보기 드문 식재료도 많아 둘러보기만 해도 즐겁다.

● 那覇市松尾2-10-1 ● 098-867-6560 ● 10:00~20:00 (가게마다 다름) ● 네 번째 일요일 휴무 ● 유이레일 마키시역에서 도보 약 15분 ● 주차장 없음 ● 나하 ▶ MAP P.21 D-3

현지인들에게 사랑받는 런천미트도 많다

아케이드를 따라가면 나타나는 시장. 입구는 무려 13곳이나 된다.

고야여주를 사용한 장아찌류도 있다

한입만 시식에 도전!

2층으로 향하는 계단과 에스컬레이터가 있다.

HOW TO

제대로 시장 즐기기

오키나와 고수들은 시장에서 싱싱한 재료들의 맛을 만끽한다!

모치아게 도전!
시장에서 산 재료를 그 자리에서 먹을 수 있는 마키시 공설 시장만의 모치아게(들어올리기)를 경험해보자!

1층에서 장보기
먼저 시장 1층 생선가게에서 싱싱한 생선을 구입한다. 상인들과 이야기하면서 고르자. 회의 경우 그 가게에서 떠준다.

2층에서 먹는다
생선을 2층으로 '모치아게'라고 외치면 바로 요리해준다. 튀김, 안 카케 등 조리법은 다양하다. 요리값은 공통으로 1인당 500엔(3가지 품목까지)이다.

🏠 추천 가게 리스트업

1F

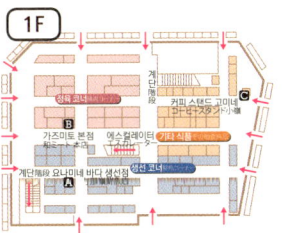

당연히 모치아게 OK!

3대째 따뜻한 손님맞이로 평이 난
A 요나미네 바다 생선점
与那嶺鮮魚店

지역의 싱싱한 생선을 2층 식당에서 맛볼 수 있는 모치아게가 가능하다.
● 098-867-4241

가즈짱 라후테(간장 맛) 1,620엔

오키나와 명품고기를 취급하는
B 가즈미토 본점
和ミート本店

명품 이시가키 와규, 아구 돼지를 취급하는 정육점. 들고 가기 편리한 가공식품도 다양하다.
● 098-867-4473

히야시레몬은 테이크 아웃 가능

60년 이상 된 오래된 스탠드
C 커피 스탠드 고미네
コーヒースタンド小嶺

시콰사 100%를 사용한 주스, 찬 레몬 120엔.

2F

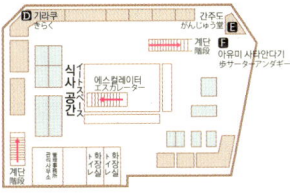

모치아게라고 하면 만들어주는 '구루쿤'이라는 생선의 튀김

해물 요리도 추천하고 싶은
D 기라쿠 きらく

오키나와 요리면 뭐든지 있는 식당. 알뜰 코스 메뉴 1,500엔부터도 있다.
● 098-868-8564

인기 간주소바 세트 730엔

바다뱀 요리에 도전!
E 간주도 がんじゅう堂

오키나와소바 전문 식당. 바다뱀을 사용한 이라부소바 1,530엔이 명물이다.
● 098-861-5400

사타안다기 756엔

매일 1,000개를 가게에서 직접 만드는
F 아유미 사타안다기 歩サーターアンダギー

겉은 바삭, 속은 촉촉한 식감이다. 유통기한은 10일이며 1개부터 구입 가능하다.
● 098-863-1171

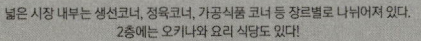

넓은 시장 내부는 생선코너, 정육코너, 가공식품 코너 등 장르별로 나뉘어져 있다.
2층에는 오키나와 요리 식당도 있다!

고양이 형사 하레타로

오키나와 범인을 잡아라!

오키나와편 ③

❶ 오키나와 추라우미 수족관 고래상어 먹이 체험 및 해설은 오후 3시와 5시, 하루 2번 열린다. 활발하게 움직이는 고래상어 모습을 볼 수 있다. ❷ 고래상어 진타의 길이는 무려 8.6m! ❸ 고래상어는 온화한 물고기로 주로 크릴새우라는 작은 동물과 플랑크톤을 먹고 살며 사람을 공격하지는 않는다.

EAT

P.84	오키나와소바 유명 맛집
P.86	오키나와소바 종류
P.88	향토요리
P.90	류큐 고택 레스토랑
P.92	섬 채소
P.96	섬 생선
P.98	스테이크
P.100	명품 고기
P.102	타코&타코라이스
P.104	햄버거
P.106	오키나와 젠자이
P.108	히야시몬
P.110	해변 카페
P.112	숲속 카페
P.114	맛집 빵
P.116	커피 스탠드
P.118	아침 카페
P.120	안마(어머니) 식당
P.122	팔러
P.124	사카에마치 시장
P.126	류큐 요리교실

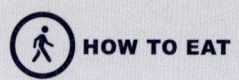 **HOW TO EAT**

오키나와 미식 여행

오키나와의 독특한 음식 문화를 즐기고 싶다면? 식당에서 당황하지 않기 위해 알아두면 좋은 정보들을 모았다.

🔍 CASE 1

"짬뽕을 시켰는데 알 수 없는 음식이 나왔어."

식당에서 아무 생각 없이 주문했던 짬뽕. "음식 나왔습니다!"고 해서 받았더니, 아이 깜짝! 면이 아니라 밥이다.

SOLUTION
익숙한 이름이라고 생각했지만 오키나와 스타일이다

짬뽕, 단팥죽(젠자이), 달걀말이(다마고야키) 등 익숙한 이름의 요리들도 오키나와에서는 다른 스타일로 변형된다. 뜨끈한 단팥죽을 떠올리는 젠자이는 오키나와에서는 단팥 위에 얼음을 갈아 부은 디저트다.

젠자이 ぜんざい
오키나와에서는 차가운 팥죽을 뜻한다. 빙수를 가득 붓고, 그 위에 좋아하는 토핑을 얹는다.

짬뽕 ちゃんぽん
오키나와에서는 여주(고야), 햄 등의 재료를 볶아서 달걀을 넣어 엉기게 한 다음 그것을 밥 위에 올린 덮밥요리다.

달걀말이 卵焼き
오키나와식 달걀말이는 말지 않고 얇게 부친다.

🔍 CASE 2

"식당에서 메뉴판을 읽는데 어떤 요리인지 모르겠어!"

향토요리를 먹어보겠다고 현지 식당에 들어갔는데 마법 주문 같은 말로 가득한 메뉴판만 들여다볼 뿐.

SOLUTION 오키나와 사투리를 알아보자!

◎ 스바 すば   ➡ 소바 そば
◎ 나카미 中身・なかみ ➡ 돼지 내장 豚のモツ
◎ 데비치 てびち   ➡ 족발 豚足
◎ 지라가 チラガー   ➡ 돼지 머리 껍데기 豚の顔の皮
◎ 히자 ヒージャー   ➡ 염소 山羊
◎ 마수 マース   ➡ 소금 塩
◎ 아사 アーサ   ➡ 아오사 파래 アオサ
◎ 후치바 フーチバー   ➡ 쑥 ヨモギ
◎ 나베라 ナーベーラー ➡ 수세미 ヘチマ
◎ 무치 ムーチー   ➡ 모치 떡 餅

오키나와 사투리 가이드 별책부록 P.24도 CHECK!

CASE 3

"싱싱한 생선을 먹고 싶은데 어디로 갈까?"

바다로 둘러싸인 오키나와에서 생선 요리를 안 먹어볼 수는 없을 터!
현지인들도 인정하는 맛있는 생선을 맛보려면 어디로 가면 좋을까?

SOLUTION
나하에는 제일 마키시 공설 시장 '모치아게'가 있다!

나하시 중심부에 위치한 제일 마키시 공설 시장>>>P.78을 추천한다. 시장에서는 가게에서 생선을 사고, 모치아게를 요청하면 그 자리에서 회를 떠주고, 식당에서 요리를 해준다. 모치아게에 도전해보자!

STEP 1 생선을 고른다

추천 상품 있어요?

시장 1층에 있는 생선 가게에서 생선을 고른다. 아카마치(꼬리돔)와 구루쿤을 한 마리씩 구입하면 총 2,400엔이다.

생선마다 추천 요리법이 다르니 가게 상인들에게 물어보자.

STEP 2 그 자리에서 조리

매장 뒤에는 작은 주방이 있어 회를 떠준다.

생선은 신선도가 생명이니까!

살아 있는 생선은 상인들이 숙련된 솜씨로 그 자리에서 회 떠준다. 예쁘게 배 모양 그릇에 담아 순식간에 완성!

STEP 3 2층 식당으로

당연히 공기밥 등 사이드메뉴 주문 가능

잘 부탁드려요!

다른 생산은 2층에 있는 식당으로 가지고 간다. 식당 직원에게 건네주고 자리를 잡자. 500엔이면 3가지 요리를 먹을 수 있다.

그 외 섬 생선 맛집도 CHECK!>>>P.96

STEP 4 완성!

큰 생선은 반쪽만 회를 뜨고 반쪽은 조림이나 국으로 조리한다. 여러 가지 요리를 즐길 수 있어 대만족!

후나모리 舟盛り
담백하고 고급스러운 아카마치 회.

아카마치 마수 조림 アカマチのマース煮
소금과 술로 심플하게 조린 어부식 조림.

구루쿤가라아게 グルクンの唐揚げ
바삭바삭한 식감이 최고다. 통째로 다 먹을 수 있다.

아라지루 あら汁
머리와 꼬리로 아라지루(서더리국)를 끓여서 남김없이 먹어보자!

EAT - 01

일단은 유명 맛집에서
오키나와소바, 잘 먹겠습니다!

오키나와 명물 요리라고 하면 먼저 떠오르는 것은 오키나와소바. 수많은 오키나와소바 전문점 중에서도 현지인부터 관광객까지 모두에게 사랑받는 대표적 맛집을 골랐다. 옛날 그대로의 소박한 맛이 뛰어난 장인의 한 그릇을 맛보자.

다함께 먹어요!

슈지 쥬시
진하게 양념을 한 것이 특징인 직접 만든 다키코미 밥. 100식 한정으로 꼭 매진된다. 250엔

옛 분위기 가득한 식당 내부. 다다미 자리가 있다.

오키나와에서도 손꼽히는 인기 맛집. 큰 간판을 찾아보자.

110년 역사의 품격
오키나와소바 전문점 기시모토 식당
沖繩そばの専門店 きしもと食堂

1905년에 문을 연 오래된 맛집. 오키나와에서도 압도적인 인기를 자랑하며 언제나 사람들이 줄 서 있다. 점심시간에는 특히 혼잡하므로 그 시간을 피해서 가는 것이 좋다.

🏠 本部町渡久地5 ☎ 0980-47-2887 ⏰ 11:00-17:30 ● 수요일 휴무 🚗 교다Ic에서 약 23km ● 주차장 있음
추라우미 수족관 주변 　　　　　　　　MAP P.12 C-2

쫄깃한 수타면과
담백한 국물의 조합

POINT 맛집 증거

① **가다랑어포 육수**
가다랑어포 육수를 살린 간장 베이스 맛. 향과 깊은 맛이 일품이다.

② **손국수**
손국수 재료에 메밀짓밥나무와 이주나무 잿물의 웃물을 사용한다.

③ **삼겹살**
부드럽게 삶은 삼겹살. 오키나와소바에 꼭 들어가는 인기 토핑이다.

기시모토소바(대)
きしもとそば(大)
가다랑어 육수와 쫄깃쫄깃한 손국수가 이 집의 자랑이다. 전통 조리법을 고집하는 이 집의 대표 한 그릇. 650엔

WHAT IS

오키나와소바 가다랑어포 육수와 밀가루로 만든 면이 특징인 오키나와소바. 전문점은 오키나와에 200곳 이상 있으며 하루 소비량이 약 20만 그릇에 달한다. 오키나와 사람들의 '소울푸드'라 불리고, 새해를 맞이하는 날에도 먹는다.

지역마다 다르다! 나고소바는 얇고 평평한 면을 쓰고, 야에야마소바는 가늘고 둥근 면, 미야코소바는 구부러지지 않는 얇은 면을 쓰는 등 지역마다 여러 특징들이 있다.

면·건더기·국물의 삼위일체 끝맛이 깔끔한 가다랑어포 육수에 밀가루 100% 생면, 삼겹살이나 돼지갈비 등 고기 토핑을 올리는 게 가장 인기 있는 조합이다.

탱탱한 돼지갈비(소키)는 소바와 궁합이 딱!

\ 뜨거울 때 바로 드세요! /

소키소바
ソーキそば
푹 끓인 가다랑어포 육수와 오키나와산 돼지 뼈 국물은 깔끔하면서도 진한 감칠맛이 있다. 800엔

왼쪽: 역사가 있는 고택을 이용한 식당 내부. 다다미에 앉아서 편하게 식사할 수 있다.
오른쪽: 슈리의 언덕 위에 있어 초록에 둘러싸인 상쾌한 공간도 매력적이다.

고즈넉한 고택을 이용한 오키나와소바 식당
오키나와소바 시무죠
沖縄そばの店しむじょう

빨강기와집 고택을 이용한 식당이다. 건물이 유형문화재로 등록되었으며 툇마루에서 편하게 식사할 수 있다. 양념재료인 채 썬 생강과 파를 넣어서 담백하게 먹자.

● 那覇市首里末吉町2-124-1 ● 098-884-1933 ● 11:00-15:00(매진 시 종료) ● 수요일 휴무 ● 유이레일 시리쓰뵤인마에역에서 도보 약 6분 ● 주차장 있음

슈리 ▶ MAP P.19 E-1

\ 이것도 같이 드세요! /

데비치 조림 てびち煮つけ
사이드메뉴도 꼭 같이 먹어보자. 푹 조린 데비치 조림을 추천한다. 데비치는 족발을 의미하는 오키나와 사투리다. 300엔

\ 정성 들인 한 그릇 어때요? /

POINT 맛집 증거

① **돼지갈비**
직접 푹 조린 돼지갈비는 부드럽다.

② **가늘고 평평한 면**
특제 면의 쫄깃하게 씹히는 맛이 국물과 잘 어울린다.

③ **식당 분위기**
150년 이상의 역사를 품은 돌담과 수령 100여 년의 나무가 있어 분위기가 최고다.

085

영업시간이 짧은 식당이 많고 면이나 국물이 떨어지면 문을 닫는 곳이 있으니 가장 혼잡한 점심시간대를 피해서 일찍 가는 것이 좋다.

EAT - 02

종류도 다채롭다!
나만의 오키나와소바를 찾아라

심플한 기본형부터 오키나와만의 식재료를 가미한 독특한 것까지, 오키나와소바 종류는 다채롭다. 인기 맛집의 대표 메뉴를 맛보자.

유시도후

C 유시도후소바 ゆしどうふそば

새하얀 국물이 돋보인다. 위에 듬뿍 올라간 오키나와 명물 두부 '유시도후' 때문이다. 담백하고 깔끔한 소바에 두부의 감칠맛을 더했다. 대 620엔

유시도후 ➡ 부드러운 순두부, 유시두부

부드러운 식감의 유시도후가 잘 어울린다

배아

독특한 향의 배아를 섞은 소바!

F 하이가소바 胚芽すば

보통 오키나와소바 면은 새하얗고 매끈매끈하지만, 배아를 섞은 소바에는 알맹이가 보인다. 배아를 섞은 면이라 풍미가 좋다. 중 630엔

배아 ➡ 식물 씨앗의 싹이 되는 부분

데비치가 듬뿍 들어간 채소가 좋아!

데비치

A 데비치소바 てびちそば

탱탱한 식감이 맛있는 족발 '데비치'가 마구 올라간 푸짐한 한 그릇. 듬뿍 들어간 채소와 함께 먹는다. 700엔

데비치 ➡ 족발

은은하게 바다 향이 퍼진다.

아사

G 아사소바 アーサそば

오키나와에서 '아사'라고 불리는 파래를 섞은 면, 그리고 국물 위에도 파래가 듬뿍 올라간다. 좋은 향기가 가장 큰 매력이다. 800엔

아사 ➡ 파래

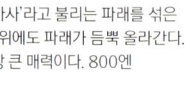

오키나와소바는 맛있어—

WHAT IS

오키나와소바와 곁들이는 것들

No.1 고레구스 コーレーグース

고추를 아와모리에 절인 조미료. 맵기 때문에 맛을 보면서 넣자.

No.2 베니쇼가 紅しょうが

취향에 따라 조금씩 넣어서 먹는 빨간 생강. 알싸한 향이 맛을 풍부하게 한다.

전통의 맛을 간직한 야에야마소바는
가늘고 둥근 면이 포인트!

야에야마

B 야에야마소바 八重山そば
오키나와소바의 한 종류로 이시가키 섬만의 향토요리 야에야마소바. 단면이 둥근 쪽 퍼진 가는 면이 특징이다. 보통 500엔

야에야마 ➡ 이시가키 섬 등 다양한 섬들이 모인 군도를 야에야마 제도라 한다.

베니이모

이건 판모밀!?
보기에도 특이하다

E 베니자루 세트 紅ざるセット
오키나와산 자색고구마를 섞고 메밀소바처럼 얇게 뽑은 면이 특징이다. 국물에 찍어서 먹는다. 860엔

베니이모 ➡ 오키나와산 자색고구마

후치바

오키나와산
쑥을 섞은
새로운 소바

D 후치바소바 フーチバーそば
오키나와산 쑥을 섞은 면에 쑥 잎을 올린 오키나와소바. 향이 좋고 부담스럽지 않은 품격 있는 맛이 느껴진다. 중 680엔

후치바 ➡ 쑥

🏠 **SHOP LIST**

A 소바야 요시코 そば屋よしこ

족발이 들어간 데비치소바가 인기. 가다랑어포 육수를 베이스로 안바루산 돼지를 사용해 깔끔한 국물이 절묘하다.

● 本部町伊豆味2662 ● 0980-47-6232 ● 10:00-17:00 ● 금요일 휴무
● 교라IC에서 약 13km ● 주차장 있음
`추라우미 수족관 주변` ▶ MAP P.13 D-2

B 야에야마소바 제네 八重山そば ジュ

가늘고 둥근 면에 채 썬 삼겹살과 어묵이 올라간 야에야마소바가 대표 메뉴.

● 那覇市前島3-9-21 ● 098-868-5869 ● 11:30-19:00(일요일 17:00까지) ● 유이레일 미에바시역에서 도보 약 8분 ● 주차장 있음
`나하` ▶ MAP P.20 B-1

C 다카에스소바 高江洲そば

오키나와 두부 유시도후와 함께 면을 먹는 유시도후소바가 대표 메뉴.

● 浦添市伊祖3-36-1 ● 098-878-4201 ● 10:00-19:30(매진 시 종료)
● 일요일 휴무 ● 니시하라IC에서 약 4km ● 주차장 있음
`중부` ▶ MAP P.6 C-1

D 멘도코로 데이안다 麺処 てぃあんだー

여러 종류의 밀가루를 사용하고, 직접 뽑은 면으로 유명하다. 그중 쑥이 들어간 면이 인기. 하루 200그릇 한정 판매다.

● 那覇市天久1-6-10 ● 098-861-1152 ● 11:00-15:00(매진 시 종료)
● 월요일 휴무 ● 유이레일 오모로마치역에서 도보 약 20분 ● 주차장 있음
`나하` ▶ MAP P.19 D-1

E 수타가게 반주테 自家製麺の店 番所亭

요미탄촌 기나반쇼 바로 근처에 있는 손국수 가게 반주테. 자색고구마를 섞은 면을 가다랑어포 향이 풍부한 국물과 함께 먹는다.

● 読谷村喜名473 ● 098-958-3989 ● 11:00-19: 30 ● 수요일 휴무
● 오키나와미나미IC에서 약 14km ● 주차장 있음
`서해안 리조트` ▶ MAP P.9 E-1

F 류큐코라이스바 우둔야마
琉球古来すば 御殿山

지은 지 150년 된 평화로운 분위기의 고택. 가주마루 잿물을 면에 섞은 하이가소바를 추천.

● 那覇市首里石嶺町1-121-2 ● 098-885-5498 ● 11:30-16:00
● 월요일 휴무 ● 유이레일 슈리역에서 도보 약 15분 ● 주차장 있음
`슈리` ▶ MAP P.19 F-1

G 오키나와소바와 찻집 야기야 >>>P.91

EAT - 03

재미있는 분위기의 이자카야에서
향토요리&아와모리

오키나와 식재료를 제대로 살린 향토요리를 맛보고 싶다면 이자카야를 추천한다. 메뉴에는 섬의 명물 요리와 아와모리가 다 있다. 개성 넘치는 전통의 맛에 도전해보자!

주방장이 장인의 눈으로 고른 신선한 생선 요리가 맛있다!

신선한 생선이 이 집의 자랑!

카운터에 생선들이 있어요!

맥주 한 잔과 회는 최고야!

왼쪽: 항상 손님들로 붐비는 식당. 나하시 중심부에 있어 접근성이 좋다는 것도 인기 요소. 오른쪽: 오키나와 생선들이 다 모였다.

신선한 지역의 생선 요리를 맛보는
나카무라야 なかむら家

현지인들도 인정하는 실력파 이자카야. 주방장이 시장에서 엄선해온 제철 생선들이 다 모였다. 시장에서 구매한 그 날에 조리하는 신선한 회나 생선 조림을 추천한다.

- 那覇市久茂地3-15-2 ● 098-861-8751 ● 17:00~23:30 ● 일요일, 공휴일 휴무 ● 유이레일 겐초마에역에서 도보 약 3분 ● 주차장 없음

나하 ▶ MAP P.20 B-3

꼭 맛봐야 하는 요리

구루쿤가라아게 グルクン唐揚げ
바삭바삭한 식감이 맛있다. 머리부터 꼬리까지 다 먹을 수 있다. 648엔부터

사시미모리아와세 さしみ盛り合わせ
이라부차 등 오키나와 생선 총출동. 1인분부터 주문 가능. 2,268엔(3인분)

도후요 豆腐よう
두부를 홍누룩과 아와모리로 발효시킨 것. 진한 맛이 일품이다. 432엔

도수 30도로 마일드한 맛이다. 병 1,944엔

WHAT IS

아와모리가 궁금하다

인디카쌀을 원료로 하고 오키나와 고유의 흑누룩균을 사용해 발효시켰다. 일본쌀을 사용하여 황누룩균으로 발효시키는 일본 소주와 달리 인디카쌀과 흑누룩균을 사용해서 독특한 풍미를 냈다. 빚는 작업을 한 번만 하는 심플한 제조법이 특징이다.

도전! 묵은 술
3년 이상 묵은 술을 '구수'라고 부른다. 숙성되어 풍부한 향기가 매력적이다.

초보자 추천 브랜드
· 기쿠노쓰유 菊之露
· 잔파 残波
· 즈이센 瑞泉

왼쪽: 고택을 개조한 분위기 있는 식당
오른쪽: 벽에 나란히 붙은 메뉴판이 흥미롭다.

도수 25도의 부드러운 맛이다. 유리컵 432엔부터

아와모리 주점의 선구자
아와모리와 류큐 요리 우리즌
泡盛と琉球料理うりずん

오키나와의 아와모리 주점을 이끈 1972년에 문을 연 맛집이다. 오키나와 내 모든 양조장에서 만든 아와모리의 주요 브랜드를 전부 갖췄고, 거대한 항아리로 술을 직접 빚기도 한다.

● 那覇市安里388-5 (사카에마치 시장 내)
● 098-885-2178 ● 17:30~23:30 ● 휴일 없음 ● 유이레일 아사토역에서 도보 약 1분 ● 주차장 없음
[나하] ▶ MAP P.21 F-2

꼭 맛봐야 하는 요리

두루텐 ドゥル天
토란과 돼지고기 등을 넣고 반죽해서 튀겼다. 648엔

나베란부시 ナーベーランブシー
수세미와 두부를 된장으로 조렸다. 540엔

가정의 맛을 즐길 수 있는
유난기 ゆうなんぎぃ

왼쪽: 나하 국제거리에서도 가까운 인기 맛집. 오른쪽: 활기 넘치는 주방

1970년에 문을 연 오래된 오키나와 요리 식당. 여성들만으로 운영하는 오리지널 '어머니의 맛'이 있다. 약 50가지나 되는 일품 요리를 안주 삼아 아와모리를 즐겨보자.

● 那覇市久茂地3-3-3 ● 098-867-3765 ● 12:00~15:00, 17:30~22:30 ● 일요일, 공휴일 휴무 ● 유이레일 겐초마에역에서 도보 약 3분
● 주차장 없음 [나하] ▶ MAP P.20 B-3

정성을 담은 가정식 요리를 맛볼 수 있다.

가운데에는 직접 담근 술이나 한약 등이 있다.

편하게 쉴 수 있는 분위기도 매력적!

꼭 맛봐야 하는 요리
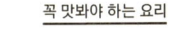

이카스미쥬시
イカスミジューシー
오키나와에서 흔하게 먹는 이카스미(오징어 먹물) 국물에 밥을 만 죽 요리.
1,140엔

라후테 ラフテー
아와모리와 물로 5시간 조린 라후테를 미소소스에 버물렸다.
750엔

후찬푸르 フーチャンプルー
물에 불린 후와 콘비프, 채소를 볶은 것.
650엔

EAT - 04

예스런 분위기의
고택에서 여유로운 식사를

오키나와 전통 건물을 사용한 류큐 고택 레스토랑들이 인기다. 점심식사 메뉴가 탁월한 식당과 분위기 좋은 이자카야에서 오키나와다운 분위기를 즐겨보자.

멘소레
(어서 오세요)

저녁식사

옛 분위기의 빨강기와집에서 오키나와 요리를 맛보다!

은은한 조명이 분위에

류큐 민속 의상을 입은 직원이 입구에서 맞이한다.

건물 안 마당이 있어 오키나와 전통 무용과 산신 공연 등 오키나와만의 이벤트가 열린다.

이것을 주문하자

고야찬푸르 ゴーヤーちゃんぷる
섬 두부와 고야가 듬뿍 들어 있다. 시사 모양의 어묵이 포인트. 702엔

위: 넓은 다다미방 자리, 호리고타츠를 갖춘 룸도 있다.
아래: 약 30가지 아와모리를 갖췄다.

류큐 민족 의상을 입은 직원이 맞이하는
오키나와 다이도코로 파이가지 우에노점
沖縄の台所 ぱいかじ 上之屋店

옛 분위기를 품은 류큐 고택에서 오키나와 요리를 먹는 곳. 매일 산신 공연이 열리는 등 오키나와 전통 공연을 볼 수 있다. 오키나와에 6곳이 있다.

● 那覇市上之屋1-1-7 ● 098-866-7977
● 17:00~익일 1:30 ● 휴일 없음 ● 유이레일 오모로마치역에서 도보 약 15분 ● 주차장 있음

나하 ▶ MAP P.19 D-1

이시가키규 아부리니기리 石垣牛の炙り握り3カン
이시가키규를 살짝 구워서 만든 고급 초밥. 아와모리와 궁합도 좋다. 3개 1296엔

술은 이것
아와나미 온더락 泡波(ロック)
하테루마 섬에서 만든 희귀한 아와모리 온더락. 1,620엔

WHAT IS

류큐 고택
류큐 고택은 빨강기와 지붕과 높은 돌담이 특징이다. 지은 지 100년 이상 된 건물 중에는 문화재로 등록된 것도 있다. 고택을 개조한 레스토랑이나 호텔은 여유롭게 쉴 수 있어 인기.

빨강기와
미장이 장인이 회반죽으로 만든다. 기와집은 오키나와말로 '가라야'라고 한다.

시샤
지붕 위에 있는 시샤는 악령을 쫓는 액막이 역할을 한다.

힌푼
문과 안채 사이에 있는 병풍 같은 돌담. 내부를 가리기 위해서, 악령이 들어오는 것을 막기 위해서 세워진다.

점심식사 — 나무에 둘러싸인 고택에서 여유로운 점심식사와 디저트까지!

\ 할머니집 같아! /

① 다리를 쭉 뻗고 쉴 수 있는 다다미가 깔린 안채 ② 예약용 별채도 예쁘다. ③ 마당을 둘러싸듯이 지어졌다. 구석까지 관리가 되어 있는 마당을 바라보며 식사할 수 있다.

위: 류큐왕국 시대 저택인 미사토우둔 터에 지어진 류큐 고택. 마당을 볼 수 있는 툇마루 자리가 인기다. 아래: 식당 내 다다미방에는 룸도 있다.

이것을 주문자

아사소바 세트 アーサそばセット
파래 향기가 포인트. 쥬시 등도 포함. 980엔

통대두 두유를 넣은 크림 젠자이
大豆丸ごと豆乳入り
수제 흑설탕 단팥 위에 100% 두유를 부은 디저트. 450엔

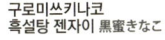
구로미쓰키나코 흑설탕 젠자이 黒蜜きなこ
폭신폭신한 빙수에 고급스러운 맛의 구로미쓰키나코(흑밀 콩가루)가 듬뿍. 380엔

이것을 주문자

구루쿤가라아게 정식 グルクン唐揚定食
바삭하게 튀겨진 구루쿤이 맛있다. 1,188엔

데비치소바 てびちそば
콜라겐이 듬뿍 들어간 데비치를 올렸다. 756엔

툇마루 자리 추천
류큐사보 아시비우나
琉球茶房あしびうなぁ
유서 깊은 미사토우둔 터에 자리 잡은 고택을 개조한 찻집 겸 식당. 마당을 바라볼 수 있는 툇마루 자리가 인기 있으며 류큐 고택의 정취를 느끼면서 오키나와 요리를 즐길 수 있다.

● 那覇市首里当蔵町2-13 ● 098-884-0035
● 11:00~15:00, 17:00~23:00 ● 휴일 부정기
● 유이레일 슈리역에서 도보 약 10분 ● 주차장 없음

[슈리] ▶ MAP P.23 E-1

카페로도 이용할 수 있는
오키나와소바와 찻집 야기야
沖縄そばと茶処屋宜家
이곳에서는 '가라야'라고 불리는 오키나와 전통 기와집에서 오키나와 요리를 맛볼 수 있다. 부지 전체가 국가등록 유형문화재로 지정되었다.

● 八重瀬町大頓1172 ● 098-998-2774
● 11:00~15:45 ● 화요일 휴무(공휴일 영업)
● 하에바루미나미IC에서 약 7km ● 주차장 있음

[남부] ▶ MAP P.5 D-2

EAT - 05

오키나와 사람들의 장수 비결
섬 채소로 건강한 점심

장수하는 지역으로 알려진 오키나와의 현지인들은 오키나와에서 자란 채소를 자주 먹는다고 한다. 여러 종류의 섬 채소를 조금씩 많이 맛볼 수 있는 채소를 주제로 한 식당을 가다.

'채소 파워'로
건강해질 수 있다!

니가나노시로아에 ニガナの白和え
위장에 좋은 씀바귀와 섬 두부 무침

파파야노후쿠진즈케 パパイヤの福神漬
익기 전 파와 파파야를 절인 것

마카치쿠미소레 런치 まかちぃくみそぅれランチ
제철 식재료를 사용할 만큼만 따서 정성껏 만든 가정식 요리. 채소를 사용한 반찬이나 쥬스, 사타안다기 등 약 16가지 품목이 나온다. 1,100엔

SIDE MENU
히라야치 ひらやーちー
오키나와식 오코노미야키. 쫀득쫀득한 식감이 맛의 비결이다. 450엔

유시도후토와다이콘노미소시루 ゆし豆腐と葉大根の味噌汁
유시도부와 열무 미소시루 요리. 철분과 칼슘, 비타민A가 풍부하다.

왼쪽: 안락한 분위기의 식당 내부
오른쪽: 초록으로 둘러싸인 식당은 가정적인 분위기. 근처 텃밭에서 난 채소를 사용해 영양가 높은 요리를 제공한다.

건강식인 이유!

① 텃밭 채소
식당 근처에 있는 텃밭에서 바로 따온 신선한 채소를 사용한다. 채소는 그날 먹을 만큼만 수확하는 게 사장님의 모토다.

② 건강차
서비스로 나오는 마루고토 오기미차는 갯기름나물, 녹차, 웃친 등으로 끓인다.

신선한 채소를 맛보세요!

이분이 만들었어요!

긴조 에이코 사장님
영양사 자격증이 있는 긴조 사장님. 1990년 문을 연 후 계속 텃밭 채소와 오키나와산 채소를 사용해 가정식 요리를 만든다.

할머니가 장수하는 비밀이 여기에 있다
에미노미세
笑味の店

장수마을 오기미촌에 있는 작은 식당. 영양사 자격증을 가진 긴조 사장님이 만드는 현지 채소를 사용한 요리에는 대대로 이어져온 손맛이 느껴진다.

● 大宜味村大兼久61 ● 0980-44-3220 ● 9:00-17:00(식사 11:30-16:00) ● 화·수·목요일 휴무 ● 쿄다IC에서 약 30km ● 주차장 있음
얀바루 ▶ MAP P.14 C-1

섬 채소와 나물이 듬뿍

이분이 만들었어요!

나물 요리는 영양 만점!

야마시로 기요코 사장님
야생으로 자란 들풀로 다양한 요리를 한다. 싹싹한 사장님과의 대화도 즐겁다.

위: 빨강기와집 고택 식당. 마당에서 나는 약초를 따서 요리에 사용한다.
아래: 예스런 분위기가 느껴지는 식당. 다다미방에 앉아서 편안하게 식사할 수 있다.

장수정식 長壽定食
섬 당근과 사쿠나 시리시리(サクナのシリシリ), 궁중요리 등 여러 요리를 조금씩 맛볼 수 있게 구성되었다. 2,000엔

마당에서 따온 들풀도 듬뿍
카페 가라만자쿠
Café がらまんじゃく

'생명은 먹은 것으로 만들어진다'가 모토로 운영하는 카페. 오키나와 고유의 식재료를 사용한다. 요리교실도 열고 있다(문의 필수).

● 金武町金武10507-1 ● 098-968-8846 ● 12:00-18:00(매진 시 영업 종료)
● 화·목요일 휴무 ● 긴IC에서 약 6km ● 주차장 있음

중부 ▶ MAP P.11 D-3

보양식 가득한 오키나와 어머니 손맛 차림

이분이 만들었어요!
여유롭게 요리를 즐겨보세요!

이하 사야카 사장님
사람들에게 영양가 높은 밥을 제공하겠다는 모토로 경영한다. 손의 기름기가 스며들 만큼 애정을 듬뿍 담은 요리를 제공한다.

위: 차분한 분위기의 식당 안. 다다미 자리 외 마당이 보이는 툇마루 및 테이블 자리도 있다.
아래: 식당은 도야 어항 근처에 위치한 주택가 안에 있다.

아카바나 정식 あかばな定食
제철 채소 튀김을 메인으로 섬 채소 요리가 밥상에 가득 올라간다. 식재료는 요미탄산이나 오키나와산 재료를 고집한다. 1,458엔

몸에 좋은 제철 채소
섬 채소 식당 데이안다
島やさい食堂 てぃーあんだ

오키나와산 채소를 듬뿍 사용한 다양한 반찬이 나오는 정식은 맛도 있고 몸에도 좋다. 정성을 들인 요리를 바닷바람과 함께 즐길 수 있다.

● 読谷村都屋448-1 ● 098-956-0250 ● (점심) 금~수요일 11:00-15:00, (저녁) 금~일요일 18:00-20:00(예약 필수) ● 목요일 휴무 ● 오키나와키타IC에서 약 14km ● 주차장 있음

서해안 리조트 ▶ MAP P.8 A-1

WHAT IS

섬 채소를 아시나요?
오키나와 고유의 영양가 높은 채소들을 소개합니다.

고야
오키나와 외의 지역에서도 친숙한 여주. 튀김, 나물, 샐러드에도 사용된다.

시부이
동아를 말한다. 오키나와에서는 자주 식탁에 올라가는 인기 식재료다.

나베라
수세미외를 말한다. 미소로 조린 나베라안부시가 대표 요리. 여름에 나는 채소다.

후치바
쑥을 말한다. 일반적인 쑥보다 쓴맛이 덜하여 고기나 생선의 냄새를 잡는 데도 사용한다.

다이모
논에서 만들어지는 토란의 한 종류. 길조를 지닌 채소라 하여 설 요리에도 사용한다.

한다마
오키나와 북부 구니가미촌 등지에 자생하는 약용 채소.

오키나와를 배워요

오키나와 고유의 4대

① 아낌없이 준다
돼지

오키나와 요리는 '돼지로 시작하여 돼지로 끝난다'고 할 정도로 돼지고기가 중심이다. 내장부터 귀, 다리, 피에 이르기까지 요리 재료로 사용되며 실제로 손톱과 털을 제외하고 모든 부위가 식재료로 쓰인다. 데비치와 라후테가 돼지고기 요리의 대표격이다.

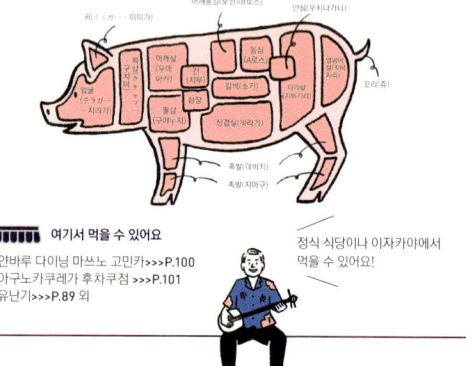

여기서 먹을 수 있어요
- 얀바루 다이닝 마쓰노 고민카 >>> P.100
- 아구노카쿠레가 후차쿠쿈 >>> P.101
- 유난기 >>> P.89 외

이제는 장수의 나라가 아니다!?
오키나와 식문화의 흐름

오랫동안 일본에서 가장 장수하는 광역지자체로 단독 1위에 올랐던 오키나와현. 하지만 이제는 옛 이야기가 되었다.
2013년 통계를 보면 장수하는 지역 1위는 남녀 모두 나가노현이다. 오키나와는 여성은 3위, 남성은 무려 30위까지 떨어졌다.
과거 오키나와는 중국의 영향으로 몸에 좋은 음식을 먹으려는 의식이 강했다. 채소, 해조류, 생선, 두부 등 건강한 식사를 선호했던 것이다. 하지만 1960년대부터 미국의 음식 문화가 오키나와에 유입되었고 햄버거, 스테이크, 런천미트 등이 유행하면서 음식의 서구화가 급속도로 유입되었다. 고칼로리 고지방 식사가 순위 하락의 원인이 된 것이다.
하지만 여전히 오키나와에는 옛날과 동일한 식생활을 선호하는 문화도 남아 있다. 옛 오키나와인들의 지혜가 담긴 오키나와 전통 요리를 먹어보자. 장수의 이유가 담긴 4대 식재료를 소개한다.

② 영양이 함축된 딱딱한 두부
오키나와 두부

오키나와 두부는 일본의 다른 지역에 비해 식물성 단백질을 약 1.4배 함유한다. 게다가 지방산, 비타민, 미네랄 등이 풍부하여 영양이 꽉 차 있다. 섬 두부 외에도 특이한 두부들이 있다.

유시도후
부드러운 순두부. 그대로 먹기도 하고 미소시루에 건더기로 넣기도 한다.

시마도후
딱딱하고 큰 게 특징적인 섬 두부. 찬푸르 요리 등에 사용된다.

지마미도후
땅콩으로 만든 두부. 쫀득쫀득한 식감이 있다.

여기서 먹을 수 있어요
- 가정식 요리집 만주마이 >>> P.121
- 하나쇼 >>> P.155
- 기노카와 식당 >>> P.96 외

식재료를 소개합니다

③ 미네랄이 듬뿍 들어간 바다의 보물
다시마·해조류

다시마를 자주 먹는 오키나와는 일본에서도 손꼽히는 소비량을 자랑한다. 대표적인 요리는 구부이리치나 채 썬 다시마 볶음이다. 큰실말, 파래 등 해조류도 자주 사용되며 장수한 사람들이 자주 먹었다고 한다.

제일 마키시 공설 시장 주변 상점에서도 다양한 종류의 건어물을 판다.

육수를 내기 위해서가 아닌 본 요리를 위해 사용해요

구부이리치 クーブイリチー
장수 요리 중 하나로 유명하고, 집안에 경사가 있을 때 밥상에 빼놓을 수 없는 요리다.

📖 여기서 먹을 수 있어요
- 오키나와노다이도코로 파이가지 우에노야 >>>P.90
- 류큐사보 아시비우나 >>>P.91 외

④ 채소 같은 식감으로 자주 먹는다
들풀·약초

오키나와는 약초의 보고다. 밭이나 집 주변에서 자생하는 들풀이나 약초를 따와서 요리에 사용한다. 몸이 아플 때 효과를 기대하면서 먹을 정도로 오키나와 사람들에게는 친근하다. 잎을 우려서 차로 마시기도 한다.

여주보다 더한 쓴맛!

니가나
강한 쓴맛이 특징인 씀바귀. 위장에 좋다고 한다.

구아버
비타민C 등 영양이 풍부한 과일. 혈당을 떨어뜨리는 효과도 있다.

 여기서 먹을 수 있어요
- 카페 가라만자쿠 >>>P.93
- 에미노미세 >>>P.92
- 오키나와 다이이치 호텔 >>>P.195

WHAT IS

오키나와에서 사랑받는 술, 아와모리
저녁 반주로는 역시 이것! 오키나와 요리 식당에서는 반드시 아와모리를 맛보자.

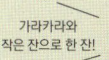

가라카라와 작은 잔으로 한 잔!

류큐왕국 시대에 샴(타이왕국)에서 전래
15세기에 전래되었다는 아와모리. 그 당시 류큐는 3개로 나뉘어 있던 왕국을 쇼하시가 통일하여 류큐왕국을 세운 시대였다. 삼의 아유타야왕조와 활발하게 무역을 했던 쇼하시가 외국 술을 수입하였고 그 후 아와모리의 원형이 되는 술이 만들어졌다고 한다.

아와모리 묵은 술, 구수
아와모리를 재워서 3년 이상 숙성시킨 것. 재우면 재울수록 향이 달콤해지면서 입맛도 부드러워진다고 한다. 일반 아와모리에 비해 가격이 약간 고가이며 맛도 배가된다!

추천
오키나와에서만 판매되는 '신센구수30도'나 종유동의 구수 곳간에서 숙성된 종유동 저장 구수 '류40도' 등 희귀한 아와모리도 맛보자!

아와모리 마시는 법
증류주인 아와모리는 여러 방법으로 마실 수 있다. 물을 타거나 온더락, 뜨거운 물을 타거나 스트레이트, 혹은 칵테일 등이 그것이다. 오키나와 사람들은 대부분 아와모리와 물을 2:8 정도로 타서 연하게 마신다고 한다.

모처럼 아와모리를 마신다면 예쁜 류큐 유리잔으로!

아와모리와 궁합이 맞는 요리
오키나와 요리는 전체적으로 아와모리와 궁합이 좋다. 특히 고기 요리와 궁합이 좋은데, 라후테가 대표적이다. 돼지를 삶을 때 이미 아와모리를 사용하기 때문에 더욱 풍부한 향을 즐길 수 있다. 두부와 홍누룩과 아와모리로 절인 진미, 도후요도 추천한다.

라후테

도후요

EAT - 06

남쪽 나라만의 생선을 먹어요!
신선한 섬 생선 맛보기

열대어처럼 형형색색의 생선들이 시장에 넘치는 것은 오키나와만의 진풍경이다. 갓 잡은 신선한 오키나와 생선을 전통 조리법으로 제공하는 생선 요리 전문점으로 가자.

전통의 향토요리를 군더더기 없이 맛보다

오키나와 고유의 생선을 먹는다!

타만마스 조림 정식 タマンのマース煮定食
타만(갈돔)을 소금과 술로 조린 어부 요리로 맛이 일품이다.
1,500엔(시가)

왼쪽: 카운터 자리와 다다미에 앉는 자리를 고를 수 있다.
오른쪽: 밤에는 술을 즐기는 현지인들로 항상 활기가 넘친다.

어부 요리라면 여기
기노카와 식당
紀乃川食堂

나하 국제거리에서 30년 동안 사랑받았던 인기 맛집이 사장님의 고향인 모토부로 옮겼다. 그 날 사들인 신선한 생선을 그 지역의 조리법으로 제공한다.

● 本部町健堅603 ● 0980-47-5230 ● 11:00~16:00 ● 월요일 휴무 ● 교다IC에서 약 23km ● 주차장 있음 나하 MAP P.12 C-2

SIDE MENU

구루쿤 가라아게 グルクンの唐揚
그대로 튀긴 구루쿤은 가시와 살 사이를 칼로 잘라서 튀겨 먹기에 편하다.
900엔(시가)

모즈쿠토요모기노카키아게 もずくとヨモギのかき揚げ
큰실말과 쑥으로 만든 튀김 요리. 쑥 향이 좋은 바삭하게 경쾌한 식감을 낸다. 소금을 뿌려서 먹는다. 500엔

지카세지마미두후 自家製ジーマーミー豆腐
식당에서 여주인이 직접 손으로 만드는 지마미 두부. 쫀득쫀득한 식감이 일품이다. 300엔

가정적인 분위기입니다.

그날 사들인 신선한 생선을 철판에서 구워낸다!

오늘의 신선한 생선 버터구이 정식
파래와 같이 버터로 구우면 좋은 향이 난다. 오늘의 신선한 생선은 시가. 1,404엔부터(시가)

정식의 전채 요리. 참치 등후추구이와 샐러드풍 회

정식 디저트는 산핀차 푸딩

어부요리가 자랑인
이토만 어민 식당
糸満漁民食堂

이토만 어항 근처에 있으며 갓 잡은 신선한 생선을 맛볼 수 있는 인기 맛집. 항구도시만의 특색있는 전통 어부 요리를 제공한다.

- 糸満市西崎町4-17-7
- 098-992-7277
- 11:30-14:30, 18:00-21:30
- 화요일 휴무 ● 나카치IC에서 약 6km
- 주차장 있음

남부 ▶ MAP P.4 A-2

위: 모던하고 카페 같은 센스 있는 식당. 아래: 테이블 자리와 다다미 자리가 있다. 식당에서는 오리지널 조미료도 판매한다.

WHAT IS
아시나요? 섬 생선
남쪽나라만의 진귀한 생선들을 소개합니다.

구루쿤 グルクン
세줄가는돔을 말한다. 오키나와현의 물고기로도 지정되었다. 가라아게가 대표 메뉴

아카마치 アカマチ
별명 하마다이. 오키나와 3대 고급생선의 하나로 집히며 조림요리에 적합하다.

아카진미바이 アカジンミーバイ
오키나와 최고급 생선으로 그루퍼의 한 종류. 회든 국이든 어떻게 요리해도 좋다.

마쿠부 マクブ
오키나와에서만 거래되는 지역한정 어종. 마스 조림 등으로 적합하다.

이라부차 イラブチャー
새파란 큰 생선. 파랑비늘돔을 말한다. 담백한 맛으로 어떤 요리에도 어울린다.

비타로 ビタロー
도미의 일종으로 오키나와에서는 일반적인 식재료다. 버터구이가 대표적이다.

야코가이 夜光貝
산호초에 서식하는 큰 고둥이다. 오돌오돌한 식감이 일품이다!

꽃게 한 마리가 통째로!

가니소바 カニそば
근해에서 잡힌 꽃게를 푸짐하게 사용한 명물 메뉴. 꽃게 육수가 잘 우러나 있다. 1,000엔

식당 벽에는 메뉴가 빽빽하게 걸려 있다.

싹싹한 분위기도 매력!

신선도가 뛰어난 해물 요리
해선 식당 아지케
海鮮食堂「味華」

어업협동조합 옆에 위치한 식당. 신선한 해물로 만든 생선 요리를 제공한다. 지역산 생선이 8가지 올라가는 회덮밥(1,200엔)도 인기다.

- 우루마시 与那城平安座9396-6
- 098-977-7783 ● 11:30-16:30(매진 시 영업 종료)
- 월요일 휴무 ● 오키나와IC에서 약 25km
- 주차장 있음

중부 ▶ MAP P.9 E-2

위: 가정적인 분위기의 식당 내부
아래: 외관은 류큐 고택 분위기

이것도 추천해요!

사카나지루 정식 魚汁定食
생선과 채소를 도자기 냄비에 끓인 이토만 고유의 어부요리 생선국. 전통적인 사카나지루는 미소로 맛을 내지만 이 집에서는 참깨와 간장을 사용한다. 1,236엔

이것도 추천해요!

타만아라니 정식 タマンあら煮定食
한 마리가 통째로 들어가는 타만(갈돔) 조림과 회, 큰실말 초무침 등 밑반찬이 같이 나와서 양이 푸짐하다. 1,500엔

오키나와 생선들은 보기에는 컬러풀하지만 의외로 맛은 담백한 흰살생선이 많아 조림이나 튀김 요리에 잘 어울린다. 다양한 생선을 먹어보자.

097

EAT - 07

오키나와 사람들의 소울푸드,
푸짐한 스테이크에 빠지다

미국 음식 문화의 영향을 받은 오키나와에는 오랜 역사의 스테이크 맛집들이 많다. 비계가 적은 실한 외국산 살코기 스테이크는 에너지 보급원일 터. 옛날 그대로의 복고풍 식당에서 잘 먹겠습니다!

육식주의자들의 탄성을 부르는
살이 두껍고 육즙이 풍부한
크고 맛있는 스테이크

점보 프리미엄 립 스테이크
하루 재워서 맛이 부드러운 고기와
달큰 소스 맛이 일품이다. 3,700엔

왼쪽: 입구 반대편에 있는 테라스 석에서는 나카구스쿠 만의 태평양이 보인다.
오른쪽: 미국 복고풍 분위기가 느껴지는 인테리어도 멋지다!

과거에 펍이었던 흔적이 남아 있는 분위기 있는 장식들

점보 스테이크로 잘 알려진 유명 맛집
펍 라운지 에메랄드
パブラウンジエメラルド

35년 이상의 역사를 지닌 오래된 레스토랑. 펍 시대에 해장용 메뉴였던 비법 소스를 곁들인 스테이크가 인기를 끌어 이 집의 대표 메뉴가 되었다. 테이블에 있는 전화로 주문하는 시스템도 특이하다. 스테이크 외 메뉴도 다양하다.

● 北中城村島袋311 ● 098-932-4263 ● 10:00-21:45(일요일 11:00부터)
● 음력 7월 백중 휴무 ● 오키나와미나미IC에서 약 4km ● 주차장 있음

중부 ▶ MAP P.8 C-3

WHAT IS

스테이크는 해장 요리!?
술을 마신 뒤 마무리로 먹는 대표 해장 메뉴라면 라멘이나 오차즈케가 떠오른다. 하지만 오키나와에서는 해장용으로 스테이크를 먹는 문화가 있어 많은 스테이크집이 밤늦게까지 영업한다.

양념은 A1 소스
오키나와에서 스테이크 소스라고 하면 이것. 신맛이 포인트로 진한 맛이 특징이며 슈퍼마켓에서도 살 수 있다. >>>P.152

텐더로인 스테이크 200g
질 좋은 안심 스테이크. 비계가 적고 고단백질이다. 2,300엔

여러 세대가 함께 즐길 수 있는 맛
스테이크하우스88 쓰지 본점
ステーキハウス88辻本店

1978에년 문을 열었을 때부터 현지인들의 사랑을 받은 맛집. 텐더로인 스테이크를 비롯해 20가지 이상의 스테이크 메뉴가 있다.

- 那覇市辻2-8-21
- 098-862-3553
- 11:00~익일 3:45(금/토요일, 공휴일 전날 익일 5:30까지) ● 휴일 없음 ● 유이레일 아사히바시역에서 도보 약 15분
- 주차장 있음

나하 ▶ MAP P.18 C-2

소 모양 철판에 지글지글 뜨거운 채로 나온다!

왼쪽: 복고풍 외관. 국제거리에도 같은 계열의 점포가 4개 있다.
오른쪽: 아메리칸 다이너 같은 식당 내부

테이블 위에는 이 집의 대표 조미료들이 놓여 있다.

왼쪽: 인테리어도 복고풍이다.
위: 사이드메뉴는 타코(5개) 650엔을 추천한다.

오키나와 스테이크집의 창시자
잭 스테이크하우스
ジャッキーステーキハウス

1953년에 문을 연 오래된 맛집. 친근한 '옛날 그대로의 맛'을 찾는 손님들로 활기차다.

- 那覇市西1-7-3 ● 098-868-2408 ● 신정 설날, 음력 7월 15일 휴무 ● 유이레일 아사히바시역에서 도보 5분
- 주차장 있음   나하 ▶ MAP P.18 C-2

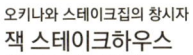

왼쪽: 오래된 메뉴표
오른쪽: '빈자리 있음' 등 식당 혼잡도를 알려주는 신호등이 특이하다.

텐더로인 스테이크L 250g

옛 맛을 지켜온 60년 맛집의 맛
비계가 적고 살코기의 맛을 음미할 수 있다. 호주산 소고기를 사용한다. 2,500엔

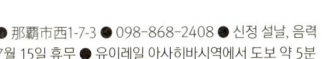

스테이크하우스88에 걸려 있는 'A'라는 사인은 미국통치시대에 미군이 발행한 영업허가증을 본뜬 것이다.

EAT - 08

맛있는 곳은 이유가 있다!
명품 고기 선택하기

아구부타, 이시가키규 등 지금은 일본 전역에서 인기 있는 오키나와의 고급 명품 고기. 본고장이기 때문에 가능한 알뜰 가격으로 특별한 고기의 맛을 음미해보자!

고택 레스토랑에서 먹는 희귀한 일품 아구부타

코쿠류톤키와미 샤브샤브 세트
黒琉豚 極しゃぶしゃぶセット

'코쿠류톤'은 나고의 명품 브랜드 돼지고기로 아구부타(흑돼지) 혈통 100% 명품 돼지. 수량 한정이기 때문에 예약은 필수. 1인분 3,780엔(사진은 2인분)

왼쪽: 지은 지 60년 이상 된 고택을 이용한 식당 내부
오른쪽: 매일 밤 만석이 되기 때문에 예약하는 것이 좋다.

이것도 추천해요!

군차마 베이컨 くんちゃまベーコン
얀바루부타 돼지의 목살 베이컨. 이 부위를 먹을 수 있는 돼지는 많지 않아 귀한 일품요리다. 1,404엔

오키나와산 과일 오리지널 칵테일
県産フルーツのオリジナルカクテル
보기에도 귀여운 창작 칵테일. 손님이 원하는 대로 만들어 준다. 각 648엔

명물 샤브샤브로 기분 좋아지는
얀바루 다이닝 마쓰노 고민카
やんばるダイニング松の古民家

지은 지 60년 된 운치 있는 고택을 개조한 레스토랑. 희귀한 '코쿠톤 아구' 등 나고의 명품 고기를 사용한 샤브샤브가 대표 메뉴다.

● 名護市大南2-14-5 ● 0980-43-0900 ● 18:00~24:00 ● 목요일 휴무 ● 교다IC에서 약 7.5km ● 주차장 있음

추라우미 수족관 주변 ▶ MAP P.12 A-3

분위기 있는 바도 있다.

아구부타 あぐー豚
오키나와 고유의 돼지로 지금부터 약 600년 전 중국에서 전해진 작은 '아구' 돼지에서 유래한다. 마블링이 있는 살코기로 지방이 달고 감칠맛이 난다.

사진제공: 오키나와현 축산연구센터

WHAT IS

오키나와 명품 고기

과거에는 수입산 고기가 대부분을 차지했지만 최근 다양한 현지 브랜드 고기가 등장하고 있다. 전국적으로 인기 있는 돼지 '아구부타', 울금을 사료로 먹인 돼지 '오키나와 우콘부타', 이시가키 섬에서 키운 소 '시이가키규' 등이 그것이며, 최근 화제가 되고 있는 소고기 '모토부규', 탄력 있는 닭고기 '얀바루지도리' 등도 대표 고기 반열에 올랐다.

명품 고기 먹고 싶어, 메에--

개방적인 좌식 자리에서 맛보는 희귀한 돼지 샤브샤브

식당 위치는 리조트 호텔이 모여 있는 후차쿠 비치 근처다.

테이블 자리도 있다.

아구부타를 마음껏 맛볼 수 있는
아구노카쿠레가 후차쿠점
あぐーの隠れ家 冨着店

테라스 석도 있는 식당에는 큰 창문 너머 열대 지방에서 나는 나무들이 보인다. 지방까지 맛있는 최상급 아구부타를 구이나 샤브샤브로 먹을 수 있다.

- 恩納村冨着1-1 ● 098-975-8808 ● 17:00-22:30 ● 휴일 없음
- 이시카와IC에서 약 6km ● 주차장 있음

`서해안 리조트` ▶ MAP P.10 B-1

가볍게 데쳐서

아구즈쿠시 세트 あぐーづくしセット
샤브샤브용 고기 외에도 소시지와 만두까지 아구부타를 사용한 푸짐한 세트. 3,300엔

좌식 자리에서 편하게 식사할 수 있다.

모토부규 직영점에서 다양한 부위를 먹어보자

449호 국도 도로변, 모토부반도에 위치한 식당

넓은 식당 내부. 카운터 석도 있다.

현지 브랜드 고기를 직영점에서 즐긴다
야키니쿠 모토부 목장 모토부점
焼肉もとぶ牧場 本部店

자체 목장에서 키운 소고기 '모토부규'를 취급하는 구이집. 맥주박 등을 함유한 사료를 먹고 자란 모토부규 살코기는 단맛이 있는 질 좋은 지방이 특징이다.

- 本部町大浜881-1 ● 0980-51-6737 ● 11:00-14:30, 17:00-21:30
- 휴일 없음 ● 교다IC에서 약 24km ● 주차장 있음

`추라우미 수족관 주변` ▶ MAP P.12 C-2

모토부규 야키니쿠 런치
もとぶ牛焼肉ランチ
로스(등심), 갈비, 조탄(우설), 호루몬(내장)의 인기 부위가 나오는 세트. 밥도 나온다. 2,500엔

모토부규 로스스테이크 세트 もとぶ牛ロースステーキセット
모토부규 로스를 푸짐하게 두껍게 잘라낸 스테이크다. 굽는 정도는 미디엄, 레어 등 취향대로 주문 가능. 2,800엔

이것도 추천해요!

EAT - **09**

착한 가격의 서민 음식 대표 주자
타코&타코라이스

출출할 때, 포장해서 간단하게 먹고 싶을 때 제격인 타코&타코라이스. 역사가 있는 유명 맛집에서 현지인들에게 사랑받는 맛에 도전해 보자!

타코라이스 원조 집에서 진짜를 맛보다

매콤한 소스가 포인트

치즈를 비벼 먹자!

HAPPY TACO-RICE

타코라이스 치즈 채소
タコライスチーズ野菜
제대로 양념된 다진 고기에는 부드러운 치즈와 아삭한 채소 토핑이 잘 어울린다. 600엔

밥 위에 다진 고기가 듬뿍

아삭한 식감을 주는 채 썬 양상추

왼쪽: 본점 외에 후텐마점과 기노완시 나가타점이 있다.
오른쪽: 이 식당은 셀프 서비스. 요리를 직접 자리로 들고 온다.

원조 타코라이스 유명 맛집
킹 타코스 긴 본점
キングタコス 金武本店

오키나와식 타코라이스 원조로 알려져 있다. 양도 푸짐하고 저렴해 현지인들과 관광객들에게 꾸준히 사랑받고 있다.

● 金武町金武4244-4 ● 090-1947-1684 ● 10:30-익일 1:00 ● 휴일 없음 ● 긴IC에서 약 3km ● 주차장 있음
중부 ▶ MAP P.11 D-3

TACOS

타코스
바삭한 식감의 하드 타입 타코. 4개 500엔, 2개 300엔

요리는 카운터에서 주문한다.

WHAT IS

타코라이스 タコライス

오키나와 타코라이스는 멕시코 요리 타코의 일본 버전이라 할 수 있다. 다진 고기, 치즈, 양상추, 토마토 등 타코 재료를 토르티야 대신 밥 위에 올려서 먹는다. 매콤한 살사 소스가 의외로 밥과 잘 어울린다.

타코라이스가 아니라 이카라이스

타코(문어)라이스에 대항하여 만들어진 신개념 이카(イカ・오징어)라이스. 밥 위에 그린 커리로 맛을 낸 다진 닭고기와 샐러드가 듬뿍 올라가 있다. 테이크아웃도 가능하다.

이카라이스 벤더
ICARICE VENDOR

● 浦添市勢理客4-13-1 浦添市産業振興センター内1F ● 080-8553-1303 ● 9:00-17:00 ● 토요일 휴무 ● 니시하라IC에서 약 9km ● 주차장 있음

중부 ▶ MAP P.6 B-1

왼쪽: 미국 문화가 짙게 남아 있는 코자 지구 파크애비뉴에 있다.
오른쪽: 복고풍 분위기도 매력적인 식당 내부

타코스 タコス
쫄깃쫄깃한 식감의 토르티야가 특징. 안에 넣는 토핑은 소고기, 닭고기, 참치 3종류에서 고를 수 있다. 1개 250엔

복고풍 인테리어가 재미있다

반세기 이상 사랑 받은 맛집
찰리 타코스
チャーリー多幸寿

원조 오키나와 타코 전문점. 주방장이 직접 만든 토르티야에 소고기, 닭고기, 참치 등을 얹어 타코를 만든다. 3가지 종류. 타코 가격은 250엔부터이며, 각종 세트 메뉴도 있다.

● 沖縄市中央4-11-5 ● 098-937-4627 ● 11:00-21:00 ● 목요일 휴무(공휴일 영업) ● 오키나와미나미IC에서 약 2km ● 주차장 있음

중부 ▶ MAP P.8 C-2

왼쪽: 이 집도 셀프서비스. 음료수는 직접 냉장고에서 꺼내 자리로 가져와야 한다.
오른쪽: 약 40년의 역사를 자랑하는 오랜 맛집이다

선인장 오브제 등 멕시코 분위기의 인테리어도 재미있다.

오래된 타코 맛집
타코 전문점 멕시코
タコス専門店メキシコ

치즈, 양상추, 고기와 수제 토르티야의 균형이 절묘한 타코. 테이크아웃도 가능하니 출출할 때 포장해가자.

● 宜野湾市伊佐3-1-3 1F ● 098-897-1663 ● 10:30-21:00 ● 수요일 휴무
● 기타나카구스쿠IC에서 약 5km ● 주차장 있음 중부 ▶ MAP P.8 B-3

타코스
식감이 좋은 부드러운 수제 토르티야에 일본식으로 양념한 고기를 토핑한다. 500엔

EAT - 10

몸 튼튼, 마음 든든
건강한 햄버거를 덥석!

스페셜햄버거
スペシャルハンバーガー

빵과 BBQ 소스 등 수제 식재료뿐만 아니라 재료를 쌓아올리는 방법도 연구한 사장님의 장인정신이 빛납니다. 1,550엔

- 푹신하고 부드러운 직접 구운 번
- 달걀 프라이, 베이컨 등 양도 푸짐하다.
- 고기 외 재료를 사용하지 않아 고기 자체의 맛을 즐길 수 있는 패티

더 ★A&W 버거
ザ★A&Wバーガー

소고기 패티와 양상추, 토마토 외에 얇게 썬 흑설탕과 후추로 코팅한 돼지고기와 크림치즈가 기분 좋은 맛을 낸다. 650엔

- 루트 비어(220엔)은 리필이 가능해요.
- 난 루티. 가끔 불쑥 등장해요!

ANOTHER CHOICE

칠리 치즈버거
チリチーズバーガー

매콤한 칠리 소스에 치즈와 마요네즈가 어울린다. 1,000엔

특제 패티를 야무지게 물자
고디즈
GORDIES

굵게 갈은 다진 고기를 사용한 패티, 식감을 연구한 번즈 등 정성 들인 미국 스타일 햄버거를 맛볼 수 있다.

● 北谷町砂辺100-530 ● 098-926-0234 ● 11:00-21:00(토/일요일만 모닝 8:00-11:00) ● 휴일 부정기 ● 오키나와미나미IC에서 약 6km ● 주차장 있음 중부 ▶ MAP P.22 A-1

왼쪽: 식당 내부는 복고풍 미국 스타일. 앤티크한 인테리어가 인상적이다.
오른쪽: 외인주택을 이용한 가게

빙빙 꼬인 프렌치프라이에 매운 소스와 치즈를 얹은 인기 사이드메뉴, 칠리 치즈 컬리 후라이 430엔

원조 패스트푸드
A&W 마키미나토점
A&W牧港店

오키나와 최초이면서 일본 최초의 패스트푸드 가게다. 오키나와에서 인기 탄산음료 루트 비어로도 유명하다.

● 浦添市牧港4-9-1 ● 098-876-6081 ● 24시간 ● 휴일 없음
● 니시하라IC에서 약 4km ● 주차장 있음
 중부 ▶ MAP P.6 C-1

육즙이 흐르는 패티와 아삭하게 씹히는 신선한 채소, 양이 푸짐한 특제 햄버거는 미국 문화가 짙은 오키나와다운 음식이다. 정성껏 만드는 전문점에서 든든하게 먹고 싶다!

WHAT IS

루트 비어 ルートビア

오키나 햄버거 가게에서 흔히 볼 수 있다. 미국산 허브를 함유한 무알콜 탄산음료. 묘한 달콤한 맛이 계속 당긴다.

스페셜 버거 スペシャルバーガー

벗나무를 사용해서 훈제로 만든 두꺼운 베이컨, 특별 주문한 굵게 다진 소고기에 모토부규 지방을 섞은 패티가 들어간 햄버거. 1,200엔

ANOTHER CHOICE

아보카도 치즈버거
アボカドチーズバーガー

절묘한 조합으로 듬뿍 들어간 아보카도와 패티, 치즈 등 재료를 넣었다. 와사비 소스로 맛이 깔끔하다. 1,200엔

애정을 담아 만들어요

위: 고택을 카페 분위기로 리모델링했다.
아래: 검정색 벽을 찾아보자. 주차장은 약간 떨어진 곳에 있다.

정성과 공을 들인 수제버거
토토 라 베베 햄버거
ととらべべハンバーガー

빵부터 소스까지 모두 직접 만드는 것을 고집하는 햄버거 전문점. 특유의 맵고, 포테이토(S) 260엔은 중독되는 맛.

● 本部町崎本部16 ● 0980-47-5400 ● 11:00-15:00
● 목·금요일 휴무 ● 교다IC에서 약 23km ● 주차장 있음

`추라우미 수족관 주변` ▶ MAP P.12 C-2

누야루 버거 ぬーやるバーガー

여주 슬라이스, 달걀말이, 포크가 들어간 오키나와 스타일 버거. '누야루바가'는 '이게 뭐야?'라는 뜻이다. 392엔

알뜰 세트도 있어요!

ANOTHER CHOICE

미니 버거는 3개 313엔

위: 널찍한 심플한 식당 내부
아래: 세련된 외관. 런치타임만의 서비스도 있다.

지역 사랑이 넘치는 오리지널 햄버거
제프 도미구스쿠점
Jef 豊見城店

오키나와에서 태어난 햄버거 체인점. 치즈 버거 등 기본 버거부터 여주 등 오키나와 식재료를 사용한 지역형 버거도 있다.

● 豊見城市宇田頭66-1 ● 098-856-1053 ● 24시간 ● 휴일 없음
● 나하 공항에서 약 3km ● 주차장 있음

`남부` ▶ MAP P.18 B-3

EAT -11

꼭 먹고 싶은 시원한 디저트
오키나와 젠자이

부드럽고 달콤한 붉은강낭콩과 팥 위에 부드럽게 갈은 빙수를 듬뿍 올린 젠자이. 겨울에도 즐길 수 있는 오키나와만의 시원한 디저트를 현지에서 유명한 인기 맛집에서 먹자!

위: 야치문 그릇을 취급한다.
아래: 오리지널 디자인, 작가가 만든 그릇도 판매한다.

야치문으로 식사를 즐기는
야치문 카페 차타로
やちむんとカフェ チャタロウ

카페와 갤러리가 같은 공간에 있고, 야치문을 판매한다. 점심은 오리지널 타코라이스, 디저트로는 푹신푹신한 부드러운 빙수가 인기다.

● 那覇市壺屋1-8-12 ● 098-862-8890 ● 10:00-18:30 ● 휴일 없음 ● 유이레일 마키시역에서 도보 약 9분 ● 주차장 있음

나하 ▶ MAP P.21 E-3

TRY

하테루마 흑설탕 밀크 젠자이 아이스크림 토핑
ミルクぜんざい

흑설탕의 부드러운 단맛이 잘 어울리는 빙수 밑에는 아이스크림과 쫀득쫀득한 새알심이 있다. 702엔

적당한 단맛이 포인트

왼쪽: 잡지나 TV에서도 종종 소개되는 유명한 맛집.
오른쪽: 히야시몬 외에 오키나와소바 등 식사 메뉴도 다양하다.

외국에서도 주목하는
이나미네 찬 음식 전문 식당
いなみね冷やし物専門店お食事処

문을 연 지 25년 된 오래된 맛집. 대표 메뉴는 과일로 동물 얼굴을 표현한 귀여운 빙수다. 예스러운 식당 내부 분위기도 편안하다.

● 糸満市糸満1486-3 ● 098-995-0418 ● 11:00-19:00 ● 화요일 휴무 ● 나카치IC에서 약 6km ● 주차장 있음

남부 ▶ MAP P.4 B-2

진한 눈썹이 귀여운 백곰 빙수에 심쿵!

작은 사이즈도 있다.
시로쿠마 미니 486엔

TRY

시로쿠마 白熊ミニ

푸짐한 우유빙수 밑에는 새알심과 단팥이 있다. 녹기 전에 빨리 먹는 것이 포인트다.
626엔

WHAT IS

오키나와 젠자이
'젠자이(ぜんざい)'라고 하면 떡이나 새알심이 들어간 따뜻한 단팥죽을 떠올리지만 오키나와의 젠자이는 달콤하게 조린 붉은강낭콩 위에 빙수 등을 올린 차가운 디저트를 말한다. 참고로 따뜻한 젠자이는 '핫 젠자이'라 부른다.

편안한 분위기의 카페
갤러리 찻집 마라나타
ギャラリー喫茶 まらなた

야치문 거리(>>>P.176)에 있는 갤러리 겸 찻집이다. 사장님이 엄선한 도자기와 디저트가 절묘한 조화를 이룬다.

- 読谷村座喜味2678-4 ● 098-958-2003 ● 9:00-18:00
- 휴일 없음 ● 이시카와IC에서 약 10km ● 주차장 있음

서해안 리조트 ▶ MAP P.9 E-1

길거리를 산책하다 잠시 휴식하는 데 딱!

매장에서는 야치문 그릇도 살 수 있다.

따뜻한 커피 500엔

야치문 그릇에도 주목하자!
TRY

흑설탕 젠자이 세트
黒糖ぜんざいセット
당도를 낮춘 조린 콩과 흑설탕을 뿌린 빙수. 안에는 새알심이 들어 있다. 500엔

젠자이 하면 여기!
아라가키 젠자이야
新垣ぜんざい屋

메뉴는 '고오리(氷) 젠자이', 단 하나뿐이다. 8시간 이상 조린 붉은강낭콩 위에 푹신푹신한 빙수가 올라간 일품을 꼭 드셔보시라.

- 本部町渡久地11-2 ● 0980-47-4731 ● 12:00-18:00(매진 시 영업 종료) ● 월요일 휴무(공휴일은 다음날 휴업) ● 교다IC에서 약 23km ● 주차장 없음

추라우미 수족관 주변 ▶ MAP P.12 C-2

위치는 모토부정 공공 시장 근처다.

식권을 사서 카운터에서 주문한다.

안에 붉은강낭콩이 숨어 있어요.

창업 60년 된 맛집의 맛
TRY

젠자이
2시간동안 싸라기설탕으로 조린 붉은강낭콩이 들어간 젠자이. 흑설탕의 당분이 달콤한 맛을 끌어낸다. 250엔

오키나와 식당의 일품 빙수
히가시 식당
ひがし食堂

메뉴가 다양한 오키나와 식당. 빙수, 젠자이 등 디저트도 인기다. 입안에서 살살 녹는 빙수에 3가지 시럽을 뿌린 '산쇼쿠 미조레'는 꼭 먹어보자.

- 名護市大東2-7-1 ● 0980-53-4084 ● 11:00-18:30 ● 휴일 없음 ● 교다IC에서 약 8km ● 주차장 있음

추라우미 수족관 주변 ▶ MAP P.12 B-3

빨강기와가 간판인 오키나와 분위기의 식당이다.

옛날 그대로인 분위기에 편안해지는 식당 내부

밀크 젠자이 등 종류가 다양하다.

3가지 맛을 한 번에!
TRY

산쇼쿠 미조레 三色みぞれ
눈꽃 같은 부드러운 빙수 위에 무집어 만드는 3가지 시럽을 뿌렸다. 280엔

EAT -12

보기만 해도 매료되는
히야시몬 디저트

오키나와의 더위를 잠시나마 잊게 해주는 매력적인 디저트로 열대 지방의 과일이 토핑으로 듬뿍 올라갔다. 산책하다 중간에 들르고 싶은 인기 맛집의 대표 메뉴로 시원해지자.

MOUNTAIN MANGO PARFAIT

부드러운 트로피컬 빙수

A 마운틴 망고 파르페
マウンテンマンゴーパフェ

생크림이 듬뿍 올라간 망고 아이스크림. 조각 망고가 큼직큼직하게 들어가고 그 위에 시럽을 뿌렸다. 잘 익은 망고가 통째로 토핑되었다. 1,900엔

쉐이브 아이스 シェイブアイス
하와이 스타일의 빙수. 수제 시럽은 블루하와이 등 대표적인 것부터 감귤류의 시콰사 등 오키나와다운 것까지 다 있다. S 380엔

마치 아프로헤어 같아

일본 최초 쉐이브 아이스 전문점
A 다나카 과실점
田中果実店

양이 푸짐한 쉐이브 아이스를 선보인다. 양이 많지만 입안에서 살살 녹아 뚝딱 먹을 수 있다.

● 恩納村瀬良垣2503　● 070-5279-7785　● 11:00~17:30
● 화·수요일 휴무　● 야카IC에서 약 7km　● 주차장 있음
서해안리조트　▶ MAP P.10 C-2

WHAT IS

히야시몬
ひやしもん

빙수가 올라간 젠자이, 아이스크림, 파르페 등 차가운 디저트 전반을 아우른다. 오키나와 흑설탕이나 열대 과일을 사용한 토핑이 매력적이다.

위: ANA 인터컨티넨탈 만자 비치 리조트 앞에 있다.
아래: 가게 앞에도 자리가 있다.

망고밀크 マンゴーみるく
천연 과일 맛이 나는 시럽을 무릎까지 3번 돌려서 뿌렸다. 부대시설인 갤러리에서 전시/판매하는 그릇도 귀엽다. 750엔

빅 마운틴 ビッグマウンテン
높이가 무려 30cm! 오키나와의 오래된 맛집에서 17가지 맛의 아이스크림을 한 번에 맛볼 수 있는 '왕 곰빼기' 아이스크림이다. 3,500엔

아이스 마운틴 트로피컬 프루트
アイスマウンテントロピカルフルーツ
망고, 파인애플 등 제철 열대 과일로 토핑한다. 가운데 아이스크림이 올라간 고급스런 빙수. 1,080엔

더블 ダブル
블루실(BLUE SEAL) 아이스크림의 종류는 일반적인 것부터 오키나와산 재료를 사용한 맛까지 30가지 이상 있다. 560엔

B 루안+시마이로
瑠庵+島色

'그릇을 포함한 빙수'의 미를 추구하는 빙수 장인과 도예가가 콜라보한 맛집. 부드럽고 푹신한 빙수와 고급스러운 과일시럽의 조화가 최고다!
● 우루마시 与那城桃原428-2
● 050-3716-4282 ● 10:00-17:30 ● 수요일 휴무 (비정기 휴일 있음)
● 오키나와키타IC에서 약 21km
● 주차장 있음 중부 ▶ MAP P.9 F-2

C 루핀 온나노에키점
琉冰 おんなの駅店

빙수 위에 형형색색의 열대 과일을 푸짐하게 토핑한다. 진한 맛의 수제 망고 소스가 맛을 더한다.
● 恩納村仲泊1656-9 (온나노에키 내)
● 090-5932-4166 ● 10:00-19:00 ● 휴일 없음
● 이시카와IC에서 약 4km ● 주차장 있음
서해안 리조트 ▶ MAP P.10 A-2

D 블루실 아이스크림 마키미나토 본점
BLUE SEAL アイスクリーム牧港本店

레귤러 아이스크림 17개를 쌓은 '빅 마운틴'은 그 야말로 '아이스크림 산'이다. 친구들과 같이 먹는 것을 추천한다.
● 浦添市牧港5-5-6 ● 098-877-8258
● 09:00-24:00 (금・토요일 익일 1:00까지) ● 휴일 없음 ● 니시하라IC에서 약 5km ● 주차장 있음
중부 ▶ MAP P.6 C-1

EAT -13

추라우미 바닷바람이 여유로운
해변 카페

잔잔한 파도 소리가 울리는 모래사장, 수평선이 내려다보는 언덕 위 등 바다를 조망하는 위치가 자랑인 카페. 절경을 감상하며 잠시 휴식을 취해보자.

BEST SEAT
바닷가 테이블 자리가 최고 인기!

하얀 모래사장이 펼쳐진 해변에서 부드러운 바닷바람에 둘러싸여…:

파도 소리를 들으면서 여유롭게 쉴 수 있다.

BEST SEAT
바로 정면과 바로 밑 바다가 펼쳐지는 창가 자리가 특별석이다.

나무 그늘이 시원한 야외석

해변 카페의 원조
하마베노차야
浜辺の茶屋

바닷가에 있는 목조 오두막집 카페. 내부의 창가석이나 바깥에 있는 그늘진 나무 자리, 옥상 자리 등 카페 모든 곳에서 절경을 볼 수 있다.

- 南城市玉城字玉城2-1 ● 098-948-2073 ● 10:00-19:30(월요일 14:00부터) ● 휴일 없음 ● 하에바루미나미IC에서 약 10km ● 주차장 있음

남부 ▶ MAP P.5 E-2

추천 MENU

캄파뉴 샌드위치 カンパーニュサンド
화덕에서 구운 빵에 파인애플, 토마토, 크림치즈 등을 넣은 샌드위치. 594엔

세퍼릿 티 セパレートティー
열대 과일의 달콤함과 신맛이 나는 히비스커스차가 잘 어울린다. 594엔

남부의 미바루 비치 주변에는 야외 테이블 석이 있다. 가게 안쪽에는 샤워룸도 있다.

미바루 비치에 있는 해변 카페
식당 가리카
食堂かりか

네팔 출신의 셰프 제시 사장 부부가 운영하는 네팔 요리집. 12가지 카레와 네팔식 찐만두 등 단품과 디저트도 다양하다. 카레는 매운맛 정도를 고를 수 있는데 보통이라도 약간 맵다.

- 南城市玉城百名1360
- 050-5837-2039
- 10:00-21:00
- 화요일 밤 휴무
- 하에바루미나미IC에서 약 12km
- 주차장 있음
- 남부 ▶ MAP P.5 E-2

카운터에서 요리를 주문한다.

시금치&새우카레
ほうれん草&エビカレー
갈은 시금치가 들어 있다.
1,100엔

WHERE IS
남부 동해안을 노리자

절경을 자랑하는 해변 카페는 남부 동해안 부근에 모여 있다. 해변 위나 약간 내륙으로 들어간 언덕 위 등 위치는 다양하다. 아름다운 바다를 보고 싶다면 바다 투명도가 높은 오전을 추천한다.

차로 가는 것을 추천해요!

추천 MENU
코코넛 망고 코르피
ココナツマンゴーコルフィー
코코넛밀크를 바탕으로 당도를 낮춘 망고 소스를 뿌린 디저트다.
500엔

180도 바다를 조망하는 탁 트인 비치 카페

추천 MENU
망고노모리 マンゴーの森
'망고 숲'이라는 이름답게 차가운 망고가 숲을 이루고 있다. 차가운 식감이 좋다.
520엔

BEST SEAT
탁 트인 시야가 매력적인 기다란 테라스 석.

핫・아이스를 고를 수 있는 히비스커스차 420엔

수평선이 눈앞에 펼쳐지는
카페 구루쿠마
カフェくるくま

넓은 태평양을 조망하는 카운터 석 40석. 태국인 셰프가 만드는 현지 태국 요리와 무농약 허브를 사용한 창작 요리도 추천한다.

- 南城市知念1190
- 098-949-1189
- 10:00-20:00(10-3월 19:00까지, 화요일 18:00까지) 휴인 없음
- 하에바루미나미IC에서 약 15km
- 주차장 있음
- 남부 ▶ MAP P.5 F-1

위: 인기 있는 테라스 자리는 언제나 만석이다.
아래: 부지 면적은 1만 2,000평!

EAT -14

자연의 고요함 속에 숨어 있는
숲속 카페

아열대 식물에 둘러싸인 숲속 카페는 오키나와의 대자연을 그대로 느낄 수 있는 휴식 공간이다. 기분 좋은 바람과 나무들의 향기를 즐기면서 잠깐 쉬어가는 건 어떨까?

🌴 여기!
부지 내에는 류큐 고택을 이용한 운치 있는 별채도 있다.

넓은 부지 내에는 열대/아열대 식물들로 가득하다.

나무에 둘러싸인 상쾌한 숲속 공기까지 잘 먹겠습니다!

정원 안에는 100기 이상의 시사가 있어요!

왼쪽: 카페 내부에는 지역 작가들의 작품이 있다.
오른쪽: 나무의 따뜻함이 넘치는 카페 내부

울창한 숲에 둘러싸인 외딴집 카페
야치문 찻집 시샤엔
やちむん喫茶シーサー園

산으로 둘러싸인, 만 평 규모의 정원 카페. 직접 로스팅하는 커피콩을 샘물로 내린 커피가 추천 메뉴다.

● 本部町伊豆味1439　● 0980-47-2160　● 11:00-19:00　● 월·화요일 휴무(공휴일 익일 휴무)　● 교다IC에서 약 18km　● 주차장 있음

추라우미 수족관 주변　▶ MAP P.13 D-2

울트라 감귤 생과일 주스 500엔

진핀 2개
흑설탕이 들어간 크레페 같은 과자. 오키나와다운 소박한 맛이다. 500엔

기와지붕 너머 정원을 바라볼 수 있는 2층 테라스 석

WHAT IS

얀바루 숲을 노리자

모토부반도 내륙 지역에는 아열대 식물 숲이 광범위하게 펼쳐져 있다. 접근성은 그리 좋지 않지만 차를 몰고 일부러서라도 방문하고 싶은 숨어 있는 가게들이 많다.

날이 저물면 깜깜해지기 때문에 일찍 방문하는 것이 좋다.

수제와 얀바루 식재료를 고집하는
후 카페
fuu cafe

'만들 수 있는 것은 만들자'가 콘셉트다. 직접 재배한 허브, 얀바루 지역에서 나는 식재료를 사용한 몸에 좋은 요리를 제공하는 세소코 섬에 자리한 카페.

- 本部町瀬底557　● 0980-47-4885　● 11:00-17:00　● 수·목요일 휴무(7-9월 비정기)　● 교다IC에서 약 24km　● 주차장 있음

`추라우미 수족관 주변`　▶ MAP P.12 C-2

🌴 **여기!**
초록 나무들로 가득한 마당이 보이는 카운터 자리를 추천한다.

숲을 바라보면서 정성껏 로스팅한 커피를 즐기다.

우미부도와 아구 덮밥
海ぶどうとアグーの丼仕立て
듬뿍 올라간 우미부도 밑에는 맵고 단맛이 강한 돼지고기가 있다. 1,350엔

마당을 감상하고 싶다면 6-7월 장마가 끝났을 무렵이 좋다.

세소코지마 커피는 주문 받고 나서 콩을 갈아서 핸드드립으로 내려준다. 520엔

🌴 **여기!**
숲에 둘러싸인 고풍스러운 고택 카페.

순한 맛의 건강한 메뉴가 가득

센스 있고 편안한 공간으로 여성들에게 인기다.

이 간판을 찾아보세요!

여유로운 시간을 보낼 수 있는 고택 카페
카페 하코니와
Cafe ハコニワ

모토부정 이즈미에 있는 지은 지 50년 된 오키나와 고택을 사장님이 직접 리모델링했다. 센스 좋은 인테리어와 그릇들이 기분을 좋게 한다.

- 本部町伊豆味2566　● 0980-47-6717　● 11:30-17:00　● 수·목요일 휴무　● 교다IC에서 약 15km　● 주차장 있음

`추라우미 수족관 주변`　▶ MAP P.13 D-2

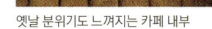
옛날 분위기도 느껴지는 카페 내부

오늘의 하코니와 플레이트 本日のハコニワプレート
흑미밥에 반찬 5가지가 나오는 인기 점심 메뉴. 내용은 주 단위로 바뀐다. 900엔

숲속 카페는 추라우미 수족관 주변 지역(>>>P.178)에 많다. 문을 일찍 닫기 때문에 일찍 방문하는 것을 추천한다.

EAT -15

여행하면서 즐기는
갓 구운 빵

천연 효모나 맷돌로 간 밀가루로 만들어 더욱 특별한 빵과 오키나와 식재료가 뭉쳤다. 좋은 재료를 고집하는 유명 빵집에서 마음이 따뜻해지는 수제 빵을 만나자.

오키나와의 자연을 담은 정성이 빛나는 수제 빵들

갓 구운 빵이 매장 안에 가득하다. 음료도 같이 주문해서 소풍 기분을 내보자.

WHAT IS

천연 효모 빵
과일이나 곡물을 발효시켜서 만든 균을 사용했다. 건강하고 소박한 맛 때문에 오키나와에서는 천연 효모 빵을 취급하는 집들이 늘고 있다.

맛있는 빵이 막 나왔어요!

왼쪽: B 화덕에서 구운 빵집 무나카타도 빵들. 식어도 맛있다.
오른쪽 위: A 베이커리&카페 쿠는 매장 안에 카페 공간이 있어서 드라이브 중간에 휴식을 취하기 좋은 곳이다.
오른쪽 아래: C 빵집 스이엔의 따뜻함이 느껴지는 매장. 각 빵집마다 파티시에의 특색이 다르고, 매장 분위기도 매력적이다.

OKINAWA BAKERY

A 무라사키이모안 マラサキイモアン
촉촉한 자색고구마 속과 깊은 맛의 수수설탕을 사용한다. 200엔

A 올리브 에피 オリーブのエピ
규슈산 중력분으로 만든 반죽 안에 블랙올리브를 넣었다. 220엔

A 코코넛롤 ココナツロール
흑설탕과 두유, 코코넛을 반죽하여 좋은 향을 만들었다. 220엔

B 바나나 고쿠루레 バナナ・こくるれ
흑설탕을 넣은 반죽에 바나나와 건포도가 듬뿍. 389엔

B 아오사 포카치아 アーサのフォカッチャ
파래를 반죽에 넣어서 풍성한 향과 맛이 난다. 절묘한 소금 맛도 Good! 259엔

B 얀바루 섬 돼지 소시지 베이글롤 山原島豚ソーセージベーグルロール
쫀득쫀득한 식감의 베이글 반죽으로 소시지를 만 롤빵. 359엔

C 전립분 큰 빵 全粒粉の大きなパン
전립분의 은은한 단맛이 식욕을 돋게하는 빵. 570엔

C 흑설탕 치즈빵 黒糖チーズパン
흑설탕을 섞은 반죽에 넣은 치즈가 특이하다. 240엔

C 무화과 호밀빵 いちじくのライ麦パン
기본 호밀빵에 무화과의 독특한 식감과 향을 더했다. 240엔

SHOP LIST

위: 빵 외에 음료와 카페 메뉴도 있어 매장 안의 테이블 석에서 식사가 가능하다.
아래: 가게 앞에는 테라스 석도 마련돼 있다.

카페 공간도 추천
A 베이커리&카페 쿠
Bakery & Cafe Coo

동물성 재료는 일절 사용하지 않고 유기농 식재료만을 사용했다. 직접 만든 포도 효모 등 천연 효모를 사용한 오키나와 재료 빵들이 다양하게 있다.

● 今帰仁村今泊3313　● 0980-56-3308
● 10:00-17:00(매진 시 영업 종료)　● 화・수요일 휴무　● 교다IC에서 약 26km　● 주차장 있음
추라우미 수족관 주변　▶ MAP P.13 D-1

위: 빵은 큰 화덕에서 구워낸다. 파니니 등 카페 메뉴도 있다.
아래: 미군 거주자용 주택을 리모델링한 매장

직접 만든 화덕에서 구워내는
B 무나카타도
宗像堂

오키나와 천연 효모 빵의 선구자로 일본 전국에 팬이 있다. 빵은 45~50종류가 있다. 무게감이 있고 씹을수록 깊은 맛이 난다.

● 宜野湾市嘉数1-20-2　● 098-898-1529
● 10:00-18:00　● 수요일 휴무　● 니시하라IC에서 약 2km　● 주차장 있음　중부
▶ MAP P.7 D-1

위: 매장 내부는 넓고 테이블석과 다다미 석이 있어 카페로도 이용 가능하다.
아래: 매장 밖에는 이 집의 간판 당나귀도 있다.

시간과 정성을 들인 순한 빵
C 빵집 스이엔
パン屋水円

맷돌로 간 밀가루와 직접 만든 천연 효모 그리고 물과 소금만으로 심플하게 구워낸 빵이 인기다. 카페 공간도 있고, 샐러드 등 다양한 카페 메뉴도 있다.

● 読谷村座喜味367　● 098-958-3239　● 10:30부터(매진 시 영업 종료)　● 월・수요일 휴무　● 이시카와IC에서 약 20km　● 주차장 있음　서해안 리조트
▶ MAP P.9 D-1

EAT -16

여행객의 마음을 훔치는
여유로운 커피 스탠드

커피콩도 재배하는 오키나와는 숨은 커피 격전지다. 집집마다 엄선한 콩이나 내리는 방식이 달라 맛보는 재미가 있다. 매장 분위기를 즐기며 여유로운 커피 타임을 보내기 제격이다.

COFFEE STAND

'굳이' 찾아가야 할 것 같은
비밀의 커피 스탠드

실내에도 자리가 있어요.

파스텔 톤의 인테리어도 귀여워!

카페 뒤쪽에서 커피콩을 키워요!

한두 평 남짓 서 있는 작은 스탠드. 카페 뒤의 밭에서는 오키나와산 커피콩을 재배하고 있다.

하와이 분위기의 커피 스탠드
히로 커피 팜
ヒロ・コーヒーファーム

트로피컬 하와이풍으로 지은 건물이 귀여운 분위기를 낸다. 브라질산 커피콩을 사용한 갓 내린 커피와 함께 수제 디저트를 맛보자.

- 東村高江85-25 ● 0980-43-2126
- 11:00-17:30경 ● 화·수요일(공휴일 익일 휴무) ● 교다IC에서 약 45km ● 주차장 있음

얀바루 ▶ MAP P.15 E-1

2대째 도모코 사장님

커피
브라질산 커피콩을 직접 로스팅하여 한 잔씩 내린다. 닭이 갓 낳은 달걀을 사용한 커피 푸딩 450엔도 추천한다. S 400엔

WHAT IS

오키나와산 커피콩

커피콩은 남미나 하와이에서 재배한다는 이미지가 강하다. 하지만 아열대 기후에 속하는 오키나와에서도 커피가 재배되고 있다. 오키나와에서는 약 40년 전 처음으로 재배에 성공한 오키나와산 커피콩이 계속 만들어지고 있으며 숨은 특산품이 되었다.

인더스트리얼 스타일의 커피 전문점

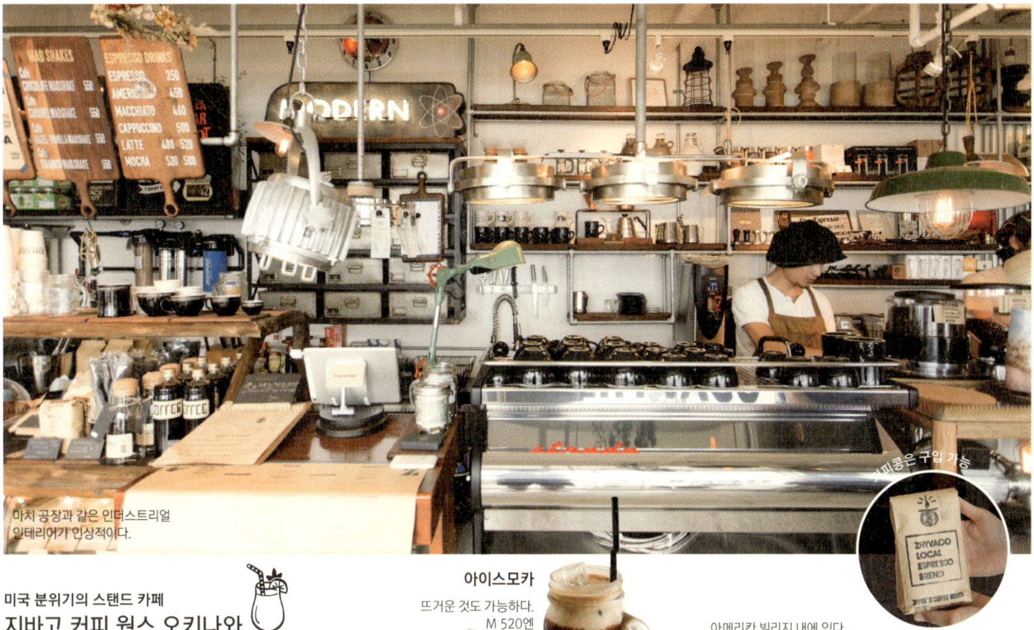

마치 공장과 같은 인더스트리얼 인테리어가 인상적이다.

미국 분위기의 스탠드 카페
지바고 커피 웍스 오키나와
ZHYVAGO COFFEE WORKS OKINAWA

바리스타가 내려주는 커피 전문점으로 커피 쉐이크가 대표 메뉴다. 바다를 바라보는 데크 테라스 석가는 일몰 시간이 좋다.

- 北谷町美浜9-46 ディストーションシーサイドビル 1F ● 098-989-5023 ● 9:00~일몰 시 ● 휴일 부정기
- 오키나와미나미IC에서 약 6km ● 주차장 있음

중부 ▶ MAP P.22 B-2

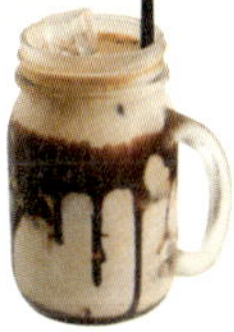

커피콩은 구입 가능

아이스모카
뜨거운 것도 가능하다.
M 520엔

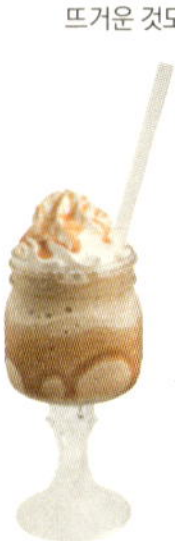

캐러멜 머드 쉐이크
커피 쉐이크와 캐러멜, 생크림이 조화를 이루고 양도 푸짐한 차가운 커피 음료다. 594엔

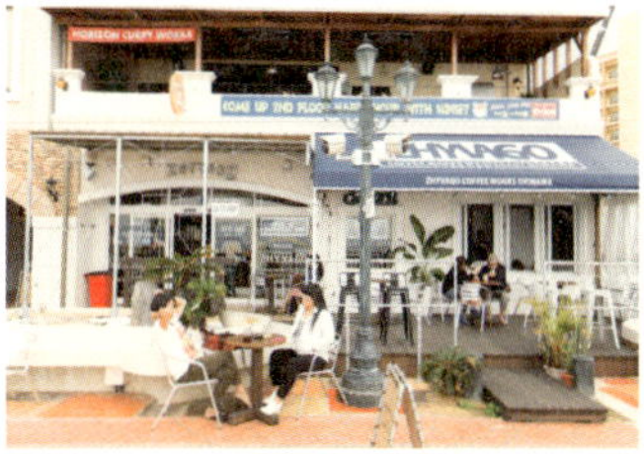

아메리칸 빌리지 내에 있다.

아케이드 상가 안에 위치한 작은 커피숍

나하 중심부 아케이드 상가 안에 있다.

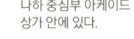

오른쪽: 그 자리에서 한 잔씩 내린다.
왼쪽: 커피콩은 테이크아웃도 가능하다.

깊은 맛의 커피 한 잔을 부담 없이
더 커피 스탠드
THE COFFEE STAND

날마다 전 세계에서 엄선한 콩을 맛볼 수 있는 커피 전문점. 천천히 정성 들여 로스팅한 커피를 마시며 휴식을 취하세요.

● 那覇市松尾2-11-11 104호 ● 080-3999-0145 ● 9:00-19:00 ● 수요일 휴무 ● 유이레일 마키시역에서 도보 약 8분 ● 주차장 없음 나하 ▶ MAP P. 21 D-3

싱글 오리진
날마다 바뀌는 오늘의 커피콩을 사용한 한 잔. 컵에는 그 날의 콩 설명이 붙어 있다. 390엔부터

EAT -17

일찍 일어나서 먹고 싶은
아침 카페에서 하루의 시작을

채식주의자 메뉴, 하와이에서 온 디저트 등 건강하고 맛있는 아침 식사. 정성 들인 메뉴를 제공하는 센스 있는 카페에서 아름답게 하루를 시작하자.

BREAKFAST CAFE FRENCH TOAST

프렌치토스트 프루트 스페셜
フレンチトーストフルーツスペシャル
부드럽게 녹아내리는 식감의 프렌치토스트에 듬뿍 과일을 올렸다. 바나나, 블루베리, 딸기, 그래놀라까지 들어가서 양도 푸짐하다. 1,512엔

BREAKFAST CAFE PAN CAKE

넛츠넛츠 팬케이크
ナッツナッツパンケーキ
식감이 좋은 견과류가 듬뿍 들어간 팬케이크는 바나나를 곁들여 나온다. 하루 100개 한정의 인기 메뉴로 점심쯤 매진될 수도 있다. 800엔

푹신푹신
쫀득쫀득한 식감

당도가 낮은 오리지널 그래놀라는 950엔부터. 여행 기념품으로 인기다.

왼쪽: 밝은 실내. 인테리어는 센스 있는 북유럽 가구로 통일했다.
오른쪽: 재료들은 가까운 제일 마키 공설 시장에서 구입한다.

오리지널
팬케이크는
12가지 있어요!

왼쪽: 남녀불문, 또한 외국인 손님들도 많이 찾아와서 영업 종료 직전까지 손님이 끊이지 않는다.
오른쪽: 58호 국도에 있어 드라이브 하다가 들르기 편리하다.

오키나와 재료를 사용한 하와이안 메뉴
C&C 브렉퍼스트 오키나와
C&C BREAKFAST OKINAWA

오키나와산 과일이나 섬 두부 등 오키나와 재료를 사용해 하와이 스타일의 아침을 맛볼 수 있다. 메뉴는 요리 연구가 야마노우치 유코가 만들었다.

- 那覇市松尾2-9-6 ● 098-927-9295 ● 9:00-16:00(토·일요일, 공휴일 8:00부터) ● 화요일 휴무 ● 유이레일 마키역에서 도보 약 10분 ● 주차장 없음
나하 ▶ MAP P.21 D-3

기분은 하와이의 시골마을
하와이안 팬케이크 하우스 파니라니
Hawaiian Pancakes House Paanilani

바닷가에 있어 위치도 매력적인 팬케이크 전문점. 버터밀크를 넣어서 푹신푹신하고 쫀득한 식감으로 만든 반죽은 디저트로도, 식사로도 잘 어울린다.

- 恩納村瀬良垣698 ● 098-966-1154 ● 7:00-16:30(아침 7시만 예약 가능) ● 휴일 없음 ● 야카IC에서 약 9km ● 주차장 있음
서해안 리조트 ▶ MAP P.10 C-2

HOW TO

아침 카페

아침 식사로 유명한 카페는 대략 7~8시쯤 문을 여는 곳이 많다. 메뉴에 '아침(朝食·쵸쇼쿠)'이라고 쓰여 있어도 하루 종일 주문할 수 있는 집도 있고 아침시간대만 영업하는 집 등 스타일이 제각각이기 때문에 방문하기 전 메뉴와 영업시간, 예약 가능 여부 등을 확인하는 것이 좋다.

BREAKFAST CAFE — ACAL BOWL

아사이 보울
アサイーボウル

하와이의 대표 메뉴. 영양이 풍부한 아사이를 비롯하여 제철 과일과 그래놀라를 넣은 건강한 메뉴다. 850엔

BREAKFAST CAFE — FRENCH TOAST

프렌치토스트 레몬 슈가
フレンチトーストレモンシュガー

레몬즙을 짜서 먹는 신선하고 신개념 맛! 세트로 시키면 음료가 100엔 할인된다. 648엔

커피와 잘 어울려요!

비건 에그 베네딕트
ヴィーガンエッグベネディクト

달걀과 유제품을 사용하지 않은 에그 베네딕트. 셰프 딩고의 오리지널 메뉴. 1,200엔

비엔나 도그
ウインナードッグ

아라비키 소시지 1개가 통째로! 듬뿍 뿌려진 치즈와 잘게 썬 피클이 맛을 더한다. 367엔

왼쪽: 조용한 주택가에 있어서 초록이 풍성한 테라스 석이 명당
오른쪽: 주방에서 건강한 채식주의 요리를 손수 만든다.

아침에만 운영하는 건강 카페

카페 니페라
Café にふぇ-ら

위클리 맨션 1층에 있는 아침 시간대만 영업하는 유기농 카페. 비건 메뉴, 아사이 보울이 인기 메뉴다. 가게 앞 주차가 어려우니 주의.

- 那覇市壺屋1-13-19 壺屋ガーデンハウス1F ● 098-868-8636 ● 8:00-10:00
- 일·월요일 휴무 ● 유이레일 마키시역에서 도보 약 8분 ● 주차장 없음
- 나하 ▶ MAP P.21 E-3

왼쪽: 빵은 약 50가지. 인기 있는 브리오슈 크림 등 종류가 다양하다.
오른쪽: 미나토가와 외인주택에 있는 인기 맛집 오하코르테와 같은 계열이다.

유명 타르트 베이커리

오하코르테 베이커리
oHacorté Bakery

오키나와 유명 타르트 전문점과 같은 계열의 빵집. 아침부터 갓 구운 수제 빵들이 매장에 나온다. 조식은 가벼운 토스트 세트(540엔)나 수프 세트(702엔)도 인기가 높다.

- 那覇市泉崎1-4-10 喜納ビル1F ● 098-869-1830 ● 7:30-20:30 ● 휴일 부정기 ● 유이레일 아사히바시 역에서 도보 약 3분 ● 주차장 없음
- 나하 ▶ MAP P.18 C-2

EAT -18

엄마의 손맛이 그리울 땐
오키나와 안마 식당으로 간다

'안마'는 오키나와 사투리로 '엄마'라는 뜻이다. 그리운 분위기로 가득한 공간에서 마음이 따뜻해지는 엄마 손맛 요리를 맛볼 수 있는 곳을 안마 식당이라고 한다. 맛은 물론 착한 가격과 소박한 맛이 매력인 이곳에서 진짜 오키나와 요리를 맛보자.

> 안마의 손맛을 찾아 단골손님들이 다니는 30년 이상 된 오래된 맛집

POINT
메뉴는
70가지 이상!

이것도 추천해요!

데비치 정식 てびち定食
불필요한 기름을 뺀 탱탱한 족발 조림이 메인 요리다. 780엔

찬푸르 정식 チャンプルー定食
채소와 돼지고기, 섬 두부 등을 함께 볶은 찬푸르와 회, 장아찌가 나오는 심플한 정식. 630엔

옛 모습을 간직한 곳에서 집밥을 드세요!

히라 기와코 사장님

메뉴가 다양한 인기 식당
아야구 식당
あやぐ食堂

안마 손맛을 즐길 수 있는 정식과 세트 메뉴가 70가지 이상. 저렴한 가격으로 30년 이상 단골손님들에게 사랑 받는 맛집이다. 회도 나오는 찬푸르 정식 등이 인기다.

● 那覇市首里久場川町2-128-1 ● 098-885-6585 ● 9:00-21:00 ● 수요일 휴무 ● 유이레일 슈리역에서 도보 약 5분 ● 주차장 있음 [슈리] ▶ MAP P.19 F-1

위: 옛 모습을 풍기는 식당 내부
아래: 브레이크 타임이 없기 때문에 시간적 구애가 없다.

WHAT IS

안마 식당
あんまー食堂
한술 뜨면 그리움을 부르는 가정식 요리는 현지인부터 관광객까지 많은 인기를 얻고 있다.

어서 오세요!

120

히라누 씨

POINT
24시간 영업

포크와 달걀말이 ポークと卵焼き
런천미트와 얇게 부친 달걀의 조합이 기본이다. 550엔

원쪽: 문을 연 지 50년 된 오래된 맛집
오른쪽: 단골손님이 끊임없이 찾아오는 식당

지역 사람들에게 인기 있는 대중식당
식당 미카사
お食事処三笠

24시간 영업한다. 600엔대의 저렴한 가격과 푸짐한 양이 가장 큰 매력이다. 아침, 점심, 저녁 3번 먹어도 질리지 않는 오래된 맛집만의 확실한 맛을 확인하자.

● 那覇市 松山1-3-17 ● 098-868-7469 ● 24시간 영업 ● 휴일 없음
● 유이레일 겐초마에역에서 도보 약 7분 ● 주차장 있음
나하 ▶ MAP P.20 A-2

도미나가 씨

채소를 골고루 드세요.

POINT
저렴하다!

수제 유시도후 정식 自家製ゆし豆腐定食
매일 직접 만드는 부드러운 유시도후는 간단하지만 영양 만점인 메뉴다. 650엔

왼쪽: 나하 중심부에 있다.
오른쪽: 옛 추억을 소환하는 분위기인 식당 내부

회사원들의 안식처
가정식 요리집 만주마이
家庭料理の店 まんじゅまい

국제거리의 사무실이 많은 지역에 위치하고, 현지인들이 많이 찾는다. 섬 두부, 섬 채소를 사용한 메뉴는 70가지 이상. 17시 이후에는 이자카야로 바뀐다.

● 那覇市 久茂地3-9-23 ● 098-867-2771 ● 11:00~22:00 ● 휴일 부정기 ● 유이레일 겐초마에역에서 도보 약 5분 ● 주차장 없음
나하 ▶ MAP P.20 A-3

고바시가와 씨

아이스티 서비스로 드려요!

POINT
서비스 만점

하나가사 정식 花笠定食
데비치와 두부 튀김, 채소를 달고 짠 육수로 조린 조림은 가정요리의 대표격이다. 850엔

왼쪽: 나하시 아케이드 상가에 있다.
오른쪽: 길가에 메뉴 샘플들을 보여준다.

노랑 간판이 걸려 있는 유명 맛집
하나가사 식당
花笠食堂

오키나와 가정식 요리가 다 있고 정식에 나오는 밥은 쌀밥, 팥밥, 현미밥 중 하나, 국은 나카미지루, 이나무루치 등 5가지 중에서 하나 고를 수 있다.

● 那覇市 牧志3-2-48 ● 098-866-6085 ● 11:00~20:00 ● 휴일 없음 ● 유이레이 마키시역에서 도보 약 7분 ● 주차장 없음
나하 ▶ MAP P.21 D-3

EAT -19

시간 없어 급히 먹어야 한다면
팔러에서 가볍게 한 끼

약간 출출할 때, 시간이 없다면 팔러(Parlour)를 찾자. 오키나와 대표 메뉴가 다 있으면서 가격도 합리적이다. 일정상 가볍게 점심을 먹어야 한다면 이곳으로 결정!

뚝딱 먹을 수 있는 부담 없는 식사!

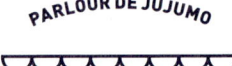
PARLOUR DE JUJUMO

POINT 조조 영업

기타리스트 사장님이 있는 독특한 집. 형형색색의 타일을 사용한 귀여운 디자인이 인상적이다.

음악 활동도 하고 있는 마코토 사장님

직접 키운 허브를 사용해요.

건강을 지향하는 자연친화적 팔러
팔러 드 쥬쥬모
パーラー・ド・ジュジュモ

몸에 좋은 재료를 사용하는 팔러. 3일 동안 불린 현미, 바로 따온 채소 등 사장님의 정성이 빛난다.

- 豊見城市与根490-3
- 080-4278-8150
- 8:00~13:00(토·일요일, 공휴일 11:00~16:00)
- 휴일 부정기(블로그에서 확인)
- 나카치IC에서 약 3km
- 주차장 있음 **남부** ▶ MAP P.4 A-1

왜건 차량 같은 가게에서 운영한다.

베지터블 버거
ベジタブルバーガー

밭에서 따온 신선한 채소를 무침하게 사용한 건강식. 350엔

사탕수수 주스
サトウキビジュース

바로 짠 무농약 사탕수수 주스는 깔끔한 단맛이 특징이다. 350엔

PARLOUR WAKABA

POINT 합리적인 가격

타코라이스
오키나와 대표 서민 음식인 타코라이스에 미니 샐러드가 세트로 나온다. 400엔

다양한 종류의 메뉴가 저희 자랑입니다!

식사 메뉴 외에 막과자 등도 있다.

위: 셀프 서비스인 식당 내부
아래: 나고시 중심부에 위치

히라야치 ヒラヤーチー
오키나와식 오코노미야키인 히라야치는 항상 바로 부쳐서 나온다. 5개에 500엔

잠시 쉴 수 있는 스낵집
팔러 와카바
パーラーわかば

타코라이스, 히라야치 등 가벼운 음식을 먹을 수 있다. 주문을 받고 나서 만들기 때문에 언제나 뜨거운 음식을 맛볼 수 있다는 것이 장점이다.

● 名護市大南2-9-13 ● 0980-54-54 38 ● 11:00-20:00경 ● 일요일 휴무 ● 교다IC에서 약 8km ● 주차장 있음

추라우미 수족관 ▶ MAP P.12 A-3

PARLOUR KUWAE

POINT 창작 메뉴

타코라이스
채소가 듬뿍 들어간 타코라이스. 사이즈는 대/소 두 가지가 있다. 소 350엔

타코 카레
인기 메뉴 타코 카레는 채소가 듬뿍 들어간 건강한 메뉴다. 소 350엔

가게 앞에는 앉아서 먹을 수 있는 테이블 석도 마련돼 있다.

타코라이스의 이색 콜라보
팔러 구와에
パーラー桑江

타코라이스를 기본 베이스로 변화를 준 메뉴들이 있는 30년 된 인기 맛집. 사이즈도 대/소가 있기 때문에 출출할 때 가볍게 들를 수 있다.

● 那覇市壺川3-2-5 ● 098-855-9798 ● 6:00-17:00 ● 일요일 휴무 ● 유이레일 쓰보가와역에서 도보 약 3분 ● 주차장 있음

나하 ▶ MAP P.18 C-2

독특한 창작 요리를 맛보세요!

건강한 타코 카레가 사장님의 추천 메뉴

WHAT IS

팔러
음료나 가벼운 식사를 제공하는 식당을 말한다. 레스토랑보다 캐주얼하고 가격도 저렴한 것이 특징이다. 왜건 차량을 개조한 특색이 있는 집도 있다.

EAT -20

추억이 방울방울
사카에마치 시장에서 깊어지는 밤

나하시 아사토역 근처에 위치한 사카에마치 시장은 옛 모습을 간직한 상점들이 모인 시장이다. 분위기도 즐거운 지역밀착형 이자카야에서 2차, 3차까지 도전해볼까?

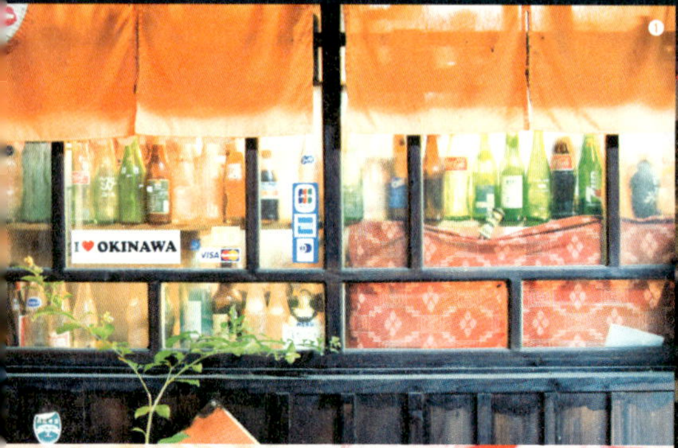

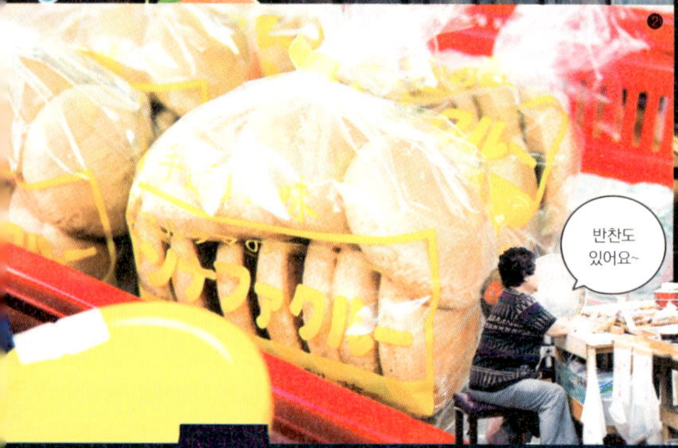

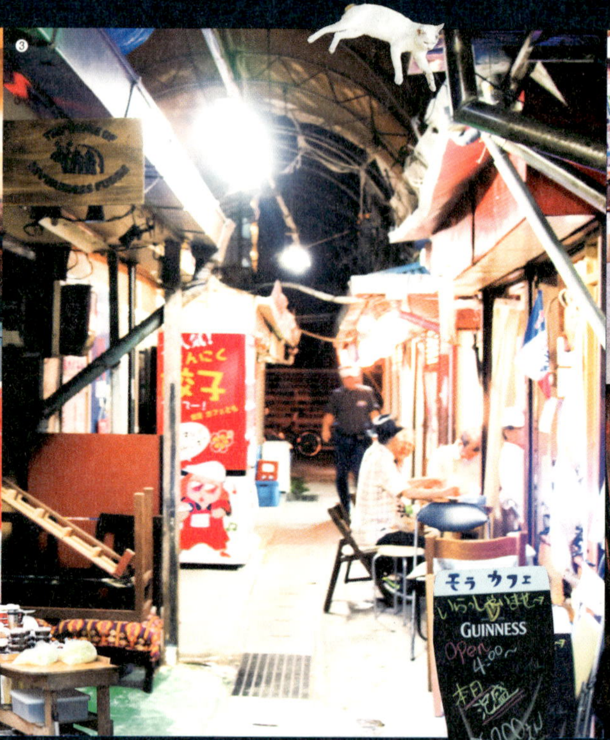

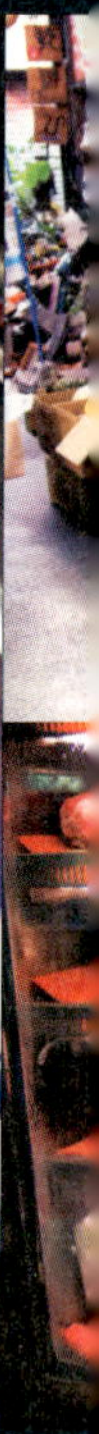

추천 맛집은 여기

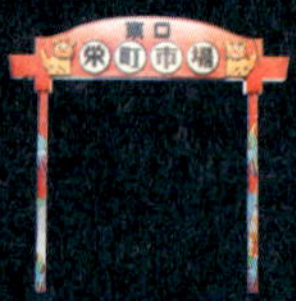

뛰어난 수제 만두가게
A 벤리야 이우린롱
べんり屋 玉玲瓏

중국 출신 사장님이 만드는 수제 만두와 샤오롱바오가 인기. 대만 포장마차 느낌 나는 가게 앞에는 테이블과 의자가 빼곡히 놓여 있다.

- ● 那覇市安里388(사카에마치 시장 내) ● 098-887-7754 ● 18:00~22:30 ● 일요일 휴무 ● 유이레일 아사토역에서 도보 약 3분 ● 주차장 없음
- 나하 ▶ MAP P.19 D-2

이 집이 자랑하는 만두는 하나하나 직접 빚기 때문에 맛있다.

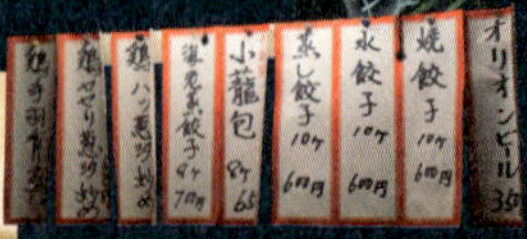

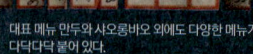

대표 메뉴 만두와 샤오롱바오 외에도 다양한 메뉴가 다닥다닥 붙어 있다.

이 집의 추천 메뉴
야키교자 焼餃子
겉은 바삭하고 안에는 육즙이 듬뿍 들어 있다. 마늘향이 절묘한 맛을 낸다. 600엔

바로 나온 게 맛있어요~

반찬도 있어요~

사카에마치 시장 栄町市場

2차 세계대전이 끝나고 정상화하는 과정에서 탄생해 오늘날에도 당시의 모습이 남아 있다. 나하 중심 상가로 번영하다가 한때 쇠퇴했으나, 최근에 특색 있는 상점이 늘어나면서 지역 젊은이들이나 관광객들이 찾는 등 에너지가 넘치고 있다.

① 옛날에 봤던 음료수 병들이 있는 상점 등 2차 세계대전 이후 쇼와시대 향기가 물씬 느껴지는 시장 풍경
② 상가에서 측설탕으로 만든 전통 과자 단나화쿠르(タンナファクルー)를 판다.
③ 지붕 있는 아케이드를 따라서 포장마차 스타일의 이자카야들이 늘어서 있으며 밤늦게까지 활기가 넘친다.
④ 여주 등 오키나와 섬 채소를 파는 채소 가게
⑤ 옛날 모습의 정육점 등 상점들이 이어지는 시장 거리는 산책만 해도 즐겁다.
⑥ 가게 밖에도 자리가 있는 이자카야. 맥주병 상자를 테이블이나 의자로 사용한다.

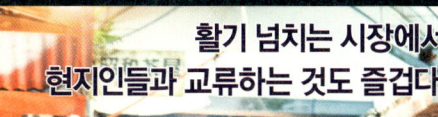

활기 넘치는 시장에서 현지인들과 교류하는 것도 즐겁다!

데비치 구이를 추천합니다!

이 집의 추천 메뉴

모둠 어묵
양념으로 소금과 가다랑어 육수만 사용한 어묵, 재료의 맛이 살아 있다. 1,300엔

종류가 다양한 오키나와 어묵집
B 오뎅 도다이
おでん東大

문을 연 지 약 60년 된 오키나와 어묵 맛집. 하츠(염통), 세세리(목살) 등 흔치 않는 식재료를 취급한다. 대표 메뉴인 데비치 구이는 여성들에게도 인기다.

위: 밤늦게까지 불빛이 꺼지지 않는 입구
아래: 이 집의 여주인 사장님

● 那覇市安里388-8(栄町社交街)
● 098-884-6130 ● 21:30~익일 4:00 ● 일·월요일 휴무 ● 유이레일 아사토역에서 도보 약 3분 ● 주차장 없음
나하 ▶ MAP P.19 D-2

이 집의 추천 메뉴

모둠회
제철 생선들의 모둠회. 내용은 그날그날 다르다.
2인분 2,160엔

생선을 좋아하는 사람들이 모여요
C 아와모리와 해산물 파야오
泡盛と海産物の店 はやお

앞바다에서 잡은 신선한 생선을 회로 뜨는 맛집. 아와모리도 다양하게 취급한다. 아와모리에 탄산음료를 탄 칵테일을 추천한다.

위: 카운터 자리 외에도 다다미 자리도 있다.
아래: 오키나와 분위기의 외관 모습

● 那覇市安里379-11(사카에마치 사장 내) ● 098-885-6446
● 17:00~23:30 ● 유이레일 야사토역에서 도보 약 1분 ● 주차장 없음
나하 ▶ MAP P.19 D-2

좁은 골목에도 작은 가게들이 많다. 오키나와 분위기의 반찬 가게도 있어 포장해서 먹으면서 다닐 수도 있다.

EAT -21

오키나와 음식의 비밀을
류큐 요리교실에서 배우다

장수의 비밀
오키나와 요리에 도전!

포인트만 잘 잡으면 집에서도 쉽게 만들 수 있는 오키나와 요리. 음식 문화에서 장보기, 실제 조리까지 제대로 배워봅시다!

이 분이 가르쳐 주세요.

가요 가즈미 선생님
나하시 출신. 류큐 요리 코디네이트 일을 계기로 스타일리스트에서 푸드 코디네이터로 직업을 바꿨다. 오키나와 밖에서도 출장 요리 교실도 많이 개최하고 있으며 류큐 요리를 알리고 보급하는 데 앞장서고 있다.

레슨 DATA
스탠더드 코스
- 소요시간 3~4시간
- 9,000엔 예약 필요
- 메뉴 5가지 품목
  고야찬푸르, 라후테, 구화쥬시, 아사지루, 고야 주스

음식 문화까지 배울 수 있는 요리교실
욘나후드 가요우가츠미 요리교실303
よんなーフード 嘉陽かずみ料理教室303

장보기부터 조리까지 관광객들이 즐거워하는 아이템으로 구성된 요리 교실이다. 스탠더드 코스 외에도 오키나와소바와 오키나와 디저트를 만들어보는 퀵 코스 등이 있다.

● 那覇市銘宮2-5-8リブラハウス303 ● 098-832-7747 ● 예약제
● 나하IC에서 약 4km ● 주차장 있음 나하 ▶ MAP P.19 D-2

[**HOW TO LESSON**
체험해 보았습니다]

오키나와 가정식 요리를 터득할 수 있는 스탠더드 코스를 체험했다.
만든 요리를 시식할 수 있으니 더욱 만족.

> 큰 장바구니를 찾아주세요!

집합
국제거리 중앙에 자리한 덴부스 나하 앞에서 집합. 자기소개를 하고 체험 시작!

> 오키나와 식재료에 대해서 자세하게 알려준다!

장보기
걸어서 이동한다. 제일 마키시 공설 시장과 주변 아케이드 상가에서 식재료를 고른다. 오키나와만의 식재료와 음식 문화에 대해서도 알려준다.

> 채소 고르는 법 등 깨알 지식도 배울 수 있다.

장보기는 30분 정도다. 걸어 다니면서 식재료를 직접 손에 들고 설명해준다.

교실로 이동
차를 타고 가요 선생님의 요리 스튜디오로 이동한다. 먼저 만드는 요리 설명을 꼼꼼하게 해준다.

여행하면서 건강한 오키나와 요리를 배울 수 있다면? 고야, 섬 두부, 시콰사 등 섬의 식재료가 듬뿍 들어가는 대표 요리를 배우면 나도 오키나와 요리 전문가!

\ 요리합시다! /

재료

이것을 만들어요

고야찬푸르 여주와 두부 외 재료를 볶은 볶음
라후테 돼지 삼겹살을 달고 짠 간장에 푹 조리는 조림
구화쥬시 가다랑어 육수와 재료를 넣은 오키나와 가정식 볶음밥
아사지루 건더기로 파래를 넣은 국
고야 주스 여주의 쓴맛이 포인트인 주스

기본기부터 알려주기 때문에 초보라도 안심하고 즐길 수 있다.

조리 시작

강습을 받으면서 가요 선생님과 같이 조리한다. 칼 잡는 법 등 기본까지 충실하게!

여주 속에 있는 부분은 사용하지 않아요.

꽉 짜서 물기를 빼요.

먼저 두부를 볶는다
두부를 한입 크기로 썬다. 노릇노릇하게 잘 구워지면 일단 접시에 덜어놓고 고기, 채소 순서로 볶는다.

두부 형태가 부서지지 않도록 해요!

보기에 예쁜 것도 중요해요.

그릇에 담으면 완성
선명한 초록색의 여주를 장식으로 사용하거나 가다랑어포를 요리 위에 얹어주는 등 작은 포인트로 예쁜 요리가 완성된다.

다 되었습니다!
식재료 장보기부터 시작하기 때문에 요리가 완성되면 감동이 밀려온다.

POINT

먼저 볶은 두부를 나중에 넣는다
어느 정도 볶아서 익으면 접시에 덜어놓았던 두부를 다시 넣는다. 마지막으로 달걀을 넣어서 재료들과 잘 섞으면 고야찬푸르 완성!

SHOPPING

P.132 　류큐 유리

P.134 　야치문

P.136 　패브릭 잡화

P.140 　편집숍

P.142 　가구 거리

P.144 　쇼핑 센터

P.146 　친스코

P.148 　전통 과자

P.150 　여행 선물

P.152 　마트

P.154 　아케이드 상가

HOW TO SHOPPING

오키나와에서 쇼핑하기

고르는 법부터 들고 가는 법까지 실수 없는 쇼핑을 하려면 사전에 정보를 체크해야 한다.
이제 만족할 수 있는 기념품과 여행 선물을 득템할 시간이다.

🔍 CASE 1

"오키나와 여행 선물로 대부분 친스코를 고르는데 조금 특별한 것은 없을까?"

직장 동료들에게 나눠줄 선물을 사고 싶은데 흔한 선물은 싫다. 오키나와 특색이 잘 드러나면서도 특색있는 선물로 무엇이 있을까?

SOLUTION

정성을 담은 것부터 특이한 것까지!
대형 매장에서 한 번에 살 수도 있다

친스코 외 어떤 기념품과 여행 선물을 살 수 있을지, 어느 정도 예산을 잡아야 하는지 아래 표에서 비교해보자.

🛍 기념품/여행 선물 비교 리스트 🛍

			상품	예산	어디서 사?
나눠주는 선물	음식	나눠주기 좋은 과자 선물	베니이모 타르트	1박스 700엔 정도	와시타 숍 국제거리 본점 >>>P.150
			사타안다기	1개 50~100엔 정도	
			흑설탕 초콜릿	1박스 700엔 정도	
		즉석식품 &조미료	타코라이스	1인분 100~200엔 정도	산에 나하 메인플레이스 >>>P.152 나하 공항 등
			스팸	1개 300엔 정도	
			고레구스	1개 500~1,000엔 정도	
			오키나와소바	1인분 100~200엔 정도	
자신을 위한 기념품	잡화	화장품	내추럴 솝	1개 800~1,500엔 정도	오가닉&아로마 베타르나 국제거리 카고스점 등 >>>P.43, 57
			바스솔트	1봉지 300~500엔 정도	
		직물 잡화	빈가타 미니 백	1개 1,000~2,000엔 정도	티다 문 나가야마 빈가타, 직물공방 시온 등 >>>P.136-137
			류큐 직물 마수주머니(부적)	1개 1,200엔 정도	
		류큐 유리	아와모리 글라스	1개 1,000~3,000엔 정도	류큐 유리 공방 글라치타, 분유리 공방 니지, 류큐 유리 마을 등 >>>P.132-133
			작은 사발	1개 2,000~5,000엔 정도	
		야치문	컵	1개 1,000~3,000엔 정도	요미탄잔야키 기타가마점, 스튜디오 템플, 잇스이가마 등 >>>P.134-135
			작은 사발	1개 1,500~5,000엔 정도	

🔍 CASE 2

"아차! 첫날에 야치문을 너무 많이 샀어."

오늘 묵을 호텔로 가다가 야치문 공방이 모여 있는 야치문 마을에 들렀다. 그만 많이 사버렸는데 부피도 있고 내일 또 다른 호텔로 이동해야 하는데 어떡하지?!

SOLUTION
구입 매장이나 호텔에서 보내는 것을 추천!

택배로 보내면 여행하는 동안 짐을 들고 다닐 필요도 없고 제대로 잘 포장해주기 때문에 안심할 수 있다. 호텔 프런트에서 요청할 수 있는 경우도 많다.

대략적인 가격(오키나와 ➡ 간토 지방일 경우)

2kg 이내 → 약 1,200엔
5kg 이내 → 약 2,000엔
10kg 이내 → 약 2,500엔

🔍 CASE 3

"식물 검역이 뭐지? 채소류는 가져갈 수 없다고 하네!"

오키나와 채소를 집에 선물로 가져가려고 했는데 공항에서 반출할 수 없다는 사실을 알았어!!

SOLUTION
자색고구마는 가져갈 수 없어요! 시콰사 과일은 OK!!

오키나와 특유의 해충 피해 확산을 막고자 일부 식물은 소독하지 않으면 밖으로 반출할 수 없다. 시콰사 등 감귤류는 묘목 반출을 할 수 없지만 과일은 가능하다.

시콰사 과일 ○

고구마
(자색고구마 등) ✕

공심채(모닝글로리) ✕

주요 이동규제 식물
- 고구마(자색고구마 등) • 나팔꽃
- 공심채(모닝글로리)
- 시콰사 등 감귤류의 묘목

유리와 도자기 등 깨지기 쉬운 기념품은 비행기 탈 때 맡기는 짐이 아니라 기내 수하물로 들고 타는 것이 좋다.

SHOPPING -01

오키나와 자연의 색을 표현한
류큐 유리 독템

따뜻한 지방 특유의 내추럴한 색을 품은 류큐 유리를 만나러 가자. 전통적인 작품부터 개성 넘치는 모던한 것까지 다채롭다. 만족할 만한 아이템을 찾아보자.

수공예 유리가 많이 있어요.

**따뜻함을 지닌 재생 유리를
일상에 자연스레 녹아드는 심플한 디자인으로**

WHAT IS

류큐 유리 琉球ガラス
2차 세계대전 이후 미군이 사용했던 콜라병 등을 재활용해서 공예품으로 만든 것이 그 시작이다. 컬러풀한 그라데이션, 기포가 그대로 표현된 것 등이 특징이다.

가격은 얼마인가요?
매장마다 다르지만 하나하나 수공예로 만들기 때문에 가격대가 높다. 1,000~3,000엔 정도

어떤 용도로 사용해요?
식기 외에 꽃병이나 양초대 등 인테리어용으로 사용하면 특별한 분위기를 낼 수 있다.

어디서 사요?
시내 기념품 가게에서 취급하는 등 비교적 쉽게 살 수 있다. 유리 공방에서 직접 구입할 수도 있다.

\ 마음에 드는 물건 발견! /

공방 오리지널 흰색 기모 유리잔. 1,296엔

나고에 있는 공방 glass32 의 데이카쿠 주기. 1,836엔

컬러풀한 알맹이 컵 믹스. 대 1,836엔

옛날 그대로의 제조법을 고집하는
류큐 유리 공방 글라치타
琉球ガラス工房 glacitta'

수공예 유리 공방 겸 매장이다. 오리지널 작품 외에 오키나와의 다른 유리 공방 작품도 취급한다.

- 恩納村恩納6347
- 098-966-8240
- 11:00~18:30경 ● 야카IC에서 약 4.5km ● 주차장 있음 ● 서해안 리조트 ▶ MAP P.10 C-2

디스플레이도 센스 있다.

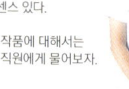
작품에 대해서는 직원에게 물어보자.

오키나와 바다를 표현한 유리
분유리 공방 니지
宙吹ガラス工房 虹

유리 공예 작가 이나미네 모리요시의 공방 겸 갤러리. 폐유리를 사용해서 위를 향해 불면 기포가 들어가서 와리글라스(割ガラス) 작품이 된다.

- 読谷村座喜味2/48 ● 098-958-6348 ●
- 9:00-18:00 ● 이시카와IC에서 약 10km ● 주차장 있음

서해안 리조트 ▶ MAP P.9 E-1

무늬가 예쁜 도아와마키(泡巻) 락 글라스, 2,625엔

알치(리프)의 모습과 같은 그라데이션

오키나와 최대 수공예 유리공방인 만큼 제품도 다양하다.

오키나와 바다와 같은 색감이 예쁘다

체험도 가능한 오키나와 최대 유리공방
류큐 유리 마을
琉球ガラス村

우타카타 글라스 2,376엔

류큐 유리 제작 공정을 견학할 수 하다. 매장, 레스토랑도 있다. 오리지널 유리잔 만들기 체험(예약 필수) 등 체험코스도 다양하다.

- 糸満市福地169 ● 098-997-4784 ● 9:00-18:00 ● 나카치IC에서 약 12km ● 주차장 있음

남부 ▶ MAP P.4 B-3

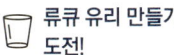

류큐 유리 만들기 도전!

'츄후키(宙吹キ)' 기법을 사용한 유리 불기 체험에 도전. 공방 장인들이 꼼꼼하게 알려준다.

여기서 체험했어요!
마쓰다 에이키치 작가의 공방 겸 매장
분유리 다쿠미 공방 이시카와점
吹きガラス匠工房 石川店

유리 장인이 직접 만든 류큐 유리를 살 수 있고 유리 불기 체험도 인기다.

- 우루마市石川伊波1553-279
- 098-965-7550 ● 9:00-18:00 ● 이시카와IC에서 약 2.5km ● 주차장 있음

서해안 리조트 ▶ MAP P.10 B-2

1 만들 유리잔을 정한다
다양한 색과 모양을 살펴본 후 만들고 싶은 유리잔을 고른다.

↓

2 불고 부풀리게 한다
불기용 파이프 끝에 녹은 유리를 감아 바람을 불어 모양을 만든다.

↓

3 파이프를 뺀다
입구가 되는 부분을 가볍게 두들겨서 파이프를 유리에서 조심스럽게 빼낸다.

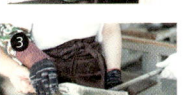

4 입구를 벌린다
입을 대는 입구를 벌리면 체험은 끝난다. 저열가마에서 천천히 식힌다.

완성!
완성된 작품은 나중에 받으러 오거나 우편으로 받을 수 있다.

체험 정보
유리 불기 체험
- 소요시간 약 15분
- 2,160엔부터(배송비 별도)
  예약 필수(전화 또는 홈페이지)

SHOPPING -02

하나하나 표정이 다른
야치문, 첫눈에 반하다

전통
소박한 색감과 무게감 있는 형태가 전통 야치문의 특징이다.

세련된 형태와 유약의 색감. 이것이 장인의 솜씨

일상생활에 녹아드는 소박한 그릇들

1. 미야기 마사타카 작가의 7순(寸) 접시. 2,700엔
2. 교도 공방의 찻잔 4순. 864엔
3. 요나하라 마사모리 공방의 컵. 2,160엔
4. 마쓰다 요네시 작가의 찻잔. 864엔

오키나와 바다 생물들이 그릇을 장식한다.

인간문화재 긴조 지로 작가의 기술을 계승한 전통 작품

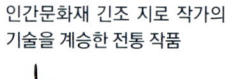

1. 요리를 돋보이게 하는 5순 접시. 이치마이야키 2,000엔
2. 5순 마카이 이치마이야키. 3,000엔
3. 4순 마카이 이치마이야키. 2,000엔
4. 선 조각이 아름다운 찻잔. 1,500엔

모던
젊은 작가의 현대적인 디자인이 야치문의 새로운 매력을 전한다.

일식에도, 양식에도 잘 맞는 모던한 무늬의 그릇

작가의 독창성이 만들어내는 새로운 야치문의 매력

개성 있는 그릇을 찾을 수 있어요.

1. 13X13 크기의 정사각형 각 접시. 1,950엔부터
2. 길쭉한 형태의 각 접시. 3,030엔부터
3. 4. 무늬의 종류가 다양한 각 접시. (소) 각 1,950엔부터

한손에 딱 들어오는 오키나와의 야치문. 류큐왕국 시대부터 계승되어 온 전통적인 것부터 현대식으로 재해석된 모던한 디자인까지 다양하다. 마음에 쏙 드는 하나를 찾아보자.

WHAT IS

야치문 やちむん

오키나와 고유의 전통적인 도자기 전반을 '야치문'이라 부른다. 오키나와 방언으로 '도자기(야키모노)'를 의미한다.

얼마에 살 수 있어요?

도예작가 작품은 고가다. 7순 접시나 큰 접시는 몇 천 엔부터 몇 만 엔하는 것까지 있다. 컵이나 찻잔 등 작은 것은 2,000~3,000엔 정도에 구매 가능하다. 1순은 3.3cm 정도이다.

무엇에 사용할까요?

소박한 디자인이면서 튼튼하기 때문에 평소 식기로 사용하는 것을 추천한다. 꽃 한두 송이를 꽂아서 쓰는 작은 꽃병이나 인테리어 소품으로 사용해도 좋다.

어디서 살 수 있어요?

요미탄촌에는 16곳의 공방이 모인 야치문 마을(>>>P.176)이 있다. 나하 시내라면 매장들이 모인 쓰보야 야치문 거리(>>>P.162)를 추천한다.

도자기 시장에서 알뜰 쇼핑!

야치문 마을 등 오키나와 각지에서 1년에 몇 번 씩 도자기 시장이 열린다. 평소 가격에서 20~30% 할인된 가격으로 살 수 있는 기회.

고전적 무늬의 전통적인 작품을 취급한다.

오키나와 최대 규모 등요에 부설된 매장
요미탄잔야키 기타가마점
読谷山焼北窯売店

요나하라 마사모리 작가, 미야기 마사타카 작가, 마쓰다 요네시 작가, 마쓰다 교시 작가 4명의 공동요에서 구운 도자기를 취급하는 직판장이다.

● 読谷村座喜味2653-1 ● 098-958-6488
● 9:30~17:30 ● 이시카와IC에서 약 10km ● 주차장 있음 [서해안 리조트] ▶ MAP P.9 E-1

우아하게 헤엄치는 물고기 무늬가 특징
스튜디오 템플
宮陶房

인간문화재 긴조 지로 작가의 맏딸인 미야기 수미코 작가의 작품을 판매하는 공방 겸 매장. 대범한 선조각의 물고기 무늬가 매력적이다.

● 読谷村座喜味2677-6 ● 098-958-5094
● 9:00~18:00 ● 이시카와IC에서 약 10km ● 주차장 있음 [서해안 리조트] ▶ MAP P.9 E-1

오키나와의 평화로운 자연을 느끼게 하는 작품들

컨테이너를 이용한 디스플레이도 센스가 있다.

독특한 색감과 무늬로 인기
잇스이가마
一翠窯

공방 겸 갤러리. 특징적인 네모난 접시에 컬러풀한 도트나 라인을 그린 경쾌한 작품들은 보기만 해도 즐겁다.

● 読谷村長浜18 ● 098-958-0739 ● 10:00~18:00
● 이시카와IC에서 약 10km ● 주차장 있음
[서해안 리조트] ▶ MAP P.8 A-1

12월에 열리는 야치문 마을 도자기 시장

야치문의 기법

다양한 기술의 조합으로 만들어지기 때문에 개성 넘치는 작품이 완성된다.

선 조각
칠필을 사용하여 도자기를 파서 조각한다. 물고기, 덩굴 등 무늬를 그린다.

점 치기
녹유나 광택이 있는 유약을 발라서 표면에 물방울 같은 무늬를 만드는 대표적인 무늬.

잇친 イッチン
스포이트로 부드러운 흙을 짜내서 입체적인 무늬를 만드는 기법.

SHOPPING -03

전통? 모던?
귀여운 직물 잡화를 내 손에

이렇게 만들어져요!

TRADITIONAL
종류가 다양한 아이템들

빨강기와집 고택을 이용한 매장. 위치는 331번 국도에서 한 골목 들어간 곳에 있다.

류큐 직물
류큐시대에 아시아 각국에서 전래되어 독특한 기술과 무늬로 발전했다. 로톤오리, 하나오리 등의 직조법이 있다.

디자인을 생각하면서 베틀 몸체에 날실, 북으로 씨실을 짜는 작업으로 노동강도가 높다.

휴대용 필통. 2,808엔

파워 스토이 달린 마수 주머니. 각 1,296엔

일상적으로 사용할 수 있는 류큐 직물
직물 공방 시온
機織工房しよん

일상에서 사용할 수 있는 류큐 직물을 주제로 여성작가 4명이 작품을 만든다. 매장 안쪽에는 공방이 있어 견학도 가능하다.

● 八重瀬町仲座72 ● 098-996-1770 ● 9:00-17:00 ● 목요일, 음력 7월 13-15일 휴무 ● 하에바루미나미IC에서 약 9km
● 주차장 있음 남부 ▶ MAP P.4 C-2

빈가타를 캐주얼하게 재해석한 슈슈. 1,500엔

어머니에게 계승한 기술을 전하는
티다문 나가야마 빈가타
TIDAMOON 長山びんがた

이시미네 아사코 작가와 고야 유키코 작가 자매의 어머니가 정립한 나가야마 빈가타를 계승한다. 고전과 오리지널이 하나가 된 작품을 취급한다.

● 南城市佐敷手登根37 ● 098-947-6158 ● 11:00-17:30(일요일 14:00까지), 18:30-22:00(금·토요일만) ● 수요일 휴무 ● 하에바루미나미IC에서 약 10km
● 주차장 있음 남부 ▶ MAP P.5 E-1

빈가타
류큐왕조 시대부터 전해 내려온 염색 기법. 꽃이나 물고기 등 오키나와만의 무늬가 특징이다.

매장에 있는 컬러풀한 가방들

오키나와에서 예부터 전해 내려온 직물/염색 기법을 살린 천 소품들은 독특한 색감이 매력적이다. 전통 제조법을 지키는 공방의 질 좋은 작품들부터 디자이너의 센스가 빛나는 모던한 작품까지 다양하다. 마음에 드는 물건을 찾아보자.

제가 만들었어요!

이시가키 섬 출신의 여성 텍스타일 디자이너 미무리 작가

가벼운 외출에 딱 맞는 천 가방은 3,240엔부터

바다 생물을 주제로 한 동전 지갑, 3,240엔

화려한 꽃무늬 필통, 1,944엔

작가의 텍스타일 작품
열대어와 아열대 지방 분위기의 화초 등 컬러풀한 모티브는 미무리 작가만의 개성이다.

비비드한 컬러가 특징인 천 잡화가 있는 매장 내부

자연을 모티브로 한 일상 잡화
미무리
MIMURI

미무리 작가의 아틀리에 겸 매장. 오키나와의 자연을 경쾌하게 그린 가방이나 파우치 등 소품들이 있다.

● 那覇市松尾2-7-8 ● 050-1122-4516 ● 11:00-19:00 ● 목요일 휴무 ● 유이레일 마키시역에서 도보 약 11분 ● 주차장 없음 나하 ▶ MAP P.20 C-3

경쾌한 텍스타일
쿠쿠루 나하점
KUKURU 那覇店

열대 지방 분위기가 물씬 풍기는 디자인이 인기인 텍스타일 브랜드 쿠쿠루 직영점이다. 선명한 색감의 류큐를 모티브로 한 데누구이 등을 취급한다.

● 那覇市牧志2-4-18 ● 098-943-9192 ● 9:00-22:30 ● 유이레일 마키시역에서 도보 약 3분 ● 주차장 없음 나하 ▶ MAP P.21 D-2

데누구이(손수건)는 무늬가 200가지 이상 된다. 1,080엔부터

화려한 패턴의 데누구이
시사, 히비스커스 등 열대 지방의 정취가 물씬 풍기는 컬러풀한 일러스트가 특징이다.

매장에 있는 컬러풀한 가방들

오키나와를 배워요

오키나와에 뿌리 내린
전통 공예의 기원

류큐왕국 시대의 문화를 이어받은 공예

류큐왕국 시대에는 중국과 동남아 각국과의 무역이 활발하게 이루어졌다. 이 때문에 외국 문화를 받아들이고 류큐풍으로 재해석한 공예품이 태어났고 진화를 거듭해 왔다. 오늘날 볼 수 있는 빈가타와 류큐 칠기, 야치문 등 공예품의 '오키나와스러움'은 왕국 시대에 태어난 다양한 문화에 기인한다.

화려한 채색이 아름다운 빈가타는 과거 류큐왕족이나 귀족들이 입었던 염색물이다. 공물로도 귀하게 사용되었다고 한다.

류큐 칠기는 높은 칠공예 기술을 가지고 있었던 중국에서 기법을 배우고 류큐왕조가 그 완성도를 높였다. 고온다습한 오키나와 풍토가 칠공예에 적합했던 것도 류큐 칠기가 발전한 이유다. 따뜻함이 느껴지는 디자인으로 사랑받는 야치문은 왕조가 각처에 흩어져 있었던 가마터를 쓰보야에 모으면서 발전했다.

공예품이 지닌 역사적 배경을 알면 보다 더 재미있다. 오키나와 여행의 기념품을 고를 때는 류큐시대 왕과 귀족들이 사용했던 모습을 상상해 보자.

화려한 색채와 장인의 기술이 빛나는
빈가타

기원

15세기, 인도나 자바 사라사 등의 기법이 전래된 것이 그 시작이다. 18세기에는 현재 기법이 정립되었다. 왕조의 화가가 디자인하고 염색은 '고우야'라 불린 전문 장인이 담당했다고 한다.

섬세한 수작업으로 염색을 한다.

의상뿐만 아니라 벽걸이 장식과 같은 작품도 있다. 현재는 꽃무늬 등이 많다.

몇 겹으로 색을 겹치면서 염색한다. 노랑, 빨강 등 선명한 색뿐만 아니라 남색, 흰색도 있다.

WHAT IS

류큐왕국

약 450년이라는 긴 시간동안 오키나와 본토 슈리에 거점을 두고 존재했던 국가. 오키나와 문화를 형성하며 오키나와 공예품 외에 음식, 전통놀이 등에 크게 영향을 미쳤다. 먼저 류큐왕국에 대해 배워보자!

Q 류큐왕국 시대는 언제부터 시작했어요?
A 15세기 초부터

1429년에 성립되었고 1879년까지 약 450년 동안 오키나와 본토를 중심으로 류큐 제도를 통치하였다. 슈리성에 거점을 두고 있었다.

Q 초대 왕은 누구?
A 쇼하시

쇼하시가 난잔, 주잔, 호쿠잔의 3국으로 분열되어 있었던 나라를 통일하고 류큐왕국을 탄생시켰다. 그리고 초대왕이 되었다.

Q 어느 나라와 무역을 했어요?
A 주로 중국

해외 무역에 적극적이었던 쇼하시. 중국을 중심으로 일본, 조선 및 동남아의 베트남이나 태국과 무역을 하였다.

빈가타 기법으로 장식한 '류소(琉裝)'는 오키나와 정식 예복이야.

왕조의 공예품에서 친근한 그릇으로
류큐 칠기

기원

중국이나 일본과 무역을 하면서 침금이나 나전, 박회 등의 기법을 배웠다. 왕국시대에 질 좋은 류큐 칠기 생산에 주력했으며 왕조, 상급무사 가문 등의 납품용으로 사용되었다.

광택 있는 흑칠, 주칠 외에 야광패 등 광택이 있는 조개를 사용해서 장식을 하는 나전 세공이 특징이다.

접대용으로 사용!

'둔다분(東道盆)'이라 불리는 류큐왕국의 궁중요리를 담기 위한 육각형 그릇

따뜻함이 있는 생활 잡기
야치문

기원

기원의 하나가 쓰보야야키 도자기다. 1682년 왕조가 와키타야키, 지바나야키 등을 현재 나하시 쓰보야에 모아서 통합시켰다. 이후 조선의 높은 기술이 전해지면서 보다 크게 발전하였다.

수공예의 소박한 촉감이 독특한 멋이다.

집에서 일상적으로 사용할 수 있는 그릇이 인기다.

유리 공병 색감을 그대로 살린
류큐 유리

기원

물자 부족이 심각했던 2차 세계대전 이후 오키나와에서 미군이 들여온 폐유리 공병을 녹여서 만든 게 그 시작이다. 미군들의 반응이 좋아서 인기를 모으게 되었다. 지금은 폐기된 유리 공병을 재료삼아 만드는 공방은 줄어들고 있다.

유리 속에 기포가 들어가 있는 것이 특징. 색감은 여러 가지다.

전통 공예 연대표

삼국 시대	14세기	**류큐 칠기** 중국에서 칠공예 기술을 배워 무역품으로 발전
류큐왕국 시대	15세기	**빈가타** 인도나 자바 사라사 등의 기술이 전래되면서 발전
	17세기	**야치문** 왕조가 류큐 각처에 흩어져 있던 가마들을 현 나하시 쓰보야에 모으면서 발전. 쓰보야야키 도자기의 시초
	18세기	**류큐 유리** 1600년대에는 오키나와에 유리 제조법이 전래되었다고 한다
		빈가타 복잡한 과정을 거듭하면서 염색하는 현재 기술이 정립
쇼와 시대	20세기	**류큐 유리** 미군이 들여온 콜라병 등 폐기된 유리 공병으로 만든 재활용 제품의 수요가 높아지면서 발전

SHOPPING -04

일상의 활력을 심어주는
센스 있는 편집숍

다양한 장르의 작가 제품을 취급

패션 아이템도 다양하게 있는 매장 내부

'류큐 모던'한 작품을 엄선

디스플레이도 예뻐!

오키나와에서 만들어진 식기를 중심으로 모은 매장 내부

'단재'로 만들어진 고에마쓰 공방의 수저. 1,620엔부터

마쓰다 료헤이 작가의 그림 접시. 6,480엔

1. 긴조 유미코 작가의 시리얼 그릇. 4,860엔
2. 산호 블루 머그컵(S) 각 3,240엔
3. 산호 블루 사각접시(소) 3,780엔

마음이 두근거리는 편집숍
텐
ten

사장님이 엄선한 심플하고 질 좋은 물건들이 모여 있다. 액세서리, 그릇, 오브제 등 여러 장르를 취급한다.

● 北中城村島袋1497　● 098-894-2515　● 12:00-18:00　● 월·수요일 휴무　● 오키나와미나미IC에서 약 5km　● 주차장 있음

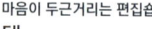 ▶ MAP P.8 C-3

도자기에서 칠기, 직물, 빈가타까지
가브 도밍고
GARB DOMINGO

우키시마 거리에 위치한 매장. '류큐 모던'을 콘셉트로 오키나와와 인연이 있는 작가들의 인테리어 잡화를 판매한다.

● 那覇市壺屋1-6-3　● 098-988-0244　● 9:30-13:00, 15:00-19:00　● 수·목요일 휴무　● 유이레일 마키시역에서 도보 약 12분　● 주차장 없음

나하 ▶ MAP P.21 D-3

직접 손에 들고 보세요.

작가들이 만들어내는 개성 넘치는 제품들의 매력을 그들만의 센스로 보여주는 편집숍. 그릇, 인테리어, 옷, 액세서리 등 각 매장이 엄선한 아이템들이 모였다. 센스 좋은 잡화를 찾아보자.

지역 작가들의 공예품이 가득!

도자기와 유리 식기, 민예품도 취급한다.

작가의 작품 그릇이 한가득

공방마다 나눠서 작품들을 전시한 매장 내부

chicclue_의 라이팅 페이퍼. 각 432엔

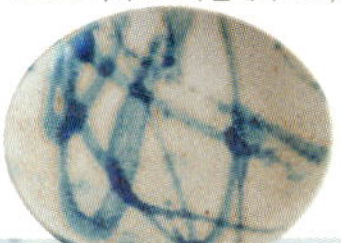

독특한 무늬가 인상적인 고코로자시토보의 플레이트. 2,268엔

우루마시에 있는 공방 LOBSTO의 유리 접시. 1,800엔

나가하마 후토시 작가의 가치베 7순 사발. 4,860엔

오키나와 각지의 공예품이 모이는
류
りゅう

오키나와 수작업이 주제인 편집숍. 야치문과 류큐 유리 등 전통 식기 외에 할머니가 손수 만든 민구 등도 취급한다.

● 読谷村古堅191 ● 098-989-4643 ● 9:00-18:00 ● 화·수요일 휴무 ● 오키나와키타 IC에서 약 9km ● 주차장 있음 서해안 리조트 ▶ MAP P.8 B-2

벽과 로프트에도 작품 가득!
모후모나 노 자카
mofgmona no zakka

오키나와 지역 공방에서 만들어진 도자기와 유리 식기를 모은 매장. 입기 편한 옷 등도 취급한다.

● 宜野湾市宜野湾2-1-29 301号室 ● 050-7539-0473 ● 12:00-18:00(금요일 14:00-20:00, 토·일요일 12:00-20:00) ● 화·수요일 휴무 ● 나시하라IC에서 약 3km ● 주차장 있음 중부 ▶ MAP P.7 D-1

SHOPPING -05

인테리어 아이템을 찾고 있다면
가구 거리로 가자!

일명 '가구 거리'라 불리는 58번 국도 주변에는 미군이 매각한 앤티크 가구와 인테리어 잡화를 취급하는 매장이 많다. 매장 내부 분위기도 매력적인 앤티크 숍을 탐방해보자.

SHOP1
미국 스타일로
방을 바꿔보자

이것도 저것도
다 갖고 싶어!

벽에 두고 싶은 양념통 4개 세트, 8,000엔

1. 작은 장식품 등 인테리어 잡화부터 테이블이나 의자 같은 대형 가구까지 있어 한 세트 전부 여기서 구입할 수도 있겠다. 2. 도로변 가게 앞에도 상품들이 진열돼 있다. 앤티크 상품은 단 하나만 있는 것들이 많다. 3. 하나하나 디자인이 다른 선반 4. 천장에는 조명 외에 센스 있는 새장도 달려 있다. 5. 매장 벽에도 앤티크 잡화가 가득하다.

헤이즐 아틀라스의
머그잔, 2,800엔부터

복고풍 운치가 있는 잡화점
펄
PEARL.

미국에서 사들인 귀여운 앤티크 가구와 잡화를 다양하게 취급한다. 대부분의 상품이 하나밖에 없기 때문에 잘 살펴보자!

● 宜野湾市大山4-2-6 ● 098-890-7551 ● 11:00-19:00
● 나시하라IC에서 약 7km ● 주차장 없음
중부 ▶ MAP P.8 B-3

WHAT IS

가구 거리 ファニチャーストリート

어떤 곳인가요?
'퍼니처 스트리트'라고 불리며 미국적인 앤티크 가구와 잡화를 취급하는 매장들이 여기저기에 있는 거리. 인테리어 잡화와 구제를 취급하는 가게도 있다.

어디에 있어요?
오키나와 본섬 서해안을 따라 남북으로 이어지는 58번 국도 중에서도 기노완시 오야마지구 주변에 매장이 모여 있다.

SHOP2

저렴하고 좋은
대형 가구도 찾을 수도 있다!

미군 가구 전문점
엉클 샘
UNCLE SAM

미국 드라마에 나올 것 같은 가구를 합리적인 가격으로 살 수 있다. 미국 사이즈 소파나 책상은 미국 '방출품'도 많다.

● 宜野湾市大山6-1-3 ● 098-898-6104
● 10:00-19:00 ● 나시하라IC에서 약 6km ● 주차장 없음 중부 ▶ MAP P.8 A-3

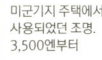

옛날이 생각나는 다이얼식 전화기. 아날로그 회선에서 사용 가능. 5,500엔

미군기지 주택에서 사용되었던 조명. 3,500엔부터

NICE

목제 테이블. 소파나 침대 사이드 테이블로 좋다. 4,500엔부터

1. 질 좋은 가구를 저렴하게 살 수 있다. 구입한 가구는 당연히 타 지역으로 배송 가능하다. 2. 창고 같은 큰 매장 앞에도 상품이 진열돼 있다. 딱 하나만 있는 상품들이 많기 때문에 마음에 들었다면 바로 구입하자! 3. 복고풍 시계는 인테리어 포인트로 활용할 수 있다. 4. 옷장이나 소파 등 대형 가구들도 많다. 5. 작은 인테리어로 좋아 보이는 앤티크 소품도 다양하다. 6. 매장 디스플레이도 방을 꾸미는 데 참고할 수 있을 것이다.

SHOPPING -06

어디를 갈지 고민된다면
일단 쇼핑 센터로 고고!

**오키나와현 최대 규모
대형 리조트 쇼핑몰**

탁 트인 천장이 높은 실내에는 오키나와 내외에서 온 브랜드 매장들이 모여 있다.

관광 컨시어지도 상주하는
이온몰 오키나와 라이카무
イオンモール沖縄ライカム

약 230개 레스토랑과 매장들이 모인 오키나와 최대 규모 쇼핑몰이다. 오키나와 전통 놀이와 라이브 공연 등 이벤트도 다양하게 열린다.

- 北中城村アワセ土地区画整理事業区域内4
- 098-930-0425(대표) ● 10:00~22:00(매장마다 다름) ● 기타나카에서 약 4km ● 주차장 있음

중부 ▶ MAP P.8 C-3

SHOP GUIDE
부지면적 약 17만 5,000㎡
음식점 약 80개
매장 약 140개
뷰티 약 10개
기타 시설 푸드코트(5,500석), 극장, 테마파크 등

HOW TO

라이카무 플러스 알파 즐기기

거대 수조를 꼭 보자!
1층 광장에 있는 것은 용량 100톤이나 되는 거대한 수조! 25종 1,000마리 열대어 등을 볼 수 있다.

이벤트도 꼭 확인하자!
개그 공연, 전통 음악 라이브 연주 등 날마다 다른 이벤트가 매일 열린다.

↑ CLOSE UP!

오리온 맥주를 즐긴다면
오리온 비어 홀
オリオンビアホール

그릴 요리와 함께 오리온 맥주를 맛볼 수 있는 맥주집.
- 라이컴 빌리지 1층 ● 098-982-2067
- 11:00~15:00, 17:00~23:00(토, 일, 공휴일 11:00~23:00)

오키나와 잡화와 책을 산다면
미라이야 서점
未来屋書店

신세도 서점과 털리스(Tully's) 커피가 콜라보한 서점으로 카페에서 책을 읽을 수 있다. 잡화도 취급한다.
- 라이컴 빌리지 1층 ● 098-931-9370
- 10:00~22:00

잼이나 버터 등 기념품이 되는 음식도 있다.
각 723엔

쇼핑은 물론 맛집부터 오락 시설까지 다채로운 즐거움이 넘치는 쇼핑 센터. 다양한 시설과 오키나와다움을 만끽할 수 있는 2대 명소에서 하루 종일 마음껏 즐기자.

SHOPPING

마치 하나의 도시 같아! 산책 기분으로 쇼핑

놀이동산 같아서 신난다!

온종일 놀 수 있는 주목 명소
아메리칸 빌리지
アメリカンビレッジ

컬러풀한 미국 서해안 분위기의 건물들이 늘어선 쇼핑 타운이다. 매장과 식당, 극장, 관람차 같은 시설도 있다.

- 北谷町美浜 ● 10:00~익일 2:00(매장마다 다름)
- 오키나와미나미IC에서 약 6km ● 주차장 있음

중부 ▶ MAP P.22 B-2

SHOP GUIDE
부지면적	약 20만㎡
음식점	약 60개
매장	약 100개
뷰티	약 10개
기타 시설	호텔, 테마파크, 온천 시설 등

🛍 CLOSE UP!

해변용품을 산다면
데포아일랜드
デポアイランド

수입 의류, 잡화를 비롯해 서핑, 하와이안, 수영복 등 아이템이 다양하다.

● 데포아일랜드 빌딩 A ● 098-926-3322
● 10:00~21:00

빌라봉(BILLABONG) 레이스업 샌들. 5,800엔

일본산 섬 샌들(시마조리) 전문점
오키추
OKICHU

좋아하는 글이나 무늬를 골라서 나만의 샌들을 만들 수 있는 곳. 판은 19가지 색상, 갱기는 12가지 색상에서 고를 수 있다.

● 데포아일랜드 빌딩 E ● 098-926-1133
● 10:00~21:00

5발가락 오리지널 섬 샌들. 1,800엔부터

🛍 고급 명품은 면세점으로!

국내에서 면세 쇼핑
T갤러리아 오키나와 바이 DFS
Tギャラリア沖縄byDFS

약 170개 브랜드가 모여 있어 나하 공항에서 오키나와 밖으로 출발하는 사람들이 이용할 수 있다. 면세품은 공항에서 수령한다.

● 那覇市おもろまち4-1 ● 0120-782-340 ● 9:00~21:00(금·토요일 22:00까지, 계절과 매장마다 다름) ● 유이레일 오모로마치역에서 도보 약 1분 ● 주차장 있음

나하 ▶ MAP P.21 F-1

케이트 스페이드 등 인기 해외 명품도 있다.

키엘에서 화장품을 득템!

SHOP GUIDE
매장면적	약 1만㎡	주요 브랜드	티파니, 불가리, 셀린느, 토리버치, 랑콤, 디올, 슈 우에무라 등
음식점	약 2개		
브랜드 수	약 170개		

아메리칸 빌리지는 서해안 해변에 있으며 바로 근처에 수평선으로 지는 석양을 볼 수 있는 선셋 비치도 있다.

SHOPPING -07

대표 상품부터 유니크한 것까지
친스코 프로파일링

가장 유력하다 A

🛫 나하 공항에서 살 수 있다!

아라가키 친스코
新垣ちんすこう
유통기한 약 1개월
류큐시대 기술을 계승한 원조 친스코. 옛날 맛이 느껴진다.
648엔 10봉지

단맛: 약간 ——★— 진한
식감: 촉촉 ——★— 바삭

이제는 대표격 F

🛫 나하 공항에서 살 수 있다!

유키시오 친스코
雪塩ちんすこう
유통기한 약 2개월
미야코 섬 바닷물의 소금을 사용했다. 단맛과 소금기가 절묘하게 잘 어울린다.
1,080엔 24봉지

단맛: 약간 —★—— 진한
식감: 촉촉 ——★— 바삭

럭셔리 E

🛫 나하 공항에서 살 수 있다!

친스코 쇼콜라 하이카카오 90
ちんすこうショコラハイカカオ90
유통기한 약 4개월
카카오 성분 90%인 쓴맛이 느껴지는 초콜릿으로 코팅한 사치스런 일품!
864엔 12개 묶음

단맛: 약간 —★—— 진한
식감: 촉촉 ——★— 바삭

전통적 B

🛫 나하 공항에서 살 수 있다!

구카니 친스코
くがにちんすこう
유통기한 약 50일
엄선한 밀가루 등의 풍미를 살린 소박하고 따뜻한 맛이다.
864엔 16개 봉음

단맛: 약간 ——★— 진한
식감: 촉촉 ——★— 바삭

A

친스코가 대표 상품인 오래된 과자점
아라가키 친스코혼포 마키시점
新垣ちんすこう本舗 牧志店

옛날 그대로의 친스코를 비롯해 오키나와 전통 과자를 다양하게 취급하는 과자점.

● 那覇市牧志1-3-68 ● 098-867-2949
● 9:30~21:00 ● 유이레일 미에바시역에서 도보 약 9분 ● 주차장 없음 [나하] ▶ MAP P.20 C-2

🏠 **기타 취급 매장**
· 산에 나하 메인플레이스 >>>P.152
· 이온몰 오키나와 라이카무 >>>P.144

B

포장도 예쁜 오키나와 과자
류큐메이카 구가니야
琉球銘菓やあ

왕조 시대부터 전통을 이어받은 둥근 친스코를 판매 한다.

● 那覇市銘苅1-14-19 ● 098-860-7274
● 9:00~18:00(공휴일 14:00까지) ● 일요일 휴무 ● 유이레일 후루지마역에서 도보 약 2분 ● 주차장 있음 [나하] ▶ MAP P.19 E-1

🏠 **기타 취급 매장**
· 산에 나하 메인플레이스 >>>P.152
· 이온몰 오키나와 라이카무 >>>P.144

C

오키나와에 8개 매장을 가진 유명 과자점
오카시고텐 온나점
御菓子御殿 恩納店

자색고구마 타르트로 잘 알려진 오키나와 명과 과자점. 친스코 등 전통 과자도 취급한다.

● 恩納村瀬良垣100 ● 098-982-3388
● 8:30~19:30(8·9월 21:00까지) ● 아카C부터 약 8km ● 주차장 있음 [서해안 리조트] ▶ MAP P.10 C-2

🏠 **기타 취급 매장**
· 오카시고텐 국제거리 마쓰오점 >>>P.54
· 요미탄 본점 ● MAP P.8 A-1

오키나와 여행 선물의 대표라고 하면 친스코! 여러 업체에서 판매되고 있는 친스코를 대표적인 것부터 유니크한 것까지 꼼꼼히 비교해봤다. 당신이 찾고 있는 맛을 여행 선물로 챙겨오자.

WHAT IS

친스코
밀가루, 설탕, 라드유를 반죽해서 구워낸 고소한 과자다. 류큐시대 찐 과자인 '킨소코(きんそこう)'에서 유래되었다고 한다.

진화하다 A

✈ 나하 공항에서 살 수 있다!

35 친스코
35CHINSUKO
유통기한 약 2개월
864엔 30개 묶음
산호를 사용해서 로스팅한 커피가 들어간 씁쓸한 맛이 있는 친스코.

| 단맛 | 약간 ★─────── 진한 |
| 식감 | 촉촉 ───────★ 바삭 |

품격 있는 C

✈ 나하 공항에서 살 수 있다!

시오고마 친스코
塩胡麻ちんすこう
유통기한 약 3개월
1,080엔 30봉지
잠깨 향과 입 안에 퍼지는 단맛을 줄인 친스코. 멈출 수 없는 맛

| 단맛 | 약간 ★─────── 진한 |
| 식감 | 촉촉 ─────★── 바삭 |

남쪽나라 D

✈ 나하 공항에서 살 수 있다!

코코넛 친스코
ココナツちんすこう
유통기한 약 3개월
324엔 15봉지
코코넛의 달콤한 향이 넘치는 트로피컬 친스코.

| 단맛 | 약간 ──★───── 진한 |
| 식감 | 촉촉 ───★──── 바삭 |

희귀종 G

✈ 이시가키 공항에서 살 수 있다!

누레 친스코
ぬれちんすこう
유통기한 약 1개월
380엔 10개
촉촉한 새로운 식감을 지닌 친스코. 하테루마섬 흑설탕으로 만든 꿀을 뿌려서 먹는다.

| 단맛 | 약간 ──────★─ 진한 |
| 식감 | 촉촉 ★─────── 바삭 |

이시가키 섬 기념품이 다 있는 D

오키나와 · 이시가키섬 파티스리 마르쉐 국제거리점
沖縄・石垣島パティスリーマルシェ国際通り店

이시가키 섬에서 인기 있는 과자점이 국제거리에도 있다. 잡화와 액세서리도 취급한다.
- 那覇市松尾2-8-16 ● 098-943-7329
- 9:30~22:00 ● 유이레일 마키시역에서 도보 약 8분
- 주차장 없음 [나하] ▶ MAP P.20 C-2

🔺 기타 취급 매장
· 과자의 마르쉐(이시가키시)
· 이시가키 공항 등

쇼핑 센터 안에 있는 E

패션 캔디 나하 메인플레이스
ファッションキャンディ那覇メインプレイス店

서양과자처럼 재해석한 친스코 쇼콜라가 히트 상품이다.
- 那覇市おもろまち4-4-9 ● 098-951-3328
- 9:00~22:00 ● 유이레일 오모로마치역에서 도보 약 7분 ● 주차장 있음 [나하] ▶ MAP P.19 D-1

🔺 기타 취급 매장
· 패션캔디 기노완 본점 ● MAP P.8 B-3

전통 과자 유명 업체 F

난푸도
南風堂

'유키시오 친스코'가 간판 상품인 과자 제조업체. 이온몰 오키나와 라이카무(>>>P.144)에 있는 직영점 외에 각 지역 기념품점에서도 살 수 있다.

이시가키 섬 인기 레스토랑 G

비미사이쇼쿠 하나
美味食彩花

오너셰프 하라다 가즈유키가 고안한 '누레 친스코'가 인기 폭발. 레스토랑에서 맛볼 수도 있고 이시가키지마 공항과 인터넷으로 구입 가능하다.
- 090-1940-0534

🔺 기타 취급 매장
· 비미사이쇼쿠 하나(이시가키시)
· 이시가키 공항 등

여기서 소개한 친스코는 대부분 공항에서 살 수 있으며 또한 와시타 숍 국제거리 본점(>>>P.150)에서도 판매한다.

SHOPPING -08

오랫동안 사랑받는
소박한 맛의 전통 과자

류큐왕국 시대에서 이어온 역사를 지닌 오키나와 명과들은 따뜻함이 느껴지는 소박한 맛이 매력적이다. 여행 선물로도 추천할 만한 과자들은 오래된 제과점에서 살 수 있다. 전통이 깃든 맛을 가지고 가자.

왕족이 사랑한 전통의 맛
킨소코 きんそこう

류큐왕조 시대부터 사랑받은 전통 명과. 아라가키 과자점에서는 고급스런 아구돼지 기름인 '라드'를 사용하고 있다.

1,296엔
(8개 묶음)

*현재 포장 변경됨

센주코 千寿こう
감귤향이 나는 형형색색의 전통 과자. 270엔

여행 선물로 제격
고급감이 느껴지는 포장으로 8개가 들어 있다.

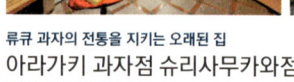

류큐 과자의 전통을 지키는 오래된 집
아라가키 과자점 슈리사무카와점
新垣菓子店 首里寒川町店

대표 과자 친스코와 고급 재료를 사용한 킨소코, 센주코 등 오키나와 고유의 과자를 취급하는 가게. 난조시에 있는 다마구스쿠점에는 카페도 있다.

● 那覇市首里寒川町1-81-8 ● 098-886-6236 ● 9:30-18:30(일요일 17:30까지) ● 나하IC에서 약 2km ● 주차장 있음 [슈리] ▶ MAP P.23 D-1

행사에서 빠지지 않는
군펜 クンペン

류큐왕조에 헌납되고 있었다는 역사를 품은 과자로 진한 땅콩속이 들어 있는 바삭한 구운 과자.

100엔
(대)

매일 직접 만들어요.

마쓰카제 松風
결혼이나 경사 때 먹는 길조가 있다는 구운 과자. 120엔

오키나와 축하용 과자라면 여기!
자하 과자점
座波菓子店

슈리에서 오키나와 과자로 유명한 집. 류큐왕조에 납품되었던 땅콩만으로 만들어진 군펜이 대표 명물이다. 그 외에 경조사 때 빠질 수 없는 길조를 나타내는 구운 과자 등도 취급한다.

● 那覇市首里石嶺町3-6-1 ● 098-886-7454 ● 9:00-19:00(일요일 · 공휴일 17:00까지) ● 니시하라IC에서 약 3.5km ● 주차장 있음 [슈리] ▶ MAP P.19 F-1

WHAT IS

슈리왕조 시대 과자

류큐왕조 시대에 왕족이나 귀족을 위해 만들어진 전통 과자. 당시 서민들은 먹을 수 없는 고가 상품이었다고 한다.

이럴 때 먹는다

군펜이나 센주코를 비롯한 전통 과자는 약혼식 등 경사가 있을 때 먹는 경우가 많다.

왕조 시대로부터 이어온 명과
깃판 きっぱん

약 300년 전에 중국에서 전래되었다는 류큐왕조 시대 명과. 안바루산 감귤, 가부치와 동아를 사용한다.

420엔 (1개)

동아를 설탕으로 졸인 도간즈케

도간즈케 어소트
冬瓜漬アソート
콩가루, 녹차 맛 등이 들어간 세트는 티타임 다과로 좋다.
1,850엔

오키나와에서 유일한 제조원
자하나 깃판점
謝花きっぱん店

120년 이상 이어온 오래된 과자점. 오키나와 전통 명과 '깃판', 도간즈케를 지금도 제조하는 건 오키나와에서도 여기가 유일하다. 여행 선물로 좋은 세트도 있다.

● 那覇市松尾1-5-14 ● 098-867-3687 ● 9:30-매진 시 영업 종료 ● 일요일 휴무
● 유이레일 겐초마에역에서 도보 약 7분 ● 주차장 없음 나하 ▶ MAP P.20 B-3

경사에 먹는
기보만주 ぎぼまんじゅう

홍색 식용물감으로 크게 'の(노)'자가 그려진 큰 호빵이다. '노시(축하)'의 의미가 있어 축의용으로 딱이다.

150엔 (1개)

기보만주가 만들어지기까지

만주를 찐다
이때는 글자가 없는 하얀 만주다.

→

'の'자를 그린다
하나하나 붓으로 글자를 넣는다.

→

완성!

따끈따끈한 만주 완성!

바로 나온 기보만주를 드셔보세요!

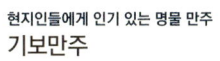

현지인들에게 인기 있는 명물 만주
기보만주
ぎぼまんじゅう

일명 '노노지('の' 자) 만주'로 불리는 기보만주를 만드는 오래된 과자점. 기보만주는 길조를 나타내는 과자로 인기가 있고 포장할 경우 조가비잎생강 잎사귀로 싸준다.

● 那覇市首里久場川町2-109-1 ● 098-884-1764 ● 9:00-매진 시 영업 종료
● 일요일 휴무 ● 유이레일 슈리역에서 도보 약 10분 ● 주차장 있음 슈리 ▶ MAP P.19 F-1

SHOPPING -09

오키나와 기념품 보고
와시타 숍에서 폭풍 쇼핑

무엇을 살지 고민될 때, 시간이 없을 때는 한 번에 한 곳에서 쇼핑할 수 있는 가게가 최고이다. 와시타 숍이라면 과자부터 즉석식품, 아와모리까지 오키나와 여행 선물이 다 있다. 친구나 회사 동료들에게 주면 기뻐할 여행 선물을 득템하자.

❶ 아와모리는 유명 업체 대표 브랜드부터 기념품으로 알맞은 시음 세트까지 있다. 오키나와 특산물인 반시뱀주도! ❷ 매장에는 빼곡히 상품들이 진열돼 있다. 과자를 비롯한 음식 외에 잡화도 있다. ❸ 마른안주도 오키나와다운 것들로 가득하다.

식품부터 공예품까지
와시타 숍 국제거리 본점
わしたショップ国際通り本店

국제거리에 위치한 오키나와 기념품을 취급하는 매장. 넓은 매장 내부에는 과자, 조미료, 해산물부터 오키나와 전 지역의 상품들이 한 곳에 모여 있다. 한 번에 쇼핑을 하기 위해서 딱이다.

● 那覇市久茂地3-2-22 ● 098-864-0551 ● 10:00-22:00
● 유이레일 겐초마에역에서 도보 약 4분 ● 주차장 있음(제휴 주차장) 〔나하〕 ▶ MAP P.20 B-3

와시타 쇼핑 POINT!

상품 수가 다양하고 편리한 와시타 숍을 더욱 편리하게 활용하기 위한 팁!

🚗 **주차장은 매장 뒤 주차장이 저렴해요!**
매장 뒤에 제휴 주차장이 있다. 와시타 숍에서 2,000엔 이상 쇼핑하면 주차 요금이 1시간 무료다.

📦 **많이 샀다면 바로 배송하자**
구입한 물건은 매장에서 직접 택배로 배송해주기 때문에 아와모리나 조미료 등 무게가 있는 기념품도 안심하고 살 수 있다.

오키나와 내 다른 지점도 이용하자!
국제거리점 외에 지점이 오키나와에 2곳 있다. 이온몰 오키나와 라이카무 (>>>P.144) 내와 나하 공항이다. 공항점은 터미널 건물 2층에 있다.

🏠 **지점 정보**
나하 공항 와시타 숍
那覇空港わしたショップ
● 6:30-20:30

이온몰 오키나와 라이카무
イオンモール沖縄ライカム店
● 10:00-22:00

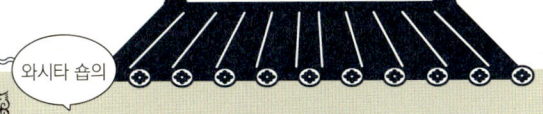

와시타 숍의
인기 기념품 랭킹 BEST10

기념품의 전당, 와시타 숍의 수많은 품목 중에서 인기 상위권에 이름을 올리는 제품이 다음 10가지다.
1~10위까지 인기 순서대로 소개한다.

No.1 흑설탕 초콜릿
(로이즈 이시가키지마)

702엔

초콜릿으로 유명한 제과 업체 로이즈의 상품. 오키나와산 흑설탕을 섞어 부드럽다.

No.2 베니이모 타르트
(오카시고텐)

648엔

오키나와 기념품의 대표격. 100% 오키나와산 자색고구마를 타르트 반죽에 올려서 촉촉하게 구워냈다.

No.3 오리온 생맥주 캔

213엔

50년 이상의 역사를 지닌, 말하지 않아도 다 아는 오키나와 지역 맥주. 사과스 맛 비어 칵테일도 있다.

No.4 고마후쿠로 흑임자&마카다미아넛

864엔

흑임자가 들어가 향이 고소한 반죽에, 직접 로스팅한 마카다미아넛, 흑설탕, 바다소금이 어울린다. 바삭한 식감도 좋다.

No.5 유키시오 친스코
(난푸도)

108엔

친스코의 단맛 속에 소금 맛이 더해져 입맛을 당긴다. 개별 포장이 되어 있으니 나눠주는 여행 선물로도 좋다.

No.6 35 COFFEE
(J.F.K. 브렌드)

162엔

오키나와 산호로 로스팅하여 부드러운 풍미를 낸다. 편리한 드립 팩 방식.

No.7 포테이토칩스 초콜릿 이시가키노 시오
(로이즈 이시가키지마)

777엔

이시가키 섬 바다소금으로 만든 포테이토칩을 입에서 잘 녹는 초콜릿으로 코팅했다.

No.8 난토 친스코 믹스

324엔

플레인, 흑설탕, 자색고구마, 소금 등 4가지 맛으로 즐길 수 있는 친스코.

No.9 친스코 쇼콜라 3종 어서트

410엔

친스코를 초콜릿으로 코팅했다. 밀크와 다크, 90% 하이카카오의 3가지 맛.

No.10 라 시샤 마스크
(2개입)

959엔

얼굴에 붙이면 시사가 될 수 있다!? 유니크한 페이스용 보습 마스크 2개 세트.

매장 2층에는 오키나와 추라우미 수족관의 안테나 숍 '우미추라라'가 있어 미니 수족관도 즐길 수 있다.

SHOPPING -10

리얼 오키나와 가득!
마트에서 식재료 구입하기

현지인들도 이용하는 마트는 다양한 제품과 저렴한 가격이 가장 큰 매력. 오키나와다운 식재료들을 구입하고, 집에서 오키나와 맛을 재현하자!

LOCAL FOOD

현지인들이 이용하는 마트 상품들이 재미있다!

추천도 ★★★★☆
오키나와소바
식품 업체 마루찬의 오키나와소바. 씹는 맛이 있는 면을 가쓰오 맛과 소키 맛 소스로 먹는다.

조리법
마른 면을 냄비에 넣고 삶아 마지막으로 분말 소스를 넣으면 끝.

 86엔

추천도 ★★★★☆
고레구스
섬 고추를 야와모리에 절인 오키나와 고유의 매운맛 조미료. 병에 들어 있다.

먹는 법
오키나와소바 외에 수프, 우동에 넣어도 맛있다.

 513엔

추천도 ★★★★★
스팸
미국에서 건너온 오키나와 명물. 런천미트 통조림이다.

먹는 법
고야찬푸르에 넣어도 좋고 주먹밥에 넣어도 좋다.

 354엔

추천도 ★★★☆☆
A1 소스
신맛과 단맛이 절묘하게 잘 어울리는 영국에서 온 스테이크 소스다.

먹는 법
갓 구운 스테이크에 쫙 뿌리는 게 오키나와의 정석.

 300엔

추천도 ★★★☆☆
하바네로 맛 타코라이스
매콤한 맛이 중독되는 타코라이스 미트. 토마토 베이스 핫소스도 들어 있다.

조리법
밥 위에 타코라이스 미트와 양상추, 토마토를 토핑하면.

 307엔

추천도 ★★★☆☆
시콰사
오키나와현 농협협동조합 (JA오키나와)에서 나온 과즙 100% 시콰사 주스

마시는 법
그냥 먹어도 좋고 탄산수나 술을 섞어도 맛있다.

 198엔

추천도 ★★★☆☆
시오센베
오키나와 대표 간식 시오센베, 전통 포장이 귀엽다.

 264엔

추천도 ★★★★☆
루트 비어
미국에서 온 탄산음료, 각종 허브가 들어간 신기한 맛이다.

마시는 법
오키나와 사람들은 햄버거와 같이 먹는 게 정석!

 73엔

추천도 ★★★★☆
숫파이만
오키나와 대표 간식으로 말린 매실이다. 구연산이 많이 들어 있어 열사병이나 다이어트에도 좋다.

 205엔

지역 식재료를 다양하게 취급하는
산에 나하 메인플레이스
サンエー 那覇メインプレイス

오모로마치역 근처에 있는 대형 마트, 과자, 조미료, 음료 등 다양한 상품을 취급한다.

● 那覇市おもろまち4-9 ● 098-951-3300
● 9:00~23:00 ● 유이레일 오모로마치역에서 도보 약 6분
● 주차장 있음 나하 ▶ MAP P.19 D-1

HOW TO
오키나와 마트 즐기는 법
일본 본토에서는 볼 수 없는 지역산 기념품을 저렴하게 살 수 있는 것이 마트의 매력이다. 지역 사람들이 사용하는 일반 마트에서도 오키나와 식재료만 모은 코너가 있어 제품을 찾기가 쉽다.

저렴한 게 매력입니다.

AMERICAN FOOD
미국 문화가 뿌리 내린 오키나와만의 인기 상품!

추천도 ★★★★★
슈퍼쿠키 미니
견과류, 건포도, 초코칩이 들어간 소프트 타입 쿠키
1,230엔

추천도 ★★★★★
트로피컬 쿠키 팩(2개 X 11개입)
10가지 오리지널 쿠키가 들어간 팩이다. 담백한 단맛이 좋다.

먹는 법: 개별포장이 되어 있어 나눠주는 여행 선물로도 좋다.
580엔

추천도 ★★★★☆
베니이모 쿠키(12개입)
자색고구마 맛을 살린 쿠키. 예쁜 색감과 바삭한 식감이 포인트다.
1,290엔

추천도 ★★★☆☆
코코넛 데사게
듬뿍 들어 있는 코코넛과 머랭으로 쿠키. 트로피컬 향기가 좋다.

먹는 법: 대용량 가방 형태. 파티에 들고 가면 좋다.
650엔

추천도 ★★★★☆
머핀 세트
플레인, 캐러멜, 자색고구마, 초코칩, 바나나, 코코넛 등 8가지

1,510엔

추천도 ★★★☆☆
저먼 BOX
코코넛과 초콜릿을 듬뿍 사용한 지미를 대표하는 푸짐한 케이크

1,080엔

추천도 ★★★☆☆
하와이안 쿠키 팩(4개입)
마카다미아넛, 땅콩이 들어간 하와이안 쿠키 세트

590엔

추천도 ★★★☆☆
프루트 케이크 슬라이스
건포도와 오렌지 등 말린 과일의 양주 절임이 들어간 스펀지 케이크

먹는 법: 간식으로 먹어도 좋고 술과도 잘 어울린다.
1,730엔

추천도 ★★★☆☆
지미스 쿨러 백
34cm x 32cm의 큼지막한 쿨러 백. 레저용으로 활용도가 크다.

860엔

아메리칸 마트
지미스 오야마점
Jimmy's 大山店

문을 연 지 60년 된 지역 인기 마트. 미국 수입 식품을 다양하게 취급한다. 형형색색의 제품들이 쭉 진열돼 있다.

● 宜野湾市大山2-22-5
● 098-897-3118　● 9:00~22:00
● 니시하라IC에서 약 6km　● 주차장 있음　중부　▶ MAP P.8 B-3

SHOPPING -11

음식부터 잡화까지 살 수 있는
아케이드 상가 알뜰 쇼핑

나하시 중심부에 위치한 제일 마키시 공설 시장 옆의 아케이드 상가는 싸고 좋은 물건을 살 수 있어 현지인들이 애용하는 쇼핑 명소다. 다양한 상점들이 많아 음식을 먹으며 거닐기에 좋다.

저렴하고 좋은 물건이 많다옹.

① 현지인과 관광객으로 항상 활기찬 상가
② 오키나와 악기 '산신' 등 지역 분위기 가득한 기념품도 찾을 수 있다.
③
④ 열대 과일도 파는 청과물 가게

사타안다기
サーターアンダギー
큰 사이즈에 깜짝 놀라는 도넛. 300엔

덥석 드셔보세요.

포포 ポーポー
크레페 같은 흑설탕 과자. 소박한 맛이다. 60엔부터

왼쪽: 니고리 사키모토, 1,250엔
아와모리로서는 흔치 않는 탁주. 뛰어난 향기가 특징이다.

고이시구레 こいしぐれ
술 좋아하는 사람들을 만족시키는 향긋한 맛을 자랑하는 아와모리 원주. 2,980엔

시음도 가능해요.

걸어 다니면서 군것질하기에 딱!
마쓰바라야 제과
松原屋製菓

갓 튀긴 사타안다기를 줄 서서 먹는 인기 가게. 오랜 역사를 자랑하는 이곳에서 단호박 맛, 망고 맛 등 독특한 사타안다기에도 꼭 도전해보자!

● 那覇市松尾2-9-9 ● 098-863-2744
● 9:00~20:00   유이레일 마키시역에서 도보 약 8분
● 주차장 없음 나하 ▶ MAP P.21 D-3

마음에 드는 아와모리를 찾을 수 있는
아와모리 류카
泡盛之店 琉夏

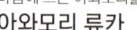

약 200종에 달하는 브랜드를 취급하는 아와모리 전문점. 오노 사장님이 엄선한 특별한 제품들을 적정 가격으로 구입할 수 있는 것이 매력이다. 편하게 추천 상품을 물어보자.

● 那覇市松尾2-10-1 ● 098-862-6743
● 12:00~21:00   유이레일 마키시역에서 도보 약 8분
● 주차장 없음 나하 ▶ MAP P.21 D-3

WHAT IS

아케이드 상가
비 오는 날에도 편리하게 쇼핑할 수 있는 아케이드 상가. 과거 암시장으로 가는 통로였던 곳이 지금은 약 700개 상점들이 자리잡았다.

쇼핑 장점
- 국제거리 기념품 가게보다 비교적 저렴한 가격으로 살 수 있고 덤을 붙여줄 수도 있다!
- 많은 상점들이 모여 있어 원하는 물건을 찾을 수 있다!
- 음식점도 많아 쇼핑하다가 휴식할 수도 있다!

갓 튀긴 사타안다기를 간식으로

채소 채썰기 도구들이다.

바로 따온 채소들이 왔다!

1. 공예품점, 식료품점 등 다양한 상점들이 늘어서 있다. 2. 관광객을 상대로 오키나와 관련 상품을 판매하는 상점. 3. 마키시 공설 시장 입구는 여기 4. 채소 가게에서 꼬치 파인애플 발견 5. 오키나와의 향토요리, 닌진시리시리를 만들기 위한 조리 도구 6. 사타안다기는 낱개로도 살 수 있다. 7. 오키나와 채소는 보기만 해도 재미있다. 8. 작은 바나나를 보니 열대 지방임이 실감난다.

코디얼 시럽 コーディアルシロップ
탄산수에 타서 먹으면 맛있다. 요리에도 사용할 수 있는 만능 조미료. 1,836엔

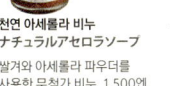

어서 오세요!

천연 아세롤라 비누 ナチュラルアセロラソープ
쌀겨와 아세롤라 파우더를 사용한 무첨가 비누. 1,500엔

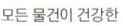

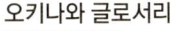

모든 물건이 건강한
오키나와 글로서리
OKINAWA GROCERY

찻잎, 피클을 비롯해 유기농 채소와 가공품을 취급하는 상점이다. 오키나와 여행을 기념할 만한 식품을 만날 수 있다.

● 那覇市松尾2-10-1 公設市場外回り ● 070-5278-5995 ● 11:00-19:00 ● 유이레일 마키시역에서 도보 약 10분 ● 주차장 없음 나하 ▶ MAP P.21 D-3

드셔보세요

지마미도후 ジーマミー豆腐
같이 주는 달콤한 소스를 뿌려먹는 지마미 두부. 바로 나온 것은 맛이 일품이다. 큰 것 190엔

견과류 향기의 명물 두부
하나쇼
花商

지마미도후 전문점으로 탱탱한 식감과 땅콩의 진한 맛이 중독된다. 바로 나온 지마미도후를 맛볼 수 있고 기념품용 세트도 판매한다.

● 那覇市牧志3-4-1 ● 098-862-8816 ● 9:30-매진 시 영업 종료(일요일 10:00부터) ● 유이레일 마키시역에서 도보 약 10분 ● 주차장 없음 나하 ▶ MAP P.21 D-3

❶ 국제거리(>>>P.54)는 오키나와를 대표하는 관광 명소. 도로 양쪽에 기념품 가게 등 상점들이 즐비하다. ❷ 국제거리에서 옆 골목으로 들어가면 넓은 아케이드 상가(>>>P.154)가 보인다. 기념품, 식품, 아와모리 등을 판매하는 상점들이 빼곡히 서 있다. 아케이드 안쪽 길은 약간 복잡하여 마치 미로와 같다. ❸ 아케이드 상가 내에서는 가끔 덤으로 주는 곳도 있다.

TOWN

P.158　나하·슈리

P.164　남부

P.168　중부

P.174　서해안 리조트

P.178　추라우미 수족관 주변

P.182　얀바루

TOWN -01

오키나와 관광의 메인 지역
나하·슈리
那覇·首里

오키나와를 여행하는 관광객이라면 누구나 방문하는 곳. 세계문화유산 슈리성과 오키나와에서 가장 번화한 국제거리, 야지문을 판매하는 상점들이 모인 쓰보야 야치문 거리 등 볼거리가 가득하다! 국제거리 뒷길에는 분위기 있는 카페도 있다.

식사·쇼핑·관광 다 만족

낮:◎ 밤:◎
밤 10시까지 쇼핑을 즐길 수 있다. 카페, 이자카야도 많이 있다.

공항에서 가는 길

나하 공항 那覇空港
↓ 유이레일 16분(300엔)
마키시역 牧志駅
↓ 1분
국제거리 国際通り
↓ 1분
마키시역 牧志駅
↓ 유이레일 11분(260엔)
슈리역 首里駅
↓ 15분
슈리성 공원 首里城公園

(차 20분 / 15분)

1.6km 이어지는 메인 스트리트. 상점들의 간판도 재미있다.

야자수가 오키나와를 느끼게 하네요

시사도 맞이해 주는 나하의 관광 명소

◉ Naha&Shuri 01
국제거리를 끝에서 끝까지 거닐기!

국제거리는 항상 관광객과 지역사람들로 붐비는 오키나와의 메인거리다. 도로를 따라 기념품 가게, 음식점이 늘어서 있으며 눈요기만으로도 충분히 즐겁다.

시사

재미난 캡슐 피규어 발견!

소키소바

BEGIN

오키나와 피규어 기념품
총 9가지 1회 400엔
피규어 업체 카이요도의 지역 피규어 시리즈.
소키소바, 오키나와 출신 밴드 'BEGIN' 등이 나온다.

설치 장소
- 와시타 숍 국제거리 본점
- 나하 공항
- 미치노에키(일반도로 휴게소) 등
- 0120-781-581 (주식회사 켄엘리펀드)

◉ Naha&Shuri 02
새로운 오락시설에서
요시모토 개그에 열광하기!

국제거리 오키나와 미쓰코시 백화점이 있던 자리에 오픈하면서 큰 화제를 모은 하피나하(HAPINAHA). 인기 개그맨들이 나오는 요시모토 개그 공연과 오키나와 오모로 귀신의 집에서 즐기자!

국제거리 뉴페이스
하피나하
HAPINAHA

요시모토 오키나와 카게츠를 비롯해 베이비스타 라멘과 콜라보한 한정 상품이나 오키나와 특산품을 취급하는 매장 등 총 19개 매장이 모여 있다.

- 那覇市牧志2-2-30 ● 098-862-5111
- 10:00-22:00(매장마다 다름) ● 유이레일 마키시역에서 도보 약 5분 ● 주차장 있음(유료)

▶ 나하 ▶ MAP P.21 D-2

개그맨들이 귀신이 되어서 나오는!
오키나와 오모로 귀신의 집
沖縄おもろおばけ屋敷

4~6F

백화점을 무대로 웃음도, 공포도 있는 귀신의 집. 마지막(귀신)으로 분장한 사람들은 모두 개그맨들이다! 8개 부적을 찾으면서 목표지점을 향해서 간다.

- 0570-550-100 (티켓 유시모토)
- 11:00-17:30(금·일요일, 공휴일, 쉬는 날 전날 21:30까지) ● 요금 1,200엔(초등학생 미만 아동 입장 불가)

포복절도의 개그 공연
요시모토 오키나와 카게츠
よしもと沖縄花月

3F

요시모토 흥업의 인기 개그맨들과 오키나와 출신 개그맨들이 '신키게키(신희극, 요시모토의 코미디 연극)'와 콩트 공연을 펼친다. 매일 열린다.

- 0570-550-100 (티켓 유시모토)
- 14:00-15:10(토·일요일, 공휴일 13:00-14:15, 15:00-16:15, 17:00-18:15)
- 요금 2,000엔(토·일요일, 공휴일 2,500엔, 별도로 예매권 판매도 있음)

NICE

그 유명 개그팀도 출연한다.

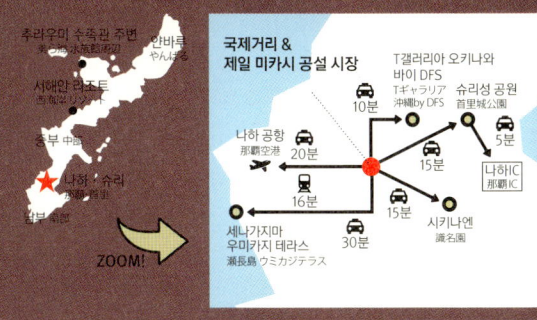

MUST SPOT

슈리성 공원
오키나와 세계문화유산 중 하나.
주홍색 건물이 아름답다.

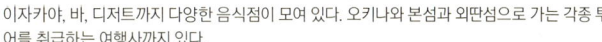

여러 식당의 맛을 맛보는 즐거움
국제거리 포장마차촌
国際通り屋台村

이자카야, 바, 디저트까지 다양한 음식점이 모여 있다. 오키나와 본섬과 외딴섬으로 가는 각종 투어를 취급하는 여행사까지 있다.

● 那覇市牧志3-11-16, 17 ● 11:00부터(영업종료 시간은 음식점마다 다름) ● 휴일 없음 ● 유이레일 마키시 역에서 도보 약 4분 ● 주차장 없음
▶ MAP P.21 D-2

도카시키에서 만든 오키나와소바
무라사키소바 프롬 도카시키
村咲そば From TOKASHIKI

게라마 제도에 위치한 도카시키 섬의 흑미를 섞은 소바. 면은 쫀득쫀득한 식감!

대표 메뉴 무라사키소바. 680엔

● 070-5693-9338 ● 11:00-23:00 ● 수요일 휴무

맛이 있는 오키나와 젤라또
사우스&노오스+
South&North+

오키나와 홋카이도 산지 우유와 오키나와 식재료를 사용한 젤라또 가게.

젤라또 390엔부터
파르페 680엔부터

● 070-5417-0723 ● 11:00-23:00 ● 휴일 없음

Naha&Shuri 04
나하 시내에 있는 수족관 정보 홍보관

모토부에 있는 오키나와 추라우미 수족관까지 갈 시간이 없다면 나하 국제거리에 있는 미니 수족관을 보러 가자. 크라운 피시와 가든일을 만날 수 있다.

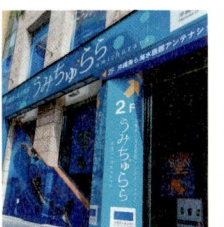

나하 시내에 있는 수족관 정보 홍보관
우미추라라
うみちゅらら

오키나와 추라우미 수족관의 안테나 숍. 수족관 오리지널 상품 외에 열대어 수조 전시장도 있다.

● 那覇市久茂地3-2-22 JAドリーム館2F
● 098-917-1500 ● 10:00-22:00 ● 휴일 없음 ● 유이레일 겐초마에역에서 도보 약 5분 ● 주차장 없음
▶ MAP P.20 B-3

오키나와 열대어를 볼 수 있다.

국제거리 포장마차촌은 음식점마다 영업시간이 다르다. 가고 싶은 음식점이나 먹고 싶은 요리가 있다면 미리 홈페이지 등에서 영업시간을 확인하자.

Naha&Shuri 05
우키시마 거리에서 카페&잡화 매장 둘러보기

국제거리에서 조금 가면 분위기가 확 바뀐다. 분위기 있는 카페와 잡화 매장이 모여 있는 센스 있는 거리가 나온다. 최근 들어 더욱 인기 있는 우키시마 거리로 가보자.

추천하는 책을 꼭 읽어 보세요.

책 한 권과 함께 여유로운 시간을
카페 프라누라
cafe プラヌラ

우키시마 거리에 있는 인테리어가 귀여운 북 카페. 품질 좋은 찻잎을 연수로 추출한 홍차가 20가지 이상 준비돼 있다. 직접 만든 롤케이크도 추천한다.

● 那覇市壺屋1-7-20 ● 090-943-4343 ● 13:00~21:30 ● 화·수요일 휴무
● 유이레일 마키시역에서 도보 약 15분 ● 주차장 없음
나하 ▶ MAP P.21 D-3

오래된 거리에 퍼지는 커피 향기
마호 커피
MAHOU COFFEE

기노완 인기 맛집이 쓰보야 커피전문점으로 이전하여 문을 열었다. 향이 좋은 딥 로스팅 커피와 에스프레소 메뉴도 다양하다. 커피는 테이크아웃 가능(12세 이하 아동은 이용 불가).

● 那覇市壺屋1-6-5 ● 098-863-6866 ●
10:00~17:00 ● 수요일 휴무 ● 유이레일 마키시역에서 도보 약 10분 ● 주차장 없음
나하 ▶ MAP P.21 D-3

마음과 몸에 스며드는 한 잔을

마호 커피. 500엔

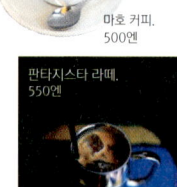

판타지스타 라떼. 550엔

유니크한 잡화들이 가득!

복고풍 머그잔. 1,980엔

매장 안은 즐거운 보물섬
지사카스
じーさーかす

사장님이 엄선한 일본과 미국의 중고, 아울렛 가구, 잡화가 가득 있다. 시샤, 오리온 맥주 등 오키나와와 관련된 독특한 잡화도 취급한다.

● 那覇市牧志3-4-6 ● 098-943-1154 ● 11:00~20:00 ● 월요일 휴무
● 유이레일 미에바시역에서 도보 약 10분 ● 주차장 없음
나하 ▶ MAP P.21 D-3

주문을 받은 후 정성스럽게 커피를 내려준다.

오래된 민가에서 기다리고 있어요.

키운터에서 티켓을 구입한다.

Naha&Shuri 06

예술촌 향기를 풍기는 사쿠라자카 거리

사쿠라자카 거리의 상징인 사쿠라자카 극장의 역사는 원래 소극장 '산호좌'에서 시작되었다. 현재는 영화관으로 운영 중이다. 예나 지금이나 공연 문화 마니아들을 매료시키는 이곳으로 가보자.

오키나와의 문화 공간
사쿠라자카 극장
桜坂劇場

영화, 라이브 공연, 카페, 잡화 매장 등 오키나와의 문화를 생산하는 거점이다. 체험형 워크숍도 다양하다.

● 那覇市牧志3-6-10 ● 098-860-9555 ● 9:30-마지막 상영 종료 시(상영시간에 따라 변동 있음) ● 휴일 없음 ● 유이레일 마키시역에서 도보 약 5분 ● 주차장 없음 　나하　▶ MAP P.21 D-3

영화 감상 후 티타임도 여유있게
산고자 키친
さんご座キッチン

사쿠라자카 극장 내에 위치한 셀프 카페. 우드 데크에서 여유 있게 맛있는 수제 요리를 즐길 수 있다.

● 那覇市牧志3-6-10 ● 098-860-9555
● 9:30-22:00 ● 휴일 없음 ● 유이레일 마키시역에서 도보 약 5분 ● 주차장 없음 　나하　▶ MAP P.21 D-3

크로크무슈. 단품 450엔

패션푸르츠 주스. 600엔

케익과 드링크 세트 700엔

매장 안 디스플레이도 귀엽다

멍 때린 표정에 저절로 웃음이 나는
로드 웍스
RoadWorks

류큐 완구 전문점. 보고만 있어도 마음이 따뜻해지는 사랑스러운 표정을 지닌 캐릭터들이 다 모였다.

● 那覇市牧志3-6-2 ● 098-988-1439 ● 10:00-18:00 ● 일요일 휴무 ● 유이레일 마키시역에서 도보 약 10분 ● 주차장 없음 　나하　▶ MAP P.21 D-3

총이로 만든 염소. 각 1,080엔

오키나와 오모시로 가루타(카드놀이). 각 1,944엔

🛒 Naha&Shuri 07
뉴파라다이스 거리에서 작가들이 만든 잡화 쇼핑

뉴파라다이스 거리는 국제거리 바로 뒤에 있는 골목이다. 정식 명칭은 '신세도오리'다. 이곳에 가면 일단 오키나와 각 지역작가들의 작품을 취급하는 인기 잡화점 'tuitree'를 들러보자.

작은 고택 잡화점
tuitree

지카오카 사장님이 엄선한 제품들을 취급하는 편집숍이다. 오키나와 지역작가들의 작품부터 오키나와산 식품까지 취급한다.

● 那覇市牧志1-3-21 ● 098-868-5343
● 12:00-19:00 ● 수·목요일 휴무 ● 유이레일 미에바시역에서 도보 약 6분 ● 주차장 없음 나하 ▶ MAP P.20 C-2

메시지 케이스(kotohanoie), 1,200엔

비둘기 놋쇠 피어싱(Ci.cafu), 한 개 2,360엔

틈이 없을 정도로 상품이 빼곡히 진열된 매장 내부

🛒 Naha&Shuri 08
손에 쏙 들어오는 그릇을 찾아 쓰보야 야치문 거리

나하에서 야치문을 찾는다면 오키나와 내 공방들의 작품이 모이는 쓰보야 야치문 거리를 추천한다. 500m 정도 되는 길 양쪽으로 40개 이상 상점들이 모여 있어 마음에 드는 그릇을 꼭 찾을 수 있을 것이다.

이곳은 걸어서 둘러보는 것이 좋다.

각 접시 정사각형, 3,780엔

프리컵, 소 1,944엔

조식 때 사용하고 싶은 그릇
구마구와
guma guwa

쓰보야야키 도자기 업체 이쿠토엔 직영점. 태양을 상징하는 국화문 무늬 등 전통 무늬를 재해석한 젊은 작가들의 그릇이 많다. 쓰보야 야치문 거리 근처에 자리한다.

● 那覇市壺屋1-16-21 ● 098-911-5361 ● 10:30-18:30 ● 휴일 없음 ● 유이레일 마키시역에서 도보 약 9분 ● 주차장 없음 나하 ▶ MAP P.21 E-3

뚜껑 있는 소품 케이스, 3,888엔

4.5순 사발, 2,376엔

일상적으로 사용하기 좋은 그릇
카마니
Kamany

전통을 받아들이면서도 생활 속에 잘 스며드는 센스 있는 작품이 많다. 젊은 작가들의 자유로운 감성을 살린 밝은 그릇들이 인상적이다. 야치문뿐만 아니라 유리, 천을 이용한 작품도 판매한다.

● 那覇市壺屋1-22-37 ● 098-911-6664 ● 10:30-18:30 ● 휴일 부정기 ● 유이레일 마키시역에서 도보 약 9분 ● 주차장 없음 나하 ▶ MAP P.21 E-3

길을 따라서 가게들이 있다.

Naha&Shuri 09
역사적인 유리 공방에서
류큐 유리 만들기 도전!

완성품을 구매하는 것도 좋지만 직접 만든다면 더없이 즐겁지 않을까? 입바람으로 유리를 불리는 유리불기는 10분 정도면 체험할 수 있으니 기념으로 한번 도전해보자.

제작하는 모습까지 볼 수 있는
오쿠하라 유리 제조소
奥原硝子製造所

오키나와에서 가장 오래된 유리 공방. 심플하면서 사용성이 좋아 오키나와 내외에 있는 편집숍에서도 취급한다.

- 那覇市牧志3-2-10 てんぶす那覇2F 那覇市伝統工芸館内 ● 098-868-7566 (나하시 전통 공예관) ● 9:00-18:00(체험 10:00-17:00) ● 목요일 휴무 ● 유이레일 마키시역에서 도보 약 5분 ● 주차장 있음(유료)

나하 ▶ MAP P.21 D-2

류큐 유리 체험
- 소요시간 약 10분
- 2,570엔부터
- 예약 필수(전화 또는 나하시 전통 공예관 홈페이지)

공방 안쪽에서는 실제로 장인들이 작업 중이다

Naha&Shuri 10
출국할 때까지
우미카지 테라스에서 놀기

우미카지 테라스는 나하 공항에서 차로 15분으로 접근성이 좋다. 공항 가기 전에 잠시 들러서 여행 마지막 쇼핑과 식사를 만끽하자.

나하 공항에서 가까운 아일랜드 리조트
세나가지마 우미카지 테라스
瀬長島ウミカジテラス

세나가 섬 서해안에 2015년 문을 연 리조트형 상업 시설. 30개 이상의 레스토랑과 매장들이 모여 있다.

- 豊見城市瀬長 ● 098-851-7446(세나가 섬 관광협회) ● 10:00-21:00(매장마다 다름) ● 휴일 매장마다 다름 ● 나하 공항에서 약 6km ● 주차장 있음

나하 ▶ MAP P.18 A-3

남유럽 리조트와 같은 백색 건물들

오키나와색 액세서리
브렌치 바이 틸라 어스
BRANCHES by TILLA EARTH

2011년 이시가키 섬에서 태어났다. 푸른 바다와 산호초를 모티브로 놀이 느낌으로 즐기는 액세서리를 제안한다.

- 098-996-1388 ● 10:00-20:00 ● 휴일 없음

신호 샹들리에 피어싱. 1만 800엔!

신개념 사타안다기
카메 안다기
KAME ANDAGI

카페 스타일의 사타안다기 전문점. 아이스크림 등 다양한 토핑을 올려서 먹는 새로운 느낌의 맛이다.

- 098-851-4171 ● 10:00-21:00 ● 휴일 없음

사타안다기 130엔에 아이스크림 200엔을 토핑

갓 튀긴 사타안다기를 드셔보세요!

오쿠하라 유리 제조소에서는 상품을 판매하지 않는다. 구입을 원한다면 공항과 같은 건물 덴부스 나하 안에 있는 나하시 전통 공예관으로 가자.

TOWN -02

소박한 오키나와 정취가 느껴지는
남부
南部

지역색이 강하고 여유로운 분위기가 있는 남부 지역은 바다를 바라보며 여유롭게 시간을 보낼 수 있는 숨은 카페들의 보고다. 2차 세계대전의 슬픈 기억을 지닌 장소들도 있어 평화의 소중함을 다시 한 번 실감하게 된다.

유적지와 해변 카페가 많다

낮 : ◎ 밤 : △

공항에서 가는 길
- 나하 공항 那覇空港
- ↓ 35분 / 45분
- 평화 기념 공원 平和祈念公園
- ↓ 30분
- 세이화우타키 斎場御嶽

📷 Nambu 01
오키나와 전투의 격전지에서
조용히 평화를 기원하다

1945년 3월 26일 미군이 게라마 제도에 상륙하면서 약 3개월 동안 이어진 오키나와 전투. 그 마지막 전쟁터가 되었던 남부에서는 많은 생명이 희생됐다. 격전지에서 전쟁의 비참함, 평화의 소중함을 생각하자.

넓은 공원 내부에는 자료관 외에 잔디 광장도 있다.

전쟁 없는 세상을 기원하는
평화 기념 공원
平和祈念公園

오키나와 전투 종언의 땅에 조성된 공원이다. 공원 내부에는 전쟁의 실상을 전하는 자료관, 위령, 기도, 평화를 주제로 한 위령탑이 있다.

- 糸満市摩文仁444
- 098-997-2765
- 8:00-22:00 휴일 없음 요금 관람 자유 나하 공항에서 약 17km 주차장 있음  ▶ MAP P.4 C-3

평화의 불
자마미촌 아카시마의 불과 원폭피해지역 히로시마시의 '평화의 등', 나가사키시의 '맹세의 불'을 합친 불이다.

마부니 언덕 摩文仁の丘
18만여 명의 유골을 안치한 국립전쟁희생자 묘역, 일본 각 현의 위령탑이 세워져 있다.

평화의 초석 平和の礎
오키나와 전투 등에서 희생된 약 24만 명의 이름이 적군과 아군, 군인과 민간인을 불문하고 새겨져 있다.

오키나와 평화 기념당 沖縄平和祈念堂
1978년 개관. 건물 내에 평화의 상징으로 높이 12m 되는 오키나와 평화 기념 동상이 있다.

오키나와현 평화 기념 자료관 沖縄県平和祈念資料館
약 2,100점에 이르는 전쟁자료를 전시한다. 무참했던 오키나와 전투의 교훈을 다음 세대에 계승하고 평화를 기원하는 시설이다.

WHAT IS

미리 알아두면 좋다

오키나와 전투
1945년 2차 세계대전 말기에 미군이 오키나와에 상륙하여 일본 최대 규모 지상전이 전개되었다. 전쟁 희생자는 24만여 명에 이른다.

위령의 날
오키나와현에서는 6월 23일을 오키나와 전투 희생자들을 추모하는 날로 제정했다. 매년 추모식이 열린다.

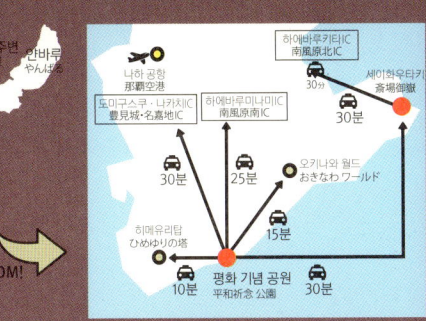

MUST SPOT

간가라 계곡
종유동 천장이 붕괴되면서 생긴
신비로운 계곡

순수했던 여학생들을 추모하는
히메유리 탑·히메유리 평화 기원 자료관
ひめゆりの塔・ひめゆり平和祈念資料館

오키나와 전투에 동원된 학생과 교사 240명 중 절반 이상이 희생된 히메유리 학도대. 자료관에서는 전쟁의 실상을 볼 수 있다.

● 糸満市伊原671-1 ● 098-997-2100 ● 9:00-17:00 ● 휴일 없음 ● 요금 310엔(히메유리 탑은 관람 자유) ● 나하 공항에서 약 14km ● 주차장 있음 **남부** ▶ MAP P.4 B-3

평화 기념 공원까지 약 10분

오키나와 전투에서 희생된 여학생과 교직원들을 추모하는 히메유리 탑

생존자의 증언을 열람할 수 있다.

시대별 전시로 당시를 재현한다.

많은 장교들이 여기서 마지막을 맞이했다.

전투 당시 그대로 남아 있는
구 해군사령부 방공호
旧海軍司令部壕

일본 해군 오키나와 방면 거점 지대가 사령부를 두었던 인공호. 길이 450m에 이르는 내부에는 사령관실, 의무실 등이 당시의 모습 그대로 남아 있다.

● 豊見城市豊見城236 ● 098-850-4055 ● 8:30-17:00(7-9월 17:30까지) ● 휴일 없음 ● 요금 440엔 ● 나하 공항에서 약 5km ● 주차장 있음 **남부** ▶ MAP P.18 C-3

언덕 위에는 위령탑이 서 있다.

출구에는 매점이 있다.

165

🍴 Nambu 02

아름다운 바다 전망 카페에서 여유롭게 보내기

남부 해안가는 바다 전망을 자랑하는 카페들이 많다. 인적이 드문 조용한 환경에서 기분 좋은 바닷바람을 맞으며 여유로운 카페에서의 시간을 만끽하자.

카페 후쥬의 바다를 내려다보는 테라스 자리

바다를 조망하는 통나무집
카페 후쥬
カフェ風樹

나뭇잎 사이로 햇빛이 비치는 테라스가 인상적인 통나무집 같은 카페. 멀리 바다를 바라보면서 수제 디저트와 런치를 즐길 수 있다.

● 南城市玉城垣花8-1 ● 098-948-1800
● 11:30-17:00 ● 화요일 휴무 ● 하에바루미나미IC에서 약 11km ● 주차장 있음 남부 ▶ MAP P.5 E-2

다다미방 자리도 있어요!

구아바 주스, 400엔

타코라이스, 800엔

사탕수수 식초와 블루베리 음료, 600엔

창밖이 온통 푸르른 세상
카페 야부사치
Cafe やぶさち

바다를 내려다보는 언덕에 있어 큰 창문 밖으로 바다와 하늘 풍경이 펼쳐진다. 지역산 채소를 푸짐하게 사용한 요리와 디저트를 자랑한다. 야외 테라스 석도 있다.

● 南城市玉城百名646-1
● 098-949-1410 ● 11:00-일몰 시 ● 수요일 휴무(공휴일 영업) ● 하에바루미나미IC에서 약 12km ● 주차장 있음
 남부 ▶ MAP P.5 E-2

수제 요리 드시러 오세요~

실내 큰 창문을 통해 푸른 바다를 볼 수 있다.

한 면이 통유리로 된
오키나와 만마루 카페 난조점
沖縄まんまるカフェ南城店

빨강기와 지붕이 귀여운 야자마산 비치 근처에 위치한 카페. 구다카 섬을 바라볼 수 있는 곳에 자리하고, 날씨가 좋으면 창문을 다 열어 기분 좋은 바닷바람이 카페 안으로 들어온다.

● 南城市知念安座真1106-1 ● 098-948-4050 ● 10:30-18:00 ● 휴일 없음 ● 하에바루미나미IC에서 약 15km ● 주차장 있음
 남부 ▶ MAP P.5 F-3

만마루 아이스크림 세트, 750엔

신선한 채소를 사고 군것질도 즐길 수 있다.

정취 있는 시장 탐방
이토만 공설 시장
糸満公設市場

이토만 어항 근처에 1950년대에 설치된 시장이다. 신선식품을 중심으로 과자, 생필품까지 폭넓게 취급한다. 활기가 넘치는 시간대는 오전으로 오후에는 여유로운 분위기다.

● 糸満市糸満989-82 ● 098-840-8137(이토만시 상공관광과) ● 6:00~20:00경 (매장마다 다름) ● 휴업은 매장마다 다름 ● 나하 공항에서 약 8km ● 주차장 있음
남부 ▶ MAP P.4 B-2

Nambu 03
오키나와 현지 분위기 만끽하는 이토만 공설 시장

남부의 중심도시인 이토만은 과거부터 어업이 발달한 도시로 알려져 있다. 어부들의 도시다운 정취 있는 분위기를 즐긴다면 장을 보는 지역주민들로 붐비는 이토만 공설 시장으로 가보자.

자연 그대로의 휴식 공간
마치구와 카페 나미나미
まちぐゎ-cafe naminami

공설 시장 한 모퉁이에 있는 광장을 바라보는 작은 카페다. 오키나와산 재료를 사용한 건강한 요리가 인기다.

● 糸満市糸満989-83 ● 070-5532-0503 ● 11:30~14:30 ● 일・월요일 휴무 ● 나하 공항에서 약 8km ● 주차장 있음(시장 주차장 이용)

Nambu 04
'우민추(어부)'의 섬에서 명물 튀김을 음미하다

어민의 섬으로 잘 알려진 오우 섬은 소박하고 활기 넘치는 정취와 신선한 해물을 사용한 음식이 매력이다. 인기 만점 오키나와식 튀김을 꼭 먹어보자.

남방산오징어를 말리는 모습이 오우 섬의 여름 풍경이다.

요즘 주목 받는 어부들의 섬
오우 섬
奧武島

오키나와 본섬과는 약 93m 길이의 다리로 이어진 주위 1.6km 정도 되는 작은 섬이다. 어업이 발달한 마을로 신선한 해물의 맛을 찾아 관광객들이 많이 찾는다.

● 南城市玉城奧武 ● 098-946-8817(난조시 관광상공과) ● 하에바루미나미IC에서 약 16km ● 주차장 있음 남부 ▶ MAP P.5 E-2

신호초기 솟아오르면서 생겼어요.
섬 중앙에 있는 언덕에 집들이 모여 있다.

줄을 설 각오를! 명물 튀김
나카모토 튀김점
中本てんぷら店

신선한 생선에 튀김옷을 듬뿍 찍어서 튀긴 오키나와식 덴푸라(튀김) 인기 맛집. 대표 메뉴인 모즈쿠(큰실말) 튀김을 비롯해 생선, 오징어 튀김은 다 1개 65엔 정도. 간식으로 먹기 좋다.

● 南城市玉城奧武9 ● 098-948-3583 ● 10:00~18:00(4~9월 18:30까지) ● 휴일부정기 ● 하에바루미나미IC에서 약 16km ● 주차장 있음
남부 ▶ MAP P.5 E-2

기호에 따라 소스나 간장을 찍어서 먹는다.

오우 섬은 용을 본뜬 하리부니 배 경주 '하리'가 발달한 지역이다. 매년 초여름에 열리는 해신제에서는 씩씩한 어선 경주를 볼 수 있다.

TOWN -03

미국 정취가 물씬
중부
中部

우라소에시, 기노완시, 자탄정, 가데나정 등 미국 문화가 짙게 남아 있는 중부 지역. 인기 있는 미나토가와 외인주택 지구에는 외인주택을 이용한 센스 있는 카페와 잡화 가게가 많다. 드라이브를 즐긴다면 가이추 도로는 꼭 가보자!

활기 넘치는 도심지

낮:◎ 밤:○

거대한 쇼핑몰이 있어서 편리하다. 밤에는 자탄정 주변이 화려하다.

공항에서 가는 길
나하 공항 那覇空港
- 20분 → 미나토가와 외인주택 港川外人住宅
- 30분 → 이온몰 오키나와 라이카무 イオンモール沖縄ライカム
- 10분 → 도미구스쿠·나카치IC 豊見城·名嘉地IC
- 45분 → 가이추 도로 海中道路

🍴 Jungbu 01

미나토가와 외인주택 카페에서 즐기는 런치&간식

외인주택이란 과거 오키나와에 주재하던 미군 관계자들이 주택으로 사용한 건물이다. 현재는 그런 건물을 이용한 분위기 있는 카페가 많이 있다.

귀여운 타르트 전문점
오하코르테 미나토가와 본점
oHacorté 港川本店

제철 과일을 푸짐하게 사용한 수제 과일 타르트가 인기다. 타르트는 지름이 7cm 되는 1인분 사이즈다. 항상 7~11가지 타르트를 취급한다.

- 浦添市港川2-17-1 #18 ● 098-875-2129
- 11:30-19:00 ● 휴일 없음 ● 니시하라IC에서 약 5km ● 주차장 있음

중부 ▶ MAP P.7 F-2

제철 과일이 듬뿍

기세쓰노 이로이로 과일 타르트. 626엔

스파이시 치킨카레. 840엔

혼밥도 가능한 라멘&카레 식당
류큐라면 스파이스카레 데이안다
琉球拉麵 スパイスカレー teianda

나하에 있는 '멘도코로 데이안다'(>>>P.87) 2호점. 여러 가지 향신료로 만든 카레, 직접 뽑은 오키나와소바 면을 사용한 라멘이 맛있다.

- 浦添市港川2-10-8 #58 ● 098-876-5628
- 11:00-16:00 ● 월요일 휴무(공휴일은 익일 휴일) ● 니시하라IC에서 약 6km ● 주차장 있음 중부 ▶ MAP P.7 F-2

인테리어도 주목해주세요!

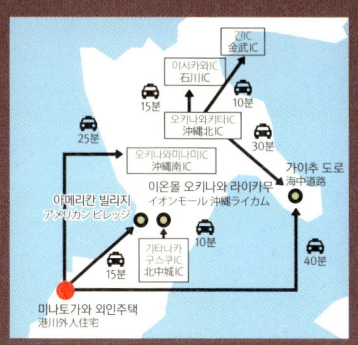

MUST SPOT

가이추 도로
海中道路
오키나와 본섬과 헨자 섬을 연결하는 다리. 좌우로 보이는 바다가 아름답다. >>>P.173

🛒 Jungbu 02
미나토가와 외인주택 편집숍에서 완소 아이템 찾기

센스가 빛나는 편집숍, 복고풍 미국 구제옷 가게 등 개성 넘치는 가게들이 모여 있다. 외인주택은 한 곳에 모여 있어 가게들을 둘러보기에 좋다. 여러 매장에서 마음에 드는 물건을 찾아보자.

하얀 벽과 컬러풀한 문과 창문이 귀엽다.

센스 좋은 잡화가 가득
포트리버 마켓
PORTRIVER MARKET

의식주를 주제로 한 생활 편집숍. 유기농 식재료부터 오키나와 도자기 야치문까지 좋은 물건들을 전문가의 눈으로 골랐다.

● 浦添市港川2-15-8 #30 ● 098-911-8931 ● 9:00-18:00(화·목·토요일 12:30부터) ● 일요일·공휴일 휴무 ● 니시하라IC에서 약 6km ● 주차장 있음

중부 ▶ MAP P.7 F-2

오키나와의 좋은 물건들을 모았어요!

오리지널 브랜드 '하로우나' 피어싱. 1,620엔부터

빈티지 돌리 토이 앤디. 3,780엔

70년대의 가죽백. 6,156엔

빈티지 아이템이라면
링 링 벨 클로셋
Ring Ring Bell Closet

1950~80년대 아메리칸 캐주얼을 주제로 한 구제옷 가게. 취급하는 구제옷은 남성, 여성, 키즈까지 폭넓게 아이템을 갖춰 일본 전역에 팬들이 있다.

● 浦添市港川2-18-2 #10 ● 098-876-3838 ● 11:00-20:00 ● 금요일 휴무 ● 니시하라IC에서 약 6km ● 주차장 있음

중부 ▶ MAP P.7 F-2

가게 앞에 있는 귀여운 봉고차를 찾아보자.

🍴 **Jungbu 03**

지금 가장 핫한 곳!
기타나카구스쿠의 장인 카페 방문

이오돔 오키나와 라이카무가 생기면서 주목 받고 있는 기타나카구스쿠촌 지역. 외인주택을 이용한 카페와 숍 등 분위기 좋은 가게들이 늘고 있다.

자유롭게 쉴 수 있어요

영울이 무성한 외인주택을 카페로 리모델링

오키나와 베이커리 카페
플로우만 런치 베이커리
PLOUGHMAN'S LUNCH BAKERY

언덕 위에 있는 독채 카페. 넓은 마당은 전망이 좋다. 직접 구운 빵은 건포도효모를 사용하여 점심 전에 매진될 수도 있다.

● 北中城村安谷屋927-2 #1735 ● 098-979-9067 ● 8:00-15:00 ● 일요일 휴무 ● 기타나카구스쿠IC에서 약 2km ● 주차장 있음

`중부` ▶ MAP P.8 B-3

기노완산 베이비리프와 토마토 허니머스터드 샌드위치, 950엔

야자수와 상아화에 둘러싸인 마당이 예쁘다.

소이미트 타코라이스(음료 포함), 1,200엔

건강한 런치를 드세요!

몸과 마음에 상쾌한 숲의 향을
그린 그린
GREEN GREEN

빽빽한 나무에 둘러싸인 조용한 카페. 큰 창문으로 부드러운 햇살이 들어와서 마음이 힐링된다. 오키나와산 재료를 푸짐하게 사용한 메뉴가 다양하다.

● 北中城村渡口953 ● 098-935-0003 ● 11:30-16:30(토·일요일, 공휴일 11:00부터) ● 목요일 휴무 ● 기타나카구스쿠IC에서 약 3km ● 주차장 있음 `중부` ▶ MAP P.8 C-3

🍴 Jungbu 04
도넛을 먹으며 지역 영화 감상

지역 내에서 해마다 많은 영화가 만들어지는 오키나와. 휴식 겸 본토에서는 좀처럼 볼 수 없는 오키나와 영화를 보러 요즘 화제를 모은 카페극장으로 고고! 영화감상 비용과 음식 비용으로 부담 없이 감상할 수 있다.

도넛과 음료 세트 580엔부터

오키나와 영화를 볼 수 있는
시어터 도넛 오키나와
THEATER DONUT OKINAWA

카페 자리에서 음식을 먹으면서 외국이나 오키나와 영화를 즐길 수 있는 오키나와 최초 카페극장. 오리지널 도넛을 먹으면서 여유 있게 영화를 만끽하자.

- 沖繩市中央1-3-17 2F ● 070-5401-1072
- 10:30-21:00 ● 휴일 없음 ● 오키나와미나미IC에서 약 2km ● 주차장 없음

중부 ▶ MAP P.8 G-2

🛍 Jungbu 05
작가의 영혼을 품은 수공예 작품들

센스뿐만이 아니다! 편집숍에는 작가들이 정성스럽게 손수 만든 오키나와 특유의 수공예 작품이 모여 있다. 인기 있는 야치문이나 류큐 유리는 물론 오키나와 무늬가 들어간 손수건 등을 소중한 사람들에게 주는 여행 선물로 하자.

두카티(Doucatty) 데누구이(손수건). 1,000엔부터

가쓰키야 그림. 1만 2,000엔

매장에는 현관에서 신발을 벗고 들어간다

작가의 그릇을 판매하는
모후모나 노 자카
mofgmona no zakka

오키나와 작가들이 만든 야치문과 류큐 유리 등 그릇을 모은 편집숍. 3층짜리 건물에 있으며 1층은 카페다. >>>P.141

후타고도의 컵. 2,160엔

나가하마 후토시 작가의 가치베 7순 사발. 4,860엔.

마음에 편해지는 소박한 잡화
잡화점 소
雑貨屋[そ]

일본 각지에서 생활에서 사용할 수 있는 수공예 잡화를 모은 가게. 작가의 그릇과 손수건 등 센스 좋은 오키나와의 물건들도 다수 취급한다.

- 宜野湾市大謝名1-24-18 ● 098-898-4689 ● 12:30-19:00
- 수·목요일 휴무(임시휴일 있음) ● 니시하라IC에서 약 4km ● 주차장 있음

중부 ▶ MAP P.7 D-1

📷 Jungbu 06
게이트 타운에서 복고풍 거리 산책

가데나 기지, 캠프 핸슨에 가까운 코자와 긴 지역은 현재도 미국 문화가 짙게 남아 있는 지역이다. 거리 모습도 독특하고 복고풍 건물과 미국 분위기의 명소가 많다!

운치 있는 분위기 / 복고풍 거리 모습

KOZA
코자 コザ

미군기지 게이트 타운으로 1960~80년대 오키나와에서 가장 큰 변화가로 활기가 넘쳤던 코자 지구. 당시의 흔적을 지닌 복고풍 분위기가 있다.

🚩 이 주변이 운치가 있다
코자 게이트 대로
コザゲート通り

미군기지 게이트부터 330번 국도까지 이어지는 거리를 말한다. 길 양쪽에는 과거 미군들을 상대로 장사를 했던 펍이나 외국인이 운영하는 가게들이 늘어서 있어 일본 같지 않은 신기한 분위기다.

● 沖繩市中央 ● 098-989-5566(오키나와시 관광물산진흥협회) ● 오키나와 미나미IC에서 약 1km ● 주차장 있음(유료)
중부 ▶ MAP P.8 C-2

꼭 먹어야 할 음식은 이것

타코
코자를 대표하는 음식이면 이것. 원조 집이 코자에 있다.
🏠 유명 맛집 찰리 타코스 >>> P.103

컬러풀한 거리의 모습

KIN
긴 金武

미군기지가 있는 이국적인 거리. 1970년대에 게이트 타운으로 가장 번성했다. 지금도 미국 문화가 짙게 남아 있다.

🚩 이 주변이 운치가 있다
긴 신카이치
金武新開地

과거 미군 유흥가로 발전한 지역으로 영어 간판이 걸린 형형색색으로 페인트칠한 건물이 늘어서 있다. 복고 스타일의 미국적인 분위기가 느껴지는 거리를 산책해보자.

● 金武町金武 ● 098-968-2645(긴정 산업진흥과) ● 긴IC에서 약 3km ● 주차장 있음(유료)
중부 ▶ MAP P.11 D-3

꼭 먹어야 할 음식은 이것

타코라이스
토르티아 대신 밥을 사용한 타코라이스가 태어난 곳
🏠 유명 맛집
킹 타코스(KING TACOS) 긴본점 >>> P.102

긴 만에 놓인
가이추 도로

Jungbu 07
가이추 도로를 건너 평화로운 섬 드라이브

중부 지역 동해안에 있는 절경 명소 가이추 도로를 거쳐 헨자 섬이나 이케이 섬까지 가보자. 위판섬 관광 명소를 둘러보는 드라이브를 떠나자.

바다 위를 시원하게 달리는
가이추 도로
中道路

오키나와 본섬과 헨자 섬을 연결하는 길이 약 4.8km인 해상도로. 중간 지점에는 전망대와 우미노에키 휴게소가 있어 드라이브를 즐기기에 적당하다.

- 우루마市与那城屋平 ● 098-894-6512(오키나와현 토목건축부 중부토목사무소 유지관리반) ● 요금 통행 자유 ● 오키나와키타IC에서 약 13km(가이추 도로 서쪽출입구까지) ● 주차장 있음
- 중부 ▶ MAP P.9 E-2

여기도 들러보자!

가이추 도로의 오아시스
우미노에키 아야하시관
海の駅 あやはし館

가이추 도로 한가운데에 있는 무역선을 본뜬 독특한 휴게소. 특산품 판매장, 레스토랑, 바다 문화 자료관 등이 있다.

- 우루마市与那城平4 ● 098-978-8830 ● 9:00-19:00(11-3월 18:00까지) ● 휴일 없음 ● 오키나와키타IC에서 약 131km ● 주차장 있음
- 중부 ▶ MAP P.9 E-2

두 신이 생활했던 곳
시루미추
シルミチュー

하마히가 섬에 있는 파워 스폿. 류큐 개벽의 조상 신 아마미키요와 시네리키요가 터를 잡고 생활했다는 곳이다. 자손이 번성하는 효험이 있다고 한다.

- 우루마市勝連比嘉 ● 098-923-7634(우루마시 상공관광과) ● 오키나와키타IC에서 약 21km ● 주차장 없음
- 중부 ▶ MAP P.9 E-3

오키나와 본연의 풍경이 남아 있는 고요한 섬
이케이 섬
伊計島

가이추 도로를 따라 가다 이케이 대교를 건너면 나오는 섬. 사탕수수 밭이 펼쳐지는 평화로운 분위기가 매력적이며 투명도가 높은 이케이 해변 등 명소가 있다.

- 우루마市与那城伊計 ● 098-923-7634(우루마시 상공관광과) ● 오키나와키타IC에서 약 28km ● 주차장 있음
- 중부 ▶ MAP P.9 F-1

4개 섬에서 열리는 예술 이벤트도 있다!

가쓰렌반도에서 연속되는 섬들을 무대로 전개되는 예술로 지역경제를 활성화하기 위한 이치하나리아트 프로젝트. 이케이 섬에서 시작되는 예술의 섬 관광을 즐겨보자. 개최 기간은 문의 필수.

- 우루마市与那城伊計
- 098-978-0077(우루마시 관광물산협회)

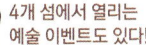

TOWN -04

해변에 리조트 호텔들이 늘어선
서해안 리조트
西海岸リゾート

요미탄촌에서 온나 해안, 부세나 곶 주변의 서해안에는 바닷가에 위치한 럭셔리 리조트 호텔들이 곳곳에 있다. 리조트 내 스파나 수영장에서 여유롭게 시간을 보내거나 도자가 마을에서 쇼핑하는 것을 추천한다.

절경 리조트

낮:◎ 밤:◎
바다를 바라볼 수 있는 낮은 물론 서해안에는 석양 명소들이 많다.

공항에서 가는 길
나하 공항 那覇空港
↓ 15분
도미구스쿠・나카치IC 豊見城・名嘉地IC
1시간 10분 ↓ 35분
야카IC 屋嘉IC
↓ 15분
야치문 마을 やちむんの里
만자모 万座毛

애프터눈 티 세트
쁘띠 오더블과 오리지날 스콘 등에 커피 또는 홍차가 나온다. 2,800엔(2인분)

🍽 The West Coast Resort 01
리조트 호텔 카페에서
럭셔리 티 타임

한 단계 높은 맛과 서비스를 받으며 사치스러운 기분을 만끽할 수 있는 호텔 내부 시설. 리조트에 있는 대부분 레스토랑과 카페는 숙박객이 아니라도 이용할 수 있으니 부담 없이 방문하자.

우아한 영국식 티타임을
리빙룸 마로드
リビングルーム「マロード」

더 부세나 테라스 안에 있어 편안한 분위기 속에서 티타임을 즐길 수 있는 라운지. 애프터눈 티 세트를 추천한다.

● 名護市喜瀬1808 ● 0980-51-1333(더 부세나 테라스) ● 8:00~23:00 ● 나하 공항에서 약 57km, 교다IC에서 약 5km ● 주차장 있음

`서해안 리조트` ▶ MAP P.11 D-2

파라솔 밑에서 휴식
팁 톱
チップトップ

르네상스 리조트 오키나와 안에 있어 캐주얼한 요리들이 나오는 풀사이드 카페테리어. 하루 20개 한정의 닷추버거가 대표 메뉴다.

● 恩納村山田3425-2 ● 098-965-0707(르네상스 리조트 오키나와) ● 11:00~17:30 ● 동계 휴무 ● 나하 공항에서 약 49km, 이시카와IC에서 약 4km ● 주차장 있음

`서해안 리조트` ▶ MAP P.10 A-2

닷추버거
3가지 햄버거를 한 번에 맛볼 수 있는 높이 20cm 킹 사이즈에 도전. 1,500엔

수영장 주변에 있어 수영복을 입고 이용 가능하다.

MUST SPOT

만자모
용의 종에 있는 관광 명소. 절벽에서 바라보는 하늘과 바다가 절경이다.

베리 팬케이크
폭신폭신한 부드러운 팬케이크에 생크림과 두 종류의 베리 소스를 얹었다. 750엔

🍴 The West Coast Resort 02
열대 지방 분위기를 내며
부드러운 팬케이크 뚝딱!

일본에서 붐이 일고 있는 팬케이크는 당연히 오키나와에서도 인기다. 본고장 하와이에 지지 않을 정도로 맛있는 팬케이크를 조식이나 간식으로 즐기자!

오키나와 거주 외국인들에게도 인기
팬케이크 하우스 야케부스
PANCAKE HOUSE JAKKEPOES

미국의 대표적인 아침식사인 팬케이크가 일품이다. 200엔 추가하면 아이스크림 토핑도 가능하다. 가게는 오키나와에 사는 외국인들로 붐빈다.

● 読谷村都屋436 #44 ● 098-894-4185 ● 10:00-16:30(토・일요일은 8:00-15:30까지) ● 화, 수요일 휴무 ● 오키나와키타IC에서 약 14km ● 주차장 있음 `서해안 리조트` ▶ MAP P.8 A-2

🍴 The West Coast Resort 03
전망 좋은 카페에서
최고의 전망에 취하다

서해안을 따라 남북으로 이어지는 58번 국도 주변은 인기 바다 전망 카페와 레스토랑이 곳곳에 있다! 낮에 바다는 물론 수평선에 석양이 지는 선셋 타임도 놓치지 마라.

숲 넘어 바다를 바라보는
카페 갤러리 도카도카
カフェギャラリー 土花土花

도예 작가 다마다 아키라가 운영하는 카페. 숲 위로 튀어나온 테라스 석에서는 아름다운 해안선을 볼 수 있다. 도예 체험 교실 '세이후가마'도 같이 있다.

● 恩納村前兼久 ● 098-965-1666 ● 11:00-20:30(11-5월은 19:00까지) ● 일요일 휴일 ● 이시카와IC에서 약 5km ● 주차장 있음 `서해안 리조트` ▶ MAP P.10 B-1

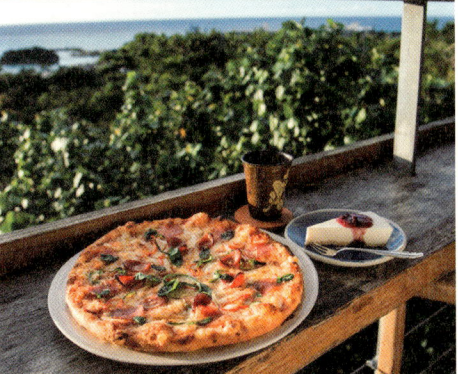

수제 피자 도카도카
대표 메뉴는 채소가 듬뿍 올라간 갓 구운 파자. 1,450엔

더 부세나 테라스(>>>P.188)에 있는 바다를 바라보는 카페 테라스 '라 티다'도 좋다. 저녁에는 수영장 주변에는 색소폰 공연도 열린다!

🛍 The West Coast Resort 04

도예 작가들이 모인
야치문 마을에서 설레는 쇼핑

16개 공방이 모여 있는 요미탄촌에 위치한 야치문 마을(야치문노사토)은 매장과 갤러리를 가진 공방들이 많아 인기 작가들의 작품도 공방 직거래 가격으로 살 수 있다. 마음에 드는 매장을 찾으면서 거닐면 즐겁다.

'등요(가마)'에서 구워내는 야치문 제작 풍경

전통과 독창성의 융합
요미탄잔야키 기타가마점
読谷山焼北窯売店

요나하라 마사모리, 미야기 마사타카, 마쓰다 요네시, 마네다 쿄시 등 작가 4명의 공동요에서 만들어진 작품의 직판장이다. 여러 작가들의 작품을 고를 수 있는 것이 매력이다. >>>P.135

명인 옹기장이들이 모인
요미탄잔야키 공동 직매점
よみたんざんやき きょうどうちょくばいてん

긴조 메이코, 다마모토 테루마사, 야마다 신만, 오오미네 짓세이 등 개성 넘치는 4명의 도예가들의 작품이 한 자리에 모인 공동 매장.

● 読谷村座喜味2653-1 ● 098-958-4468
● 9:30-18:00(11-4월은 17:30까지) ● 화요일 휴무 ● 이시카와IC에서 약 10km ● 주차장 있음
서해안 리조트 ▶ MAP P.9 E-1

독특한 무늬의 그릇들이 인기
갤러리 야마다
ギャラリー山田

야마다 신만의 독창적인 작품들을 볼 수 있는 갤러리. 역동적인 무늬를 지닌 작품이 인상적이며 따뜻함이 느껴지는 명품이 많다.

● 読谷村座喜味2653-1 ● 098-958-3910
● 11:00-12:00 ● 이시카와IC에서 약 10km ● 주차장 있음 서해안 리조트 ▶ MAP P.9 E-1

마쓰다 요네시 작가의 찻잔. 844엔

디저트 컵. 2,000엔

7순 접시. 5,000엔부터

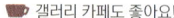

🛍 갤러리 카페도 좋아요!

야치문＋디저트 카페
갤러리 찻집 마라나타
ギャラリー喫茶 まらなた

사장님이 고른 세련된 야치문 그릇으로 디저트와 커피를 준다. 편안한 공간이 갤러리를 겸하고 있어 마음에 든 작품은 구매할 수 있다. >>>P.107

핫커피. 500엔

옹기장이가 운영하는 카페
갤러리 모리노차야
ギャラリー森の茶家

긴조 메이코 작가의 갤러리 겸 카페. 자신의 그릇으로 제공하는 히라야치(400엔)이 인기가 있으며 점심으로 딱이다.

● 読谷村座喜味2653-1 ● 098-958-0800
● 12:00-19:00 ● 이시카와IC에서 약 10km ● 주차장 있음 서해안 리조트 ▶ MAP P.9 E-1

컵&컵받침. 2,200엔

The West Coast Resort 05
만들기 체험으로
추억까지 기념품!

시샤와 직물 등 자기만의 기념품을 직접 만들 수 있는 시설들이 있다! 1~2시간이면 만들 수 있는 코스도 있고 마무리 작업을 하여 나중에 우편으로 보내주는 곳도 있다.

만들기 체험 가득!
류큐무라
琉球村

빨강기와집 고택을 옮겨온 테마파크. 빈가타 등 전통 공예와 시샤 만들기 등 오키나와만의 체험 메뉴를 즐길 수 있다.

CHALLENGE!

얼굴을 만들기
작은 점토들을 서로 붙이거나 스탬프를 사용해 시샤 얼굴을 만든다.

점토 3개로 자르기
점토를 포함한 재료를 주면 체험 시작. 앞치마는 빌려준다.

 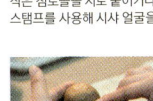

구울 때 깨지기 쉽기 때문에 점토 모양을 잡을 때 공기가 들어가지 않도록 하는 것이 포인트. 신중하게 만들어요.

완성!

균형을 잘 잡으면서 마지막으로 수염을 붙이면 나만의 시샤 완성!

🚩 **체험DATA**
데비네리 미니 시샤
점토로 시샤를 만든다. 가마에 구워내는 소성 작업과 배송은 약 1개월 후.
⏱ 소요시간 약 1시간
💰 요금 2,200엔
예약 필수(홈페이지)

실제로 보여주기 때문에 처음이라도 쉬워요.

류큐왕조 시대로 시간여행
체험왕국 무라사키무라
体験王国むら咲むら

빨강기와집 고택과 돌담 등 부지 내 류큐왕조 시대를 재현한 시설. 야치문, 직물, 빈가타 등 전통 공예를 체험할 수 있다.

● 読谷村高志保1020-1 ● 098-958-1111
● 9:00-17:00 ● 요금 600엔 ● 이시카와IC에서 약 14km ● 주차장 있음
서해안 리조트 ▶ MAP P.8 A-1

🚩 **체험DATA**
하나우이 체험 花織体験
요미탄촌의 전통 공예 하나우이(花織)를 만드는 베 짜기 체험.
⏱ 소요시간 약 30분부터
💰 요금 1,300엔부터
예약 필요하지 않음

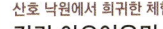

주홍색 지붕이 겹겹이 있어 마치 작은 마을 같다.

산호 낙원에서 희귀한 체험
갈라 아오이우미
GALA 青い海

오키나와의 소금과 산호에 관한 체험 학습을 할 수 있다. 약 120가지 산호와 물고기가 사는 산호의 밭이 인기가 있다.

● 読谷村高志保915 ● 098-958-3940
● 10:00-18:00(숍은 9:00-20:00) ● 입장 무료(산호초 정원은 900엔) ● 이시카와IC에서 15km
● 주차장 있음 서해안 리조트 ▶ MAP P.8 A-1

산호초를 본뜬 '산호의 밭' 영화에서도 등장했다.

🚩 **체험DATA**
산호 묘목 만들기 체험
산호 가지를 가위로 잘라서 바위에 고정시키는 작업이다.
⏱ 소요시간 약 1시간
💰 요금 4,400엔(입장료 포함)
예약 필수 (전화로만 가능)

TOWN -05

자연이 풍성한 반도
추라우미 수족관 주변
美ら海水族館周辺

오키나와가 자랑하는 세계 최대 규모 오키나와 추라우미 수족관을 중심으로 하는 지역. 수족관이 있는 모토부반도와 나고시를 포함한 지역으로 모토부반도의 해안선, 다리로 갈 수 있는 작은 외딴섬 등이 인기가 있다.

바다도 있고 산도 있다

관광은 낮이 중심이 된다. 도시에는 늦게까지 영업하는 음식점도 있다.

공항에서 가는 길
나하 공항 那覇空港
↓ 10분
도미구스쿠・나카치IC 豊見城・名嘉地IC
↓ 1시간 10분
교다IC 許田IC
↓ 30분 / 45분
고우리 대교 古宇利大橋
↓
오키나와 추라우미 수족관 沖縄美ら海 水族館

후쿠기는 '복을 주는 나무'로 불린다
비세 마을 후쿠기 가로수길
備瀬のフクギ並木

비세 지구는 후쿠기 나무 숲에 둘러싸인 오키나와의 전통 마을 풍경이 남아 있는 마을이다. 약 1km 이어지는 가로수 길은 파워 스폿으로도 알려져 있다.

● 本部町備瀬　● 교다IC에서 약 31km
● 주차장 있음　추라우미 수족관 주변 ▶
MAP P.12 C-1

후쿠기는 원래 방풍림으로 심은 것이다.

물소 수레(500엔)로 평화로운 산책을.

가로수길 너머에는 바다가 보인다.

평화로운 오키나와 타임
📷 Churaumisuizokukan Shuhen 0

후쿠기 가로수길을
물소 수레 타고 타박타박 산책

오키나와 추라우미 수족관에서 차로 약 3분이면 갈 수 있는 자연 명소. 시간이 천천히 흐르는 가로수 길을 물소 수레를 타고 산책할 수 있다. 나뭇잎 사이로 비추는 햇빛 속에서 편안하게 힐링하자.

물소 '후쿠짱'이 끄는 수레를 타고 둘러본다.

MUST SPOT
세계 최대 규모 수조 '구로시오의 바다'가 하이라이트 >>>P.48

📷 Churaumisuizokukan Shuhen 02

차를 타고 갈 수 있는
절경의 섬 여행

모토부반도 동쪽에 위치한 작은 외딴섬 고우리 섬은 차로 20분이면 한 바퀴 돌 수 있다. 야가지 섬과 고우리 섬을 잇는 고우리 대교(>>>P.40)도 아름다운 도로로 유명하다.

고우리 대교 끝부분은 해변이다.

절경 명소들을 차로 둘러보자
고우리 섬
古宇利島

모토부반도 북동부에 위치한 주위 약 8km인 작은 섬이다. 2005년 고우리 대교가 개통되면서 차로 건너갈 수 있는 외딴섬으로 인기를 모으고 있다. 바다가 내려다보이는 카페나 호텔 등이 자리한다.

● 今帰仁村古宇利 ● 교다IC에서 약 28km ● 주차장 있음 추라우미 수족관 주변 ▶ MAP P.13 E-1

WHAT IS

섬과 관련이 있는 사랑의 전설

'사랑의 섬'으로도 불리는 고우리 섬. 과거 신으로부터 내려온 남녀가 여기서 생활하고 그 후에 아이를 낳고 오키나와로 퍼졌다는 오키나와판 아담과 이브 같은 '인류발상전설'이 전해 내려온다.

에메랄드 그린 빛 바다!
지구누하마
チグヌ浜

시작의 동굴
전설의 남녀 두 명이 살았다고 한다.

고우리 대교 끝단에서 약 1km 거리에 있는 투명도가 높은 해변이다. 근처에는 오키나와의 '인류발상전설'에 등장하는 '시작의 동굴'이 있다.

● 今帰仁村古宇利 ● 교다IC에서 약 30km ● 주차장 있음
추라우미 수족관 주변 ▶ MAP P.13 E-1

사랑이 이루어지는 파워 스팟

CF에도 등장한 유명 명소
디누하마
ティーヌ浜

하트바위
두 개가 연결된 하트 바위에서 사랑을 맹세하는 커플들도 있다.

바다에 떠 있는 두 개의 하트 모양 바위가 특이해 사랑이 이루어지기를 바라는 커플들이 찾는다고 한다. 바다의 투명도도 뛰어나다!

● 今帰仁村古宇利 ● 교다IC에서 약 31km ● 주차장 있음(유료)
추라우미 수족관 주변 ▶ MAP P.13 E-1

고우리 섬 내 추천 절경 명소는 섬에서 가장 높은 곳에 있는 아마자후바루 전망대와 고우리 섬 오션타워다!

🍴 Churaumisuizokukan Shuhen 03

바다 전망? 숲 전망?
모토부의 인기 카페에서 휴식

모토부반도에는 동중국해를 바라보는 해안 지역과 반도 중앙에 위치한 자연이 풍성한 숲 지역이 있어 훌륭한 전망을 갖춘 카페가 많다. 산과 바다, 둘 다 정복하자!

고택다운 마루에서 푸르른 바다를 바라보다

빨강기와 고택에서 여유롭게
가진호우
花人逢

높직한 언덕 위에 있으며 동중국해에 있는 섬들을 조망할 수 있는 위치 좋은 카페. 빨강기와 지붕 건물에는 툇마루도 있어 여유 있게 쉴 수 있다.

● 本部町山里1153-2 ● 0980-47-5537
● 11:30-18:30 ● 화, 수요일 휴무 ● 교다IC에서 약 30km ● 주차장 있음
추라우미 수족관 주변 ▶ MAP P.12 C-2

피자
반죽에 얀바루 지역 샘물을 섞은 대표 요리. 중 2,200엔

모토부산 아세롤라 생과일주스
모토부정 특산품인 아세롤라를 사용한다. 비타민C가 풍부하다. 500엔

숲 속 카페에서 삼림욕
카페 이치라
Cafe ichara

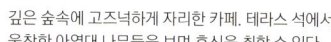

깊은 숲속에 고즈넉하게 자리한 카페. 테라스 석에서 울창한 아열대 나무들을 보며 휴식을 취할 수 있다.

● 本部町伊豆味2416-1 ● 0980-47-6372 ● 11:30-16:15 ● 화·수요일(공휴일 영업) ● 교다IC에서 약 17km
● 주차장 있음 추라우미 수족관 주변 ▶ MAP P.13 D-2

우미부도 샐러드
톡톡 터지는 식감이 즐거운 우미부도를 무침하게 사용한다. 1,000엔

커피
아이스와 핫 중에서 고를 수 있다. 500엔

울창한 열대 식물에 둘러싸여 마치 정글 같듯!

Churaumisuizokukan Shuhen 04
모토부 소바 거리에서 여러 맛집 탐방하기!

모토부정은 오키나와소바 마을로도 알려져 있으며 84번 현도에 위치한 모토부 소바 거리에는 무려 70개가 넘는 오키나와소바 식당들이 있다. 오래된 기본에 충실한 맛집부터 개성 넘치는 곳까지 다양한 오키나와소바를 먹어보자!

믹스 소바
달콤하고 짭짤한 소키와 삼겹살 소스가 스프에 녹아들어서 순한 맛이다. 800엔

전통 맛을 살린 오키나와 식당
이시쿠비리
石くびり

소키소바
토핑은 소키, 삼겹살, 어묵. 600엔

정식 메뉴도 많이 있어요!

이 집의 명물 소키소바는 닭, 돼지, 가다랑어로 육수를 낸 오리지널 국물이 구부러진 면에 잘 스며들었다. 소키와 삼겹살 등 양도 푸짐하다. 면에 울금을 섞은 히야시소바도 인기이다.

● 本部町東464-1 ● 0980-47-4769 ● 11:00-16:00(매진 시 영업 종료) ● 월요일 휴무 ● 교다IC에서 약 22km ● 주차장 있음
추라우미 수족관 주변 ▶ MAP P.12 C-2

진하게 양념한 토핑이 포인트
수제 오키나와소바집 쓰루야
手作り沖縄そばの店 つる屋

1955년에 문을 연 오래된 오키나와소바집. 납작하게 뽑은 쫀득쫀득한 면에 가다랑어 육수를 바탕으로 한 국물이 잘 어울린다. 산마이니쿠(삼겹살)소바도 인기가 있다.

● 本部町渡久地1-6 ● 0980-47-3063 ● 11:00-매진 시 영업종료 ● 일, 목요일 휴무 ● 교다IC에서 약 5km ● 주차장 있음
추라우미 수족관 주변 ▶ MAP P.12 C-2

Churaumisuizokukan Shuhen 05
항구에서 30분! 이에 섬에서 소소한 여행

본섬에서 페리를 타고 바로 갈 수 있는 외딴섬이면 당일치기 여행을 할 수 있다! 모토부 항에서 갈 수 있는 인기 외딴섬에서 당일치기 여행을 만끽하자.

모토부 항에서 불과 30분 만에!
이에 섬
伊江島

이에 섬 샘물을 사용한 이에소다. 각 220엔

'닷추'라 불리는 구스쿠산이 이에 섬의 상징이다. 해변, 기암 해안선 등 자연 명소와 꽃 공원도 있다.

● 伊江村 ● 모토부 항에서 페리로 약 30분 ● 주차장 있음
추라우미 수족관 주변 ▶ MAP P.12 A-1

바다에 두둥실 떠 있는 듯한 이에섬의 닷추(구스쿠야마)

뾰족한 산을 찾아보자

전 세계의 백합 90종이 펴서 백합 향기가 감싼다.

이에섬 내 추천 명소
리리피르드 공원
リリーフィールド公園

4월 하순에서 5월 초까지 꽃 구경하기 좋은 시기. 절정기에는 100만 송이의 나팔나리가 만개한다.

● 伊江村東江上地 ● 견학 자유 ● 이에 항에서 약 5km ● 주차장 있음
추라우미 수족관 주변 ▶ MAP P.12 B-1

TOWN -06

아열대 숲이 펼쳐진
얀바루
やんばる

오키나와현 북부에 위치한 이 일대는 아열대숲으로 뒤덮인 자연 명소, 트레킹, 카누 등 레포츠를 즐길 수 있고 비경에 있는 숲속 카페 등 잘 알려지지 않는 명소를 탐방하는 것도 추천한다.

대자연이 펼쳐진 곳

낮:◎ 밤:◎
자연이 많은 지역이므로 낮이 중심이 된다. 밤에는 호텔에서 여유롭게 보내자.

공항에서 가는 길

나하 공항 那覇空港
↓ 10분
도미구스쿠 · 나카치IC 豊見城 · 名嘉地IC
↓ 1시간 10분
교다IC 許田IC
↓ 45분
게사시가와 慶佐次川
↓ 1시간 10분
헤도미사키 辺戸岬

📷 **Yanbaru 01**
거암, 기암이 모여 있는
절경 파워 스폿 정복하기!

2억 년 전의 석회암이 만들어낸 세계 최북단 열대 카르스트 지형, 아열대 식물들이 우거진 자연림 등 대자연 속을 트레킹하자.

추라우미 전망대에서 얀바루의 탁 트인 전경을 조망할 수 있다.

가지 주위가 약 120m나 되는 거대한 가주마루 나무(용수)를 만나다.

다이세키린 산 트레킹의 출발점인 휴게소 세이키고야

\삼림욕을 하고 리프레시!/

사람에 손이 닿지 않은 자연이 남아 있는 웅장한 숲
다이세키린 산
大石林山

류큐 최초의 역사서에 기록된 오키나와 본섬의 첫 성지 '아시무이'가 있다. 이곳에는 소원을 비는 장소 '우타키'가 무려 40곳 이상 있다.

● 国頭村宜名眞1241　● 9:00-17:00(10-3월은 16:00까지)　● 악천후 시 휴무　● 820엔　● 교다IC에서 약 53km　● 주차장 있음

`얀바루` ▶ MAP P.17 D-1

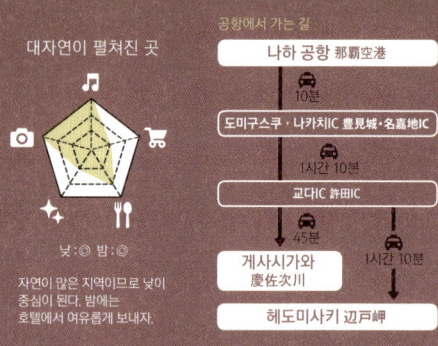
손오공이 태어난 바위산을 생각하며 고쿠(오공)이와(바위)로 불리는 바위

\독특한 지형이 색다르다!/

가이드가 추천해요
스피리추얼 가이드 투어
スピリチュアルガイドツアー

전문 가이드와 함께 추라우미 전망대 코스에 있는 파워 스폿 등을 둘러본다.

⏱ 소요시간 약 2시간
(11:00 / 13:00 / 15:00 출발)
💴 요금 3,000엔
전날 17시까지 예약 필수(전화만 가능)

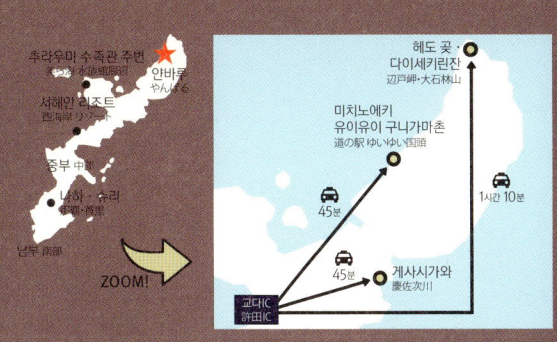

MUST SPOT

게사시가와
맹그로브 숲이 펼쳐진다.
안바루 숲의 상징이다.
>>>P.36

♪ Yanbaru 02
오키나와 제일의 비경 트레킹!

'안바루 에코투어리즘 연구소'의 '히지오 폭포 플랜'에서는 폭포를 향해 숲속을 산책하는 코스이다. 산책로가 잘 되어 있어 초보자도 안심하고 참여 가능하다.

캠핑장도 있는 히지오 폭포 입구에서 시작!

스릴 넘치는 큰 출렁다리를 건너면 거의 다 왔다.

산기슭에 있는 캠핑장 입구에 히지오 카페(>>>P.185)가 있어 점심식사도 가능하다.

당을 보충하면서 한숨 쉬자.

폭포를 향해 자연 속에서 심호흡
히지오 폭포
比地大滝

아열대숲에 둘러싸인 오키나와 본섬 최대 크기 폭포. 20m 이상 되는 높이에서 떨어지는 모습은 박력이 넘친다. 폭포까지는 급경사가 계속되기 때문에 컨디션에 만전을 기해 도전하자.

● 国頭村安田248-1 ● 9:00-17:00 ● 교다IC에서 약 50km ● 주차장 있음
안바루 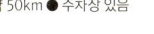 MAP P.16 C-3

옴이온이 나온다!

🚩 가이드가 추천해요
히지오 폭포 계곡 트레킹
比地大滝渓流トレッキング

오키나와 본섬 최대 높이인 26m의 히지오 폭포까지 편도 1.5km의 숲속을 탐방한다. 2명 이상 예약 가능.

⏱ 소요시간 약 3시간
💰 요금 4,000엔
예약 필요(전화로만)

빛나는 산호초

전망대에서 다이내믹한 경관을 바라보자.

Yanbaru 03
오키나와 본섬 북단에서 웅장한 자연을 만끽하다

본섬 최북단에 위치한 헤도 곶 주변은 웅장한 자연이 펼쳐진 경승지다. 절벽에서 보는 경관, 녹음이 우거진 깊은 숲 등 웅장한 스케일을 느껴보자.

밑으로 펼쳐진 산호초가 압권
가야우치반타
茅打バンタ

기나마 터널 위에 있는 높이가 80m 되는 절벽. 절벽 위에서 묶은 새를 떨어뜨렸더니 위로 부는 강풍에 흩어져 버렸다는 데에서 이름이 유래되었다.

● 国頭村宜名真 ● 자유 견학 ● 교다IC에서 약 50km ● 주차장 있음 안바루 ▶ MAP P.17 D-1

오키나와 본섬 최북단의 절경
헤도 곶
辺戸岬

태평양과 동중국해를 바라보며 솟아오른 산호가 만들어 낸 절벽. 정자와 산책로가 있으며 맑은 날에는 약 22km 떨어져 있는 요론 섬까지 바라볼 수 있다.

● 国頭村辺戸 ● 자유 견학 ● 교다IC에서 약 60km ● 주차장 있음 안바루 ▶ MAP P.17 D-1

다이내믹한 파도가 자연의 웅장함을 말해준다.

곶 끝단에서 경치를 즐기다

천천히 시간이 흐르는 촌락을 산책하자.

바쇼후의 고장
기조카슈라쿠
喜如嘉集落

전통 직물 '바쇼후'의 고장으로 알려진 마을. 마을 안에는 직물 재료가 되는 바쇼(파초) 잎이 우거져 있고 오래된 빨래기와 집들이 있는 옛 추억이 떠오르는 듯한 풍경이다.

● 大宜味村喜如嘉 ● 자유 견학 ● 교다IC에서 약 30km ● 주차장 있음 안바루 ▶ MAP P.14 C-1

마을 풍경을 바라보며 여유롭게 시간을 보내자.

Yanbaru 04
우거진 숲속에서 아름다운 카페 발견!

얀바루숲에 둘러싸인 고즈넉한 숨은 카페를 찾아가 보자. 거기에는 여유로운 시간이 흐르며 시간을 잊고 휴식할 수 있을 것이다.

전망이 뛰어난 숲속 카페
가지만로
がじまんろー

깊은 숲속에서 시콰사 농장을 운영하는 통나무집 카페. 직접 짠 사콰사 주스는 500엔이다.

● 大宜味村大宜味923-3 ● 0980-44-3313
● 11:00-18:30 ● 금요일요일 휴무 ● 교다IC에서 약 28km ● 주차장 있음 [얀바루] ▶ MAP P.14 C-1

케이크 세트
수제 케이크와 시콰사 주스가 나오는 세트 750엔

자연에 둘러싸인 산장 카페
히지오 카페
比地カフェ

히지오 폭포 캠핑장에 있는 세모 지붕 통나무집 카페. 건강한 오키나와산 커피, 오키나와산 생우유를 사용한 젤라토로 잠시 휴식하자.

● 国頭村比地781-1 ● 0980-41-3636 ● 11:00-17:00(겨울에는 16:00까지) ● 화, 수요일 휴무 ● 교다IC에서 약 37km ● 주차장 있음 [얀바루] ▶ MAP P.16 C-3

히지오 카페 특제 카레 플레이트
두 가지 본격적인 인도 카레를 맛볼 수 있다. 700엔

히지가와가 보이는 테라스 석을 추천

음이온 가득!

Yanbaru 05
천연기념물 얀바루쿠이나 관찰하기

얀바루쿠이나는 오키나와 얀바루숲에만 서식하는 새로 국가 천연기념물로 지정되었다. 새빨간 부리와 가슴에 있는 흑백 줄무늬가 특징이다. 환상의 새를 만날 수 있는 명소를 방문하자.

얀바루쿠이나의 생활을 관찰
얀바루쿠이나 생태 전시 학습 시설 구이나노모리
ヤンバルクイナ 生態展示学習施設「クイナの森」

일본에서도 매우 드문 얀바루쿠이나를 관찰할 수 있는 시설이다. 자연에 가까운 상태 속에서 유리창 넘어 볼 수 있다.

● 国頭村安田1477-35 安田くいなふれあい公園内 ● 0980-41-7788 ● 9:00-17:00
● 500엔 ● 교다IC에서 약 55km ● 주차장 있음 [얀바루] ▶ MAP P.17 E-3

아다쿠이나후레아이 공원 내에 있다

전망이 화려한 펜션&카페 테라스 다치가(>>>P.199). 절벽 위에 만들어진 공중 테라스가 절경이다.

얀바루 마나비노모리 광장

Yanbaru 06
테라피 로드에서 자연 힐링

오키나와에서 유일하게 '삼림 테라피 기지'로 인증을 받은 구니가미촌. 각각 테라피 로드에는 산책로가 조성되어 있어 천천히 걸으면 풍성한 자연 속에서 힐링이 된다.

자연의 테라피 효과를 기대하자!
테라피 로드

'숲속 힐링 효과'가 과학적으로 인정되면서 '삼림 테라피 기지' 인증을 받은 구니가미촌의 숲. 삼림 테라피 프로그램으로 일상생활 속 스트레스를 해소하자.

● 비정기로 개최되므로 예약 필수 ● 4,800엔(2인 이상 가능, 1인 3,800엔)

⏱ 소요시간 약 1시간 30분
🚶 거리 약 1.5km

출렁다리 밑 구로헤고(포도필라) 군락이 볼거리다.

얀바루 마나비노모리
やんばる学びの森

숲 탐방과 정글 카누 투어 등 다양한 코스가 있고 전문 가이드와 같이 둘러보는 코스도 있다.

● 교다IC에서 약 53km ● 주차장 있음
[얀바루] ▶ MAP P.17 D-3

⏱ 소요시간 약 3시간
🚶 거리 약 3km

공원에서 가장 인기 있는 헨토나 호수

구니가미촌 삼림공원
国頭村森林公園

요나하다케 산기슭의 헨토나 호반에 있는 삼림공원이다. 공원 전망대에서는 동중국해가 한눈에 들어오며 숙박 시설도 있다.

● 교다IC에서 약 40km ● 주차장 있음
[얀바루] ▶ MAP P.16 C-3

⏱ 소요시간 약 3시간
🚶 거리 약 3km

가이드와 동행하는 등산로를 추천한다.

요나하다케 등산로
与那覇岳登山道

오키나와 본섬 최고봉으로 높이 503m인 요나하다케 산을 걷는 등산로 코스. 히카게헤고(필통수) 군락 등 아열대식물이 무성하다.

● 교다IC에서 약 45km ● 주차장 있음
[얀바루] ▶ MAP P.16 C-3

Yanbaru 07
얀바루 미치노에키에서 특산품 득템!

얀바루쿠이나 관련 상품도 다양하다

얀바루 지역에서 생산된 농산물과 명과가 한 곳에 모이는 건 미치노에키만의 장점. 58번 국도에 있으며 드라이브 중에 들르는 것도 좋다.

신선한 재료를 저렴하게 살 수 있다.

얀바루쿠이나 총 집합
미치노에키 유이유이 구니가미
道の駅ゆいゆい国頭

내부에는 카페 공간도 있다.

구니가미 도넛. 162엔

오키나와 본섬 최북단에 위치한 미치노에키(일반도로 휴게소). 얀바루 특산품을 판매하고 구니가미산 재료를 사용하는 레스토랑도 있다. 얀바루쿠이나 관련 상품도 인기가 있다.

● 国頭村奥間1605 ● 9:00-18:00(레스토랑은 11:00-16:30) ● 교다IC에서 약 36km ● 주차장 있음 [얀바루] ▶ MAP P.16 B-3

STAY

P.188　럭셔리 호텔

P.190　리조트 호텔

P.192　프라이빗 호텔

P.194　시티 호텔

P.196　고택&외인주택

P.198　자연 호텔

P.200　지역별

STAY -01

고급스런 여행이라면
럭셔리 호텔 스테이

고요한 부세나 곶에 위치한
최상의 테라스!

코발트 블루 빛 바다를 조망할 수 있는 테라스. 야자수, 부겐베리아 꽃이 열대 지방 분위기를 느끼게 한다.

하얀 벽과 빨강기와가 주는 차분한 분위기
더 부세나 테라스
ザ・ブセナテラス

고급 호텔 인기 랭킹에서 항상 상위권을 지키는 인기 만점 고급 리조트. 나고 만에 튀어나온 부세나 곶에 자리하고 있으며 아름다운 전망과 풍성한 자연을 고집하는 고급진 만듦새, 작은 부분까지 빈틈없는 서비스를 누릴 수 있다.

● 名護市喜瀬1808 ● 0980-51-1333 ● 나하 공항에서 약 57km, 교다IC에서 약 5km(공항 리무진 버스 있음) ● 주차장 있음
서해안 리조트 ▶ MAP P.11 D-2 [요금] 디럭스 엘리건트 조식 포함, 트윈 1박 2만 4,840엔부터 [IN] 14:00 [OUT] 11:00

AMENITY GOODS

THALGO(탈고)
탈라소 테라피(해양 요법)
어메니티

[럭셔리한 3가지 POINT]

 테라스에서 바다를 바라보는 43㎡의 넓은 객실

 무드 만점인 야외 수영장

 마로드에서 즐기는 럭셔리 애프터눈 티

① 바다 전망의 객실은 모두 디럭스 사양. 넓고 쾌적하다. ② 폭포가 흐르는 야외 수영장은 위아래로 나뉘어져 있으며 워터 슬라이드도 있다. 실내 수영장에는 어린이 수영장도 있다. ③ 해변을 바라보면서 영국식 애프터눈 티를 즐길 수 있다. 2,800엔(음식 포함).

모처럼 오키나와에서 묵는다면 멋진 리조트에서 색다른 경험을 해보는 건 어떨까. 세련된 서비스와 공간에 감동을 받자. 더 리츠 칼튼 오키나와의 경우 바로 옆에 골프장이 있어 본격 골프 플레이도 가능하다.

WHAT IS

품격 높은 공간
주변 자연과 조화를 이루는 건물, 환대하는 정성 가득한 서비스가 매력이다. 바다를 보면서 테라스에서의 식사도 누려보자.

도시의 소음에서 벗어나 일상 밖 스테이를 즐기다

고급스럽고, 품격 있는 로비. 실내 장식도 느끼게 하는 인테리어가 쉼과 편안함의 공간을 연출한다.

5성급 명문 호텔
더 리츠 칼튼 오키나와
ザ・リッツ・カールトン沖縄

슈리성을 모티브로 한 빨강기와와 하얀 성벽이 눈에 띈다. 객실 테라스와 욕실에서는 오키나와 본섬에서 가장 아름다운 나고 만이 보인다. 5성급 리조트만의 최상급 편안함을 선사한다.

● 名護市喜瀬1343-1 ● 0980-43-5555 ● 나하 공항에서 약 75km, 교다IC에서 약 5km ● 주차장 있음
서해안 리조트 ▶ MAP P.11 D-2 요금 디럭스룸 1실 1박 4만 3,934엔부터 IN 15:00 OUT 12:00

AMENITY GOODS

Asprey(아스프리)

[럭셔리한 3 가지 POINT]

 수영장 라이브러리
 수영장으로 바로 나갈 수 있는 카바나 룸
 영국 고급 브랜드 ESPA 제품 스파

① 야외 수영장 옆에 있는 라이브러리는 부담 없이 음료와 핑거푸드를 즐길 수 있는 휴식 공간이다. ② 카바나 룸에는 프라이빗 월풀 욕조와 데이 베드까지 완비 ③ 최고 품질의 식물 추출물과 마린액티브 등을 재료로 한 영국 ESPA 제품을 사용하는 럭셔리 스파

STAY -02

바다가 바로 눈 앞에 펼쳐지는
리조트 호텔

이른 아침 요가와 건강한 음식으로 몸을 재부팅!

부드러운 아침 햇살이 비추는 가든 풀. 물에서도 음악을 들을 수 있어 낭만적이다.

RELAX PLAN

① 스파는 모두 개인 룸 완비. 히비스커스와 울금 등 미용 성분을 다량으로 함유하는 오키나와 천연 소재를 사용한 손마사지를 만끽할 수 있다. ② 자연을 느끼면서 가든 요가를. 류큐 음악에 맞춰 머리를 맑게 한다. ③ 미용과 건강이 주제인 조식. 나무 찜통에서 찐 섬 채소 등 건강한 오키나와 요리가 가득하다.

아열대 숲으로 둘러싸인 리조트
코코 가든 리조트 오키나와
ココガーデンリゾート オキナワ

약 7,000평 부지 내 타입별로 빌라가 곳곳에 있다. 히비스커스와 울금 등 오키나와 천연 재료를 사용하는 스파가 인기다. 네일 케어, 풋 바스 무료 대여도 해준다.

● うるま市石川伊波501　● 098-965-1000　● 나하 공항에서 약 49km, 이시카와IC에서 약 2km　● 주차장 있음　중부　▶ MAP P.8 C-1
요금 가든 트윈 1박 조식 포함 1만 2,000엔부터　IN 14:00　OUT 11:00

캐노피 침대가 있는 가든 디럭스 더블

일상을 잊게 해주는 최상급 리조트 스테이. 스파에서 몸을 힐링하고 코발트 블루 빛 바다를 바라보며 독서를 해볼까? 호텔 스파는 사전예약을 해야하니 여행 전에 미리 계획을 잘 세워 즐겨보자.

HOW TO

리조트 호텔에서 지내는 법
리조트 호텔에서는 티타임, 스파, 수영장 등 다양한 시설과 서비스를 제공하기 때문에 여유로운 시간을 보낼 수 있다.

'몸과 마음의 조화'를 이룰 수 있는
웰니스 리조트

'라이브러리 라운지&바'에서는 음료 등을 무료로 제공한다.

 RELAX PLAN

왼쪽: 야외에 있는 탈라소 테라피 수영장. 부세나 곶의 바닷물(온수)로 신진대사를 촉진할 수 있다.
오른쪽: 여름에는 인피니티풀에서 칵테일과 스낵을 즐길 수 있다.

건강하게 사치스러운 시간을 즐기는
더 테라스 클럽 엣 부세나
ザ・テラスクラブ アット ブセナ

운동, 영양, 휴양의 균형 잡힌 휴가를 보낼 수 있는 호텔. 탈라소 테라피 시설과 요가 등 다양한 서비스가 있는 것도 매력이다.

● 名護市喜瀬1750 ● 0980-51-1113 ● 나하 공항에서 약 57km, 교다IC에서 약 5km ● 주차장 있음 서해안 리조트 ▶ MAP P.11 D-2 요금 클럽 디럭스 1박 조식 포함 2만 7,000엔부터 IN 14:00 OUT 11:00

오션사이드 테라스에서는 바다가 보인다.

류큐 창세 신화의 땅에 들어선
자연과 융합된 절경 리조트

호텔 내에 둘러쳐진 회랑. 정원에는 가주마루 나무가 무성하다.

 RELAX PLAN

왼쪽: 오키나와의 웅장한 자연에 둘러싸인 최상급 스파 '가란 스파 스위트'에서 몸도 마음도 휴식.
오른쪽: 최고층에 노천탕이 달린 대절용 방 '호조안'이 6개 있어 숙박객은 언제나 이용 가능하다.

눈 아래로 펼쳐지는 절경에 사로잡히다
햐쿠나가란
百名伽藍

산을 등지고 바다가 펼쳐지면서 곶과 구다카 섬을 바라볼 수 있는 류큐 스타일의 호텔. 전 객실이 바다 전망이고, 노천탕과 갤러리 등 각종 시설이 있다.

● 南城市玉城百名山下原1299-1 ● 098-949-1011 ● 나하 공항에서 약 20km, 하에바루미나미IC에서 약 10km ● 주차장 있음
남부 ▶ MAP P.5 E-2 요금 이그제큐티브 스위트 1박 석식/조식 포함 5만 4,000엔부터 IN 14:00 OUT 11:00

단 하나만 있는 특별 룸 '하쿠인노마'는 바다가 보이는 전용 공중 테라스가 있다.

STAY -03

여유로운 시간이 오롯이 내 것!
프라이빗 호텔

고우리 섬의 아름다운
자연을 독차지하다

나키진에 자리한
고즈넉한 호텔

눈 앞에 펼쳐진 바다와 하나가
된 듯한 기분이 드는 수영장

대자연과 마주보는 아름다운 탁 트인 경치. 푸른
하늘과 바다가 바로 눈앞에 보인다.

🕐 사치스러운 시간

총 3개 객실에서는 푸른 바다를 조망하는 데 방해되는 것이 없다.
시간이 흐르는 대로 파도를 바라보면 기분이 좋아진다.

어른들을 위한 숨은 빌라
칠마
chillma

3개 객실 모두가 바다 전망인 빌라 스타일의 호텔. 객실에는 부엌과 거실이 있다. 바다를 바라보는 인피니티풀에서 자유롭게 지내자.

- 今帰仁村運天506-1 ● 0980-56-5661 ● 나하 공항에서 약 94km, 교다IC에서 약 23km ● 주차장 있음 `추라우미 수족관 주변` ▶ MAP P.13 E-2
- `요금` 1박 2만 8,000엔부터 `IN` 15:00 `OUT` 11:00

🕐 사치스러운 시간

조용히 울리는 파도소리를 들으며 푸른 하늘과 바다.
바람에 흔들리는 사탕수수 밭 등 오키나와의 아름다운 풍경을 바라볼 수 있다.

바다에 떠 있는 작은 섬의 호텔
원 스위트 호텔&리조트 고우리지마
ワンスイートホテル&リゾート古宇利島

프런트에서 객실까지 차량으로 이동하는 별장 분위기의 호텔. 낮에는 바다, 밤에는 하늘 가득한 별을 보며 자연에서 힐링 받는 특별한 시간을 누려보자.

- 今帰仁村古宇利466-1 ● 0980-51-5030 ● 나하 공항에서 약 96km, 교다IC에서 약 25km ● 주차장 있음 `추라우미 수족관 주변` ▶ MAP P.13 F-1
- `요금` 1박 조식 포함 3만엔부터 `IN` 15:00 `OUT` 11:00

왼쪽: 모던한 분위기의 거실과 부엌
오른쪽: 석양을 바라보며 로맨틱한 밤 맞이하자.

왼쪽: 푸른 하늘이 펼쳐진 언덕에 있는 사치스러운 공간. 옥상 자쿠지에서 밤에는 별 하늘을 만끽하자. 오른쪽: 레스토랑 '라 로타(La lota)'에서 최상급 디너를 즐길 수 있다.

자연에 녹아든 어른들의 별장 같은 프라이빗 호텔. 한 채를 통째로 빌리거나 몇 팀만 한정으로 묵을 수 있는 특별한 분위기의 호텔에서 사치스러운 시간을 만끽하자.

WHAT IS

프라이빗 호텔

별장 한 동을 통째로 빌려서 묵을 수 있는 호텔이 요즘 인기다. 바다와 숲에 둘러싸여 자연까지도 독차지한 기분이 든다.

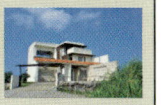

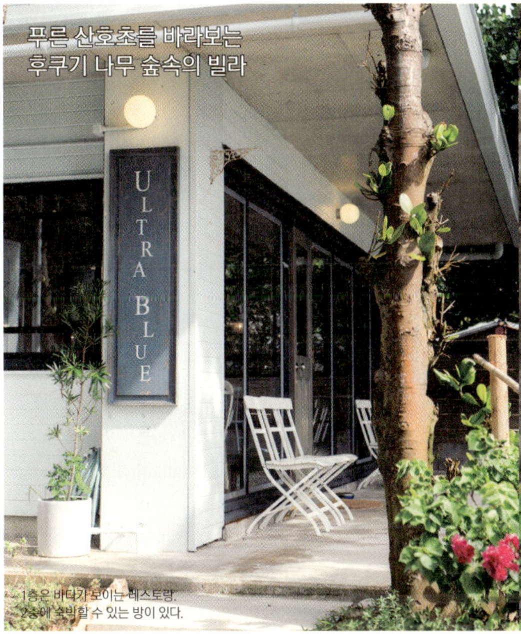

푸른 산호초를 바라보는 후쿠기 나무 숲속의 빌라

1층은 바다가 보이는 레스토랑. 2층에 숙박할 수 있는 방이 있다.

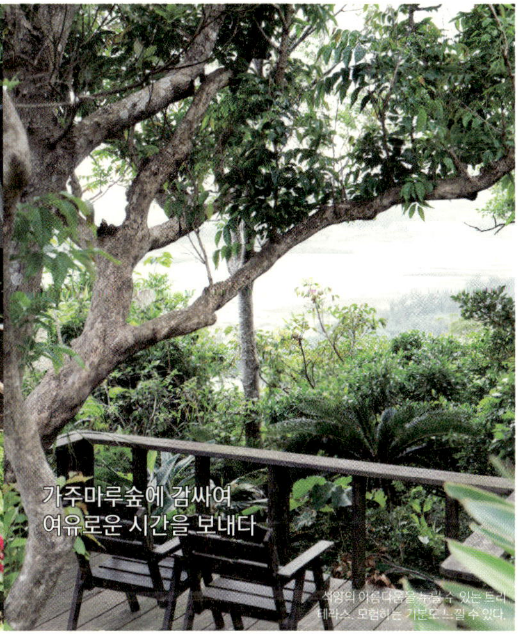

가주마루숲에 감싸여 여유로운 시간을 보내다

석양의 아름다움을 누릴 수 있는 트리 테라스. 모험하는 기분도 느낄 수 있다.

사치스러운 시간

푸른 산호초 바다와 고요함이 깃든 비세 마을 후쿠기 가로수길(>>>P.178)에 둘러싸여 자연의 음악으로 힐링하자.

바닷가 빌라 & 레스토랑

울트라 블루

ULTRA BLUE

파도를 바로 앞에서 느낄 수 있는 빌라. 하루 한 팀 한정 시스템으로 운영되기에 아무도 방해하지 않는 고요한 시간을 보낼 수 있다.

● 本部町備瀬609-2 ● 0980-43-5584 ● 나하 공항에서 약 99km, 교다IC에서 약 32km ● 주차장 있음 추라우미 수족관 주변 ▶ MAP P.12 C-1
요금 1박 조식 포함 1만 9,440엔부터 IN 15:00 OUT 11:00

사치스러운 시간

트리 테라스와 큰 창문을 통해 초록과 바다만 보이는 절경이 펼쳐진다. 아무것도 하지 않는 것이 최고의 사치라고 느낄 것이다.

언덕 위의 숨은 숙소

가이자

海坐

오키나와 남부에 위치한 스타일의 캐주얼한 숙소. 호텔 주변에는 프라이빗한 가주마루숲이 펼쳐져 있으며 일상에서 해방된 시간을 보낼 수 있다.

● 南城市玉城字玉城56-1 ● 098-949-7755 ● 나하 공항에서 약 23km ● 주차장 있음 남부 ▶ MAP P.5 E-2
요금 1박 조식 포함 8,850엔부터(숙박은 중학생 이상만 가능) IN 15:00 OUT 11:00

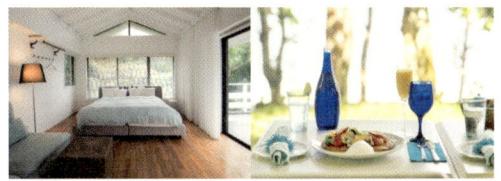

왼쪽: 우거진 나무들에 둘러싸인 베드룸. 욕실 창밖으로 바다를 바라볼 수 있다.
오른쪽: 레스토랑에서 먹는 조식은 팬케이크 브랙퍼스트(5가지)

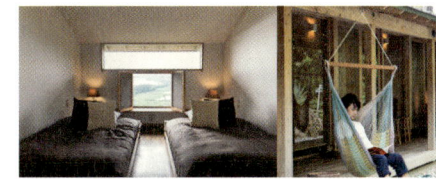

왼쪽: 4개 있는 객실. 창문 하나하나가 그림처럼 아름다운 풍경을 보여준다.
오른쪽: 마당에는 해먹도 설치돼 있어 여유롭게 책을 읽기에 좋다.

STAY -04

완벽한 쇼핑과 우아한 휴식을 한 번에
시티 호텔

여행 거점으로서의 역할을 충분히 발휘하는 좋은 접근성과 품격이 느껴지는 공간의 편안함을 겸비한 활동파를 위한 도심 호텔 리스트업.

북부와 남부 여행 거점으로 최적의 조건!

활기찬 자탄의 도시 속 리조트
힐튼 오키나와 자탄 리조트
ヒルトン沖縄北谷リゾート

본섬 중부 자탄정에 있는 호텔. 2개의 워터슬라이드가 있는 라군 풀과 레스토랑, 스파 등이 있어 고급스러운 휴식을 즐길 수 있다.

- 北谷町美浜40-1 ● 098-901-1111
- 나하 공항에서 약 20km, 기타나카구스쿠 IC에서 약 6km ● 주차장 있음

중부 ▶ MAP P.22 B-2
요금 스탠다드 1박 조식 포함 2만 4,736엔부터 IN 15:00 OUT 12:00

호텔의 이것이 POINT!

자탄의 바다와 바닷가 도시를 한눈에 볼 수 있는 전망
바다 전망 객실에서는 물론 욕실에도 큰 창문이 있어 목욕하면서 바다를 한 눈에 볼 수 있다.

오키나와 최대 규모의 라군 풀과 어른들이 여유롭게 쉴 수 있는 카스케이드 풀이 있다.

▲ **위치**
아메리칸 빌리지와 해변에 가깝고 북부로도 남부로도 가기 좋다.

▲ **디자인**
오키나와 문화를 모티브로 한 유니폼. 인테리어는 빈가타 등 오키나와 분위기가 곳곳에 서려 있다.

▲ **아침 식사**
오키나와 건강식이 주제인 뷔페. 바람이 상쾌한 테라스 석을 추천한다.

▲ **디저트**
로비 라운지 'mahru'에는 정성을 담은 페이스트리와 컬러풀한 특제 케익도 있다.

▲ **객실**
도시 속에 있으면서도 디럭스 스위트를 비롯한 객실에서는 자탄의 아름다운 바다를 한눈에 볼 수 있다.

비즈니스 목적이라도 모던한 호텔은 어때!

모던한 공간에 오키나와의 문화적 요소가 가미된 호텔

한 단계 높은 나하 스테이
하얏트 리젠시 나하 오키나와
ハイアットリージェンシー那覇 沖縄

비즈니스부터 레저까지 오키나와 스테이를 스타일리시한 공간에서 즐길 수 있는 고급 호텔. 뛰어난 위치에서 고급스런 기분을 맛볼 수 있다.

● 那覇市牧志3-6-20 ● 098-866-8888 ● 나하 공항에서 약 6km, 유이레일 마키시역에서 도보 약 7분 ● 주차장 있음(유료)
나하 ▶ MAP P.21 D-3 요금 1박 조식 포함 1만 2,000엔부터 IN 15:00 OUT 12:00

호텔의 이것이 POINT!

국제거리에서 도보 3분, 높은 접근도
나하의 중심 국제거리에서 가까운 사쿠라자카 지구에 있어 관광하기에 편리하다. 나하 공항에서도 차로 약 20분으로 접근성이 좋다.

▲ 객실
류큐 공예품이 배치된 모던한 디럭스룸. 32㎡ 넓이로 여유를 연출한다.

▲ 디너
호텔 최고층에 위치한 '밀라노 그릴'. 나하의 야경을 배경으로 창작 이탈리아 요리를 즐길 수 있다.

▲ 아침 식사
일본 전국의 제철 재료와 지역 식재료를 무침하게 사용한 조식을 뷔페로 만끽한다.

▶ 테라스
저녁 시간에는 기분 좋은 바람이 지나가는 정원을 바라보면서 시간을 보내는 것도 환상적일 것이다.

50개 품목이 585kcal!
나하의 역사를 지닌 호텔에서 약선 조식을 즐기다

아는 사람만 아는 건강한 아침 식사를 즐겨보자. 씀바귀 등 섬 채소를 무침하게 사용한 순한 맛에 위도 마음도 흡족해 한다.

호텔에서 오키나와 요리를 만끽!
오키나와 다이이치 호텔
沖縄第一ホテル

1955년 문을 연 역사를 지닌 호텔. 국제거리에서 도보 1분이라는 좋은 위치. 유명 인사 중에도 팬들이 많고 창업자인 시마부쿠로 요시코 사장님이 고안해 낸 영양가 있는 약선 조식이 유명하다.

● 那覇市牧志1-1-12 ● 098-867-3116 ● 유이레일 겐초마에역에서 도보 약 7분 ● 주차장 있음 나하 ▶ MAP P.20 B-2 요금 스탠다드 트윈 1박 1룸 온리 8,640엔부터 IN 15:00 OUT 10:30

국제거리에서 하나 골목으로 들어가면 호텔 도착. 구석구석 손질이 잘 된 마당이 아름답다.

약선 조식 3,240엔

시간 8:00~12:00(8:00, 9:00, 10:00 등 1일 3회)
예약 전날까지 예약 필수(전화)
• 숙박하지 않아도 이용 가능

STAY -05

오키나와 문화가 흐르다,
고택&외인주택

 **고택** 한번 방문하면 마음의 고향이 되는 오키나와. 리조트 호텔도 좋지만 가끔은 고택에서 오키나와다운 스테이도 매력적이다!

조용한 산속에서 나만의 별장을 즐겨보자.

고택과 통나무집에서 오키나와 기분 내기
코티지 카낙
コテージCANAC

캐나다산 통나무집과 100년 이상의 역사를 지닌 고택 등 4개동 건물이 있는 산장. 친구들끼리 단체로 또는 가족 단위로 왁자지껄 묵을 수 있다.

● 本部町渡久地286-8 ● 0980-47-2233 ● 나하 공항에서 약 90km, 교다IC에서 약 26km ● 주차장 있음   추라우미 수족관 주변 ▶ MAP P.12 C-2
요금 빨강기와집 1박 1동 2만 6,250엔부터(6명까지) 7명 이상은 1명당 1,050엔 추가 [IN] 15:00 [OUT] 11:00

① 빨강기와집 고택은 류큐 전통의 구조를 갖췄다. 강한 햇살을 들이지 않고, 실내를 시원하고 쾌적하게 유지한다.
② 뒷마루부터 오키나와 기분으로 여유롭게
③ 대문부터 시간여행 기분을 느낄 수 있다.
④ 장지문이나 미닫이를 제거하면 연회도 가능하다. 인원수가 많은 여행에도 좋다.

여유롭고 소박한 류큐 스테이

빨강기와집 고택이 매력적인!
고민가 료칸 시라바마
古民家の宿 しらばま

1970년의 고택뿐만 아니라 고택 스타일의 신축 건물도 있다. 별채에는 넓은 마당을 갖췄다. 가족 여행의 좋은 파트너가 될 만한 곳이다.

● 本部町備瀬624 ● 090-6862-4712(예약 전용 전화) ● 나하공항에서 약 100km, 교다IC에서 약 30km ● 주차장 있음
추라우미 수족관 주변 ▶ MAP P.12 C-1
요금 1박 석식/조식 포함 1만 280엔부터 [IN] 15:00 [OUT] 11:00

① 숙소 근처에 있는 '식당 잔야'. 저녁 식사는 이곳에서 먹는다.
② 후쿠기 가로수길이 유명한 비세 마을 안에 있는 숙소. 방은 3가지 스타일이 있어 선호하는 방을 고를 수 있다.
③ 저녁에 먹을 수 있는 섬 돼지 샤부샤부는 예약 필수
④ 수영할 수 있는 비세자키는 숙소에서 도보 3분 거리

모처럼 오키나와에 왔다면 숙소에서도 오키나와 문화를 즐겨보자. 그런 여행을 가능하게 해주는 것이 바로 빨강기와집 고택이나 외인주택 스테일 것이다.

WHAT IS

오키나와의 건물
지금은 보기 어려워진 목조 빨강기와집 전통 가옥. 2차 세계대전 이후 오키나와에서는 미국 문화의 영향을 받아서 콘크리트로 만든 건물이 늘었다.

외인주택

미군 관계자들을 위해 지어진 외인주택은 심플하고 넓으며 방도 많다. 단체나 가족 단위 여행을 왔다면 오키나와 스테이가 베스트다.

단체 스테이 가능!
가후와우라소에
かふーわ浦添

외인주택 한 동을 통째로 빌려주는 코티지. 침실이 3개나 있어 가족, 친척이나 친구들과의 단체 스테이에 적합하다. 마당에서 바비큐를 할 수 있는 장비도 있다!

● 浦添市港川331 ● 098-998-8628(예약 직통 090-1947-0122) ● 나하 공항에서 약 10km, 니시하라IC에서 약 5km ● 주차장 있음 [중부] ▶ MAP P.7 E-2
[요금] 1실 2명 조식 포함 1만엔부터. 룸 온리 1동 3만엔부터(10명까지) [IN] 15:00 [OUT] 10:00

머물고 싶은 외인주택 숙소

① 새하얀 벽이 귀여운 숙소. 이전에는 외인주택이 모여 있었지만 지금은 이 한 채만 남았다. ② 꽃이 피는 마당도 있다. ③ 침대와 어린이용 이층침대도 있는 침실 ④ 거실에 작은 키즈하우스가 있다. 애완동물과 함께 묵을 수 있는 것도 큰 매력이다.

오키나와에서 맛보는 아메리칸 라이프
베스 사이드 인
BASS SIDE INN

미국 스타일의 인테리어에 둘러싸인 숙소. 미국에서 홈스테이 하는 듯한 기분을 맛볼 수 있다.

● 宜野湾市大山2-4-5 ● 098-898-0008 ● 나하 공항에서 약 15km, 니시하라IC에서 약 5km ● 주차장 있음 [중부] ▶ MAP P.8 B-3
[요금] 1동 1박 3만엔부터
[IN] 15:00 [OUT] 11:00

아메리칸 라이프를 체험

① 부겐베리아가 피는 마당을 바라볼 수 있는 테라스. 여유로운 티타임을 즐기자. ②③ 침실과 넓은 거실에는 테이블, 소파, 패브릭 등 올드아메리칸 스타일의 인테리어가 있다. ④ 숙소를 방문하면 옛날의 미국식 좋은 분위기가 물씬

STAY-06

휴식파? 행동파?
호텔에서 자연과 동물로 힐링

윤나(천천히) 정신의
라이프스타일 체험!

'프라이빗 빌라'의 넓은 발코니. 실내에서도 바다를 볼 수 있다.

말과 함께 산책할 수 있는 숙소
얀바루 로하스
やんばるロハス

숲과 바다에 둘러싸인 프라이빗 감성이 넘치는 숙소. 객실은 가족들을 위한 룸 다마시다와 부엌이 있는 프라이빗 빌라의 두 가지로 구성되었다. 승마 초보자도 말 두 마리와 함께 산책을 나가거나 슬로우라이프를 체험할 수 있다.

- 東村慶佐次167-2(ウッパマ倶楽部内) ● 0980-43-2884 ● 나하 공항에서 약 100km, 교다IC에서 약 28km ● 주차장 있음 [얀바루] ▶ MAP P.14 C-2
- [요금] 룸 다마시다 1실 1박 5,400엔부터(4명까지)
  프라이빗 빌라 1실 2명 1박 1만 6,200엔부터
- [IN] 16:00 [OUT] 10:00

[로하스한 하루를 만끽하다!]

14:00
숙소 도착
얀바루의 자연을 지나서 우리 집 같은 숙소에 도착

14:30
승마 테라피 체험
상냥한 눈을 지닌 말들과 가까운 파인애플 밭이나 해변을 산책한다.

16:00
숙소 체크인
룸 온리가 기본이다. 부엌이 있는 객실은 친구와 같이 요리하는 즐거움도 있다.

16:30
프라이빗 비치를 산책
계단을 따라 절벽을 내려가면 고요한 프라이빗 비치가 나온다!

17:30
테라스에서 휴식을
바다 전망 테라스에서 360도 펼쳐지는 대자연을 바라보며 잠시 휴식

WHAT IS

승마 테라피
말과 교감하면서 승마를 즐긴다. 승마는 에어로빅과 동일한 유산소운동 효과로 몸을 재충전할 수 있다. 하루 2그룹 한정 (예약 필수).
- 소요시간 약 10분~1시간 30분
- 파인애플 코스 6,480엔
  해변 산책 코스 8,640엔 외

말 두 마리와 강아지,
잉꼬도 있어요!

하루 한 팀 한정 펜션

펜션&카페 테라스 다치가
ペンション&カフェテラスたちがあ

냇가가 있고, 폭포가 보이는 부지에 자리한 고급 레스토랑. 천장이 높고 개방감이 있는 럭셔리한 공간이다.

● 東村宮城519-1 ● 0980-43-2189 ● 나하 공항에서 약 103km, 교다IC에서 약 38km ● 주차장 있음 [안바루] ▶ MAP P.15 E-2
[요금] 1박 1실 조식 포함 2만 5,000엔부터(4명까지), 5명 이상 1명 당 5,000엔
[IN] 14:00 [OUT] 10:00

대자연에 둘러싸인
숨은 고급 레스토랑

펜션 산책로에서 보이는 폭포. 폭포의 물보라로 무지개가 나타나기도 한다.

사장님이 직접 만든 공중 테라스에서는 히가시촌의 대자연과 바다를 바라볼 수 있다. 여기서 식사도 가능하다.

[자연으로 힐링하는 하루를 만끽!]

14:00
카페가 있는 숙소로
산장 같은 심플한 외관. 1층은 카페, 2층은 숙박 시설이다.

15:30
다락방이 있는 객실 스테이
최상급의 인테리어로 사치스러운 기분. 방도 넓다.

16:00
카페에서 간식을
수제 치즈 케이크와 티라미수로 편안한 티 타임. 카페는 11~19시까지 영업한다.

라군에는 만나고 싶었던 돌고래가!

돌고래와 놀 수 있는 리조트 호텔

르네상스 리조트 오키나와
ルネッサンス リゾート オキナワ

'쾌'수욕장 100선에 선정된 해변과 천연 온천까지 갖춘 리조트 호텔. 어린이 액티비티도 다양해 가족 단위 여행으로 제격이다. 모든 객실이 바다 전망을 갖췄다.

● 恩納村山田3425-2 ● 098-965-0707 ● 나하 공항에서 약 49km, 이시카와IC에서 약 4km ● 주차장 있음 [서해안 리조트] ▶ MAP P.10 A-2
[요금] 1박 조식 포함 1만 5,000엔부터 [IN] 14:00 [OUT] 11:00

① 해변 옆에 있는 라군에서 돌고래와 교감하는 프로그램이 인기. 1,500엔부터 ② 각종 액티비티를 체험할 수 있는 르네상스 비치(>>>P.24) ③ 바다를 바라보는 '야마다 온천'

펜션&카페 테라스 다치가에서는 예약하면 바비큐 디너를 즐길 수 있다. 1인 2,500엔, 음료 별도

STAY -07

여행 계획을 제대로 세워서
방문 지역별 호텔 정하기

나하 · 슈리 국제거리 주변의 기본 관광에 유리하다.

끓이는 온천이 아닌 천연 온천
로와지르 호텔 나하
ロワジールスパタワー那覇

나하 해안 지역의 모든 객실 발코니를 갖춘 시티 리조트. 800만 년 전의 화석 바닷물을 원천으로 사용하는 천연 온천은 보습효과가 있다.

● 那覇市西3-2-1 ● 098-868-2222 ● 나하 공항에서 약 6km, 유이레일 아사히바시역에서 도보 약 15분 ● 주차장 있음 [나하] ▶ MAP P.18 B-2
[요금] 스파 디럭스 트윈 베이뷰 1박 조식 포함 2만 520엔부터
[IN] 14:00 [OUT] 11:00

위: 40.7㎡의 넓은 스파 디럭스 트윈 베이뷰는 객실에서도 천연 온천을 즐길 수 있다. 아래: 개방감이 있는 천연 온천 시설은 여성들에게 인기다.

남부 성지&해변 카페를 즐긴다면 여기!

공항 근처

공항에서 가장 가까운 최상급 리조트
서던 비치 호텔 & 리조트 오키나와
サザンビーチホテル&リゾート沖縄

나하 공항에서 불과 약 20분이라는 접근성으로 눈 앞에 아름다운 비치가 펼쳐진 리조트 호텔. 야외 가든풀 수영장은 길이가 70m나 된다.

● 糸満市西崎町1-6-1 ● 098-992-7500 ● 나하 공항에서 약 10km ● 주차장 있음(유료, 숙박객 무료)
[남부] ▶ MAP P.4 A-2
[요금] 슈피리어 트윈 1박 조식 포함 1만 1,880엔부터
[IN] 14:00 [OUT] 11:00

도심 속 리조트

최고의 도심 호텔
더 나하 테라스
ザ・ナハテラス

나하 중심부에 있으면서 테라스 감성을 연출한 리조트 호텔. 객실에서 나하의 야경을 감상할 수 있다. 레스토랑과 바도 다양하다.

● 那覇市おもろまち2-14-1
● 098-864-1111 ● 나하 공항에서 약 6km, 유이레일 마키시역에서 도보 약 13분 ● 주차장 있음
[나하] ▶ MAP P.21 E-1
[요금] 디럭스 트윈 1박 조식 포함 1만 2,420엔부터
[IN] 12:00 [OUT] 12:00

아시아풍 리조트

세련된 아시아 스타일
호텔 팜 로얄 나하
ホテルパームロイヤルNAHA

나하 국제거리 한가운데라는 최강의 위치를 자랑하는 럭셔리 호텔. 모던한 아시안 테이스트로 통일된 호텔 내부가 매력적이다.

● 那覇市牧志3-9-10 ● 098-865-5551 ● 나하 공항에서 약 7km, 유이레일 마키시역에서 도보 약 4분 ● 주차장 있음(유료) ▶ MAP P.21 D-2
[요금] 모더레이트 트윈 1박 조식 포함 1만 6,200엔부터
[IN] 15:00 [OUT] 10:00

천연 온천

비행기를 바라보면서 목욕하기
류큐 온천 세나가지마 호텔
琉球温泉 瀬長島ホテル

공항에서 차량으로 약 15분이면 갈 수 있는 세나가 섬에 있는 리조트 호텔. 지하 1,000m 지점에서 천연 온천이 솟아 나오고 비행기를 보면서 탁 트인 경관을 바라보며 목욕할 수 있다.

● 豊見城市瀬長174-5 ● 098-851-7077 ● 나하 공항에서 약 5km ● 주차장 있음(유료, 숙박객 무료)
[남부] ▶ MAP P.18 A-3
[요금] 노천탕이 있는 스탠더드 트윈 1박 조식 포함 1만 3,800엔부터 [IN] 15:00 [OUT] 11:00

작다는 이미지가 있는 오키나와이지만 사실은 넓다. 북부에서 남부까지 차량으로 이동하면 2시간 이상 걸린다. 여행 시간을 효율적으로 쓰기 위해서도 관광하고 싶은 지역에 맞춰서 호텔을 선택하자.

HOW TO
호텔 고르는 법
유이레일은 나하 시내만 있어 차가 없으면 이동이 불편하다. 호텔까지 이동하는 방법도 고려해서 결정하자.

중부&서해안 리조트
도시에서 바닷가 리조트를 즐긴다!

`오션 프런트`

열대 지방 리조트의 품격이 느껴지는
호텔 닛코 알리빌라
ホテル日航アリビラ

자연광이 아름답게 들어오는 회랑과 파티오 등 남유럽풍 구조가 매력적인 호텔. 모든 객실에 발코니가 있어 리조트 기분을 만끽할 수 있다.

- 読谷村儀間600 ● 098-982-9111 ● 나하 공항에서 약 36km, 오키나와미나미IC에서 약 18km(공항에서 유료 리무진버스 있음) ● 주차장 있음(유료, 숙박객 무료) `서해안 리조트` ▶ MAP P.8 A-1
- 요금 오션 프런트 트윈 3만 4,560엔부터
- IN 14:00 OUT 11:00

추라우미 수족관 주변
오키나와 추라우미 수족관에 가까워서 편리하다!

`오션 프런트`

모든 객실이 바다 전망
호텔 오리온 모토부 리조트&스파
ホテルオリオンモトブリゾート&スパ

에메랄드 비치가 눈 앞에 펼쳐진 절호의 위치에 자리한다. 객실에서는 물론 천연 온천을 즐기면서도 이에 섬 경치를 즐길 수 있다.

- 本部町備瀬148-1 ● 0980-51-7300 ● 나하 공항에서 약 90km, 교다IC에서 약 29km ● 주차장 있음(숙박객 무료) `추라우미 수족관 주변` ▶ MAP P.12 C-1
- 요금 트윈 1박 조식 포함 1만 4,300엔부터
- IN 14:00 OUT 11:00

얀바루
대자연 안에서 편안한 휴식

`빌라&코티지`

프라이빗 비치가 자랑
JAL 프라이빗 리조트 오쿠마
プライベートリゾートオクマ

얀바루의 대자연과 오쿠마 비치에 둘러싸인 리조트. 광대한 부지에 빌라와 코티지가 늘어서 있으며 휴게 시설도 다양하다.

- 国頭村奥間913 ● 0980-41-2222 ● 나하 공항에서 약 78km, 교다IC에서 약 30km ● 주차장 있음 `얀바루` ▶ MAP P.16 B-3
- 요금 1박 조식 포함 1명 9,440엔부터
- IN 14:00 OUT 11:00

`차로 갈 수 있는 섬`

섬 리조트에서 휴식을
AJ 리조트 아일랜드 이케이지마
AJ リゾートアイランド伊計島

2014년 이케이 섬에 탄생한 리조트 호텔. 산호초를 바라보면서 목욕할 수 있는 전망 노천탕은 탁 트인 느낌이 뛰어나다. 아이들을 위한 시설도 있어 가족 단위 여행자에게 추천한다.

- うるま市与那城伊計1286 ● 098-983-1330 ● 나하 공항에서 약 60km, 오키나와키타IC에서 약 30km ● 주차장 있음(유료, 숙박객 무료) `중부` ▶ MAP P.9 F-1
- 요금 1박 조식 포함 1실 1만 2,960엔부터
- IN 15:00 OUT 11:00

`시설이 다양한`

오랫동안 머물기 좋은 리조트
호텔 마하이나 웰니스 리조트 오키나와
ホテルマハイナウェルネスリゾートオキナワ

가든풀 수영장과 대목욕탕, 에스테틱 살롱 등 다양한 시설을 갖추었다. 모든 객실이 45㎡ 이상으로 여유롭게 보낼 수 있다. 오키나와의 원풍경이 남아 있는 북부지역의 매력을 만끽하자.

- 本部町山川1456 ● 0980-51-7700 ● 나하 공항에서 약 88km, 교다IC에서 약 27km ● 주차장 있음 `추라우미 수족관 주변` ▶ MAP P.12 C-2
- 요금 1박 조식 포함 1만엔부터
- IN 15:00 OUT 11:00

`오션 프런트`

모든 객실이 바다 전망
카난 슬로우 팜 cafe&eco-stay
カナンスローファームカフェ&エコステイ

모든 객실이 바다 전망인 게스트하우스. 건물은 오키나와 북부의 적토와 규조토를 사용해 지어졌다. 부설 레스토랑에는 직접 재배한 채소를 사용한 메뉴도 있다.

- 東村平良863-2 ● 0980-43-2468 ● 나하 공항에서 약 96km, 교다IC에서 약 35km ● 주차장 있음 `얀바루` ▶ MAP P.14 C-2
- 요금 1박 조식 포함 1명 6,480엔부터
- IN 15:00 OUT 11:00

도시 속 관광을 즐긴다면 나하와 중부 지역, 리조트 기분을 만끽하고 싶다면 서해안 리조트 지역을 추천한다.

오키나와 본섬에서 당일치기 여행
느린 시간이 흐르는 외딴섬으로!

오키나와 본섬과 조금 다르게 천천히 시간이 흐르는 외딴섬.
사람의 손이 닿지 않은 자연과 친절한 사람들과의 만남이 기다리고 있다.

각 섬으로 들어가기
가장 빠르고 편리한 이동 수단은 비행기다. 나하 공항에서는 구메 섬, 미야코 섬, 이시가키 섬으로 가는 항공편이 있다. 공항이 없는 다케토미 섬, 이리오모테 섬으로는 거점이 되는 이시가키 섬에서 페리로 이동하는 것이 일반적이다.

> 오키나와 외딴섬들은 섬마다 고유의 문화와 습관이 있고 언어도 달라요. 가령 "어서 오세요"는 본섬에서는 "멘소레", 미야코 섬에서는 "응먀치", 이시가키 섬에서는 "오리토리" 식이랍니다.

구메 섬 久米島 KUMEJIMA
아무도 없는 바다에서 여유로운 시간

오키나와 본섬에서 약 30분

나하에서 서쪽으로 약 100km, 주변이 산호초에 둘러싸인 아름다운 섬이다. 류큐왕조 시대에 중국과의 해상무역에서 요충지로 번영하였고 역사적인 유적지와 경승지가 잘 남아 있다. 섬 동쪽에 떠 있는 모래사장만으로 된 무인도, 하테노하마에서는 파랗고 하얀 절경이 펼쳐진다.

면적	63.21km²
인구	약 8,200명
비행기	나하 공항-구메지마 공항까지 약 30분
페리	도마리 항(오키나와 본섬)-가네구스쿠 항(구메 섬)까지 약 3~4시간

미후가 / 하테노하마

구메 섬 久米島
약 1시간
약 40분
미야코 섬 宮古島
이시가키 섬 宮古島
약 30분
다케토미 섬 竹富島
이리오모테 섬 西表島
약 10분

이리오모테 섬 西表島 IRIOMOTEJIMA
아열대 정글에 뒤덮인 비경

이시가키 섬에서 약 40분

오키나와 본섬에 이어 오키나와현 내에서 두 번째로 큰 섬이다. 면적의 90% 이상이 울창한 정글로 뒤덮여 있으며 이리오모테살쾡이 등 희귀한 동식물들도 많이 서식한다. 유람보트와 자연 관람물에 참여해서 사람의 손이 닿지 않은 자연을 즐기는 것이 이 섬을 여행하는 스타일이다.

면적	289.3 km²
인구	약 2,300명
페리	이시가키 항 리토 터미널(이시가키 섬)-우에하라 항까지 40~45분/오하라 항(이리오모테 섬)까지 35~40분

나카마가와 / 이리오모테살쾡이

ISLAND

천혜의 자연이 있는 힐링 섬
미야코 섬
宮古島

Miyakojima >>> P.206

오키나와 본섬에서 ✈ 약 50분

면적	204km²
인구	약 5만 5,000명
비행기	나하 공항-미야코 공항까지 약 50분

8개 섬으로 이루어진 미야코 제도의 주도 섬이다. 산도 강도 없는 평평한 섬으로 산호초 바다는 투명도가 뛰어나다. 절벽이 이어지는 히가시헨나자키, 다리로 연결된 이케마 섬 등의 경승지를 둘러보는 것 외에도 섬 중심지인 히라라 시내에서는 맛집과 쇼핑의 즐거움도 가득하다.

스나야마 비치

이라부 대교

약 30분
오키나와 본섬
沖縄本島
약 50분

야에야마 문화의 중심지
이시가키 섬
宮古島

ISHIGAKIJIMA >>> P.207

오키나와 본섬에서 ✈ 약 1시간

북회귀선에 가까운 야에야마 제도의 주요 섬이다. 일본 백경에도 선정된 절경이 펼쳐지는 가비라 만을 비롯해 산호초의 대군락을 볼 수 있는 시라호, 웅장한 이시가키 섬 종유동 등 아름다운 자연 경관이 최대 볼거리. 이시가키 시내에는 음식점과 기념품 가게가 많아 시내 구경도 재미있다.

면적	222.63km²
인구	약 4만 8,000명
비행기	나하 공항-이시가키 공항까지 약 1시간

가비라 만

이시가키 섬 종유동

옛 오키나와를 만날 수 있는 작은 섬
다케토미 섬
竹富島

TAKETOMIJIMA >>> P.204

이시가키 섬 🚢 약 10분

이시가키 섬의 서쪽 약 6km, 주위 약 9km인 작은 섬. 섬 중심에는 산호초 돌담을 두른 빨강기와집들이 있으며 오키나와의 전통적인 마을의 모습을 볼 수 있다. 섬 남쪽을 중심으로 펼쳐진 새하얀 해변도 아름답다.

면적	5.42km²
인구	약 300명
페리	이시가키 항 리토 터미널(이시가키 섬)-다케토미히가시 항(다케토미 섬)까지 고속선으로 약 10분

빨강기와집 마을

부겐베리아

느린 섬의 시간을 보내다
다케토미 섬

오키나와의 원풍경이라도 할 수 있는 옛날 그대로의 마을이 남아 있는 다케토미 섬. 이곳에는 최상급 리조트 호텔도 있어 조용히 휴가를 보낼 수 있다.

다케토미 섬에서 하고 싶은 것 BEST 5

국가 지정 보존지구에도 선정된 역사적 마을과 자연 그대로의 아름다운 해변이 볼거리. 관광은 운치가 있는 물소 수레가 즐겁다.

TAKETOMI BEST 1
힐링 독채 리조트
호시노야 다케토미지마에서 스테이

손으로 쌓은 돌담에 둘러싸인 별강 류큐기와집 건물 한 채로 객실이다. 섬의 전통 문화를 느끼면서 쾌적한 리조트 스테이를 즐길 수 있다.

섬 주민이 된 기분!

우리 집에서 지내는 것처럼!
호시노야 다케토미지마
星のや竹富島

섬의 전통가옥을 본뜬 마당이 있는 독채 객실이 총 48동 있다. 모든 객실이 남향이며 바닷바람이 지나는 프라이빗 감성이 넘치는 공간이다.

● 八重山郡竹富町竹富
● 0570-073-066(호시노야 종합 예약) ● 다케토미 항에서 약 2km, 셔틀버스 운행

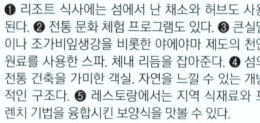

❶ 리조트 식사에는 섬에서 난 채소와 허브도 사용된다. ❷ 전통 문화 체험 프로그램도 있다. ❸ 큰실말이나 조가비일생강을 비롯한 야에야마 제도의 천연 원료를 사용한 스파. 체내 리듬을 잡아준다. ❹ 섬의 전통 건축을 가미한 객실. 자연을 느낄 수 있는 개방적인 구조다. ❺ 레스토랑에서는 지역 식재료와 프렌치 기법을 융합시킨 보양식을 맛볼 수 있다.

옛날 오키나와로 시간 여행
빨강기와집 거리
赤瓦の町並み

빨강기와집들이 산호 돌담으로 반듯하게 구획된 마을이다. 남쪽나라 꽃들이 장식하는 흰모래 골목을 걸어 다니면서 구경한다.

대부분이 일반 주택이기 때문에 안으로 들어가는 것은 삼가자.

추천 체험은 이것!
물소 수레

물소 수레로 빨강기와집 마을을 한 바퀴 둘러본다. 흔들리는 수레에서 느긋하게 산책을 즐긴다.

[다케토미 관광 센터(竹富観光センター)]
● 竹富町竹富441 ● 0980-85-2998 ● 1,200엔
● 다케토미 항에서 무료 셔틀버스 약 5분

● 소요시간 약 30 분

TAKETOMI BEST 2
빨강기와 마을 산책하기

마을은 30분이면 한 바퀴 둘러볼 수 있어 느긋하게 산책을 즐기자.

TAKETOMI BEST 3
낙원 해변에 취하다

멀리까지 물이 얕은 잔잔한 파도가 치는 해변
곤도이 해변
コンドイ浜

섬 서쪽에 펼쳐진 야에야마 제도 중에서도 손꼽히는 아름다움을 자랑하는 백사장 해변. 안전요원은 없지만 샤워와 화장실이 있어 해수욕을 즐기는 사람들도 있다.

● 竹富町竹富 ● 자유 견학 ● 무료 ● 다케토미 항에서 약 3km ● 주차장 없음

야에야마 제도에서 손꼽히는 투명도!

해변은 서쪽을 향하고 있어 일몰 시간대는 특히 아름답다. 근처에는 바다로 튀어나온 니시산바시 잔교가 있어 선셋 명소로 인기가 있다.

TAKETOMI BEST 4
나고미 탑에서 마을을 내려다보다

360도 절경이 펼쳐지는
나고미 탑
なごみの塔

마을 중심에 선 높이 4.5m인 탑. 다케토미 섬 전체와 멀리 이리오모테 섬까지 조망하는 절경을 볼 수 있다.

탑의 계단은 경사가 심하다. 전망대에는 한 번에 두 명 정도만 설 수 있다.

● 竹富町竹富
● 자유 견학
● 무료
● 다케토미 항에서 약 1km
● 주차장 없음

TAKETOMI BEST 5
니시산바시 잔교에서 석양을 바라보다

섬 사람들이 모이는 석양 명소
니시산바시
西桟橋

서해안에 길게 튀어나온 잔교로 석양 감상 명소로 유명하다. 섬 사람들도 저녁에 바람을 쐬러 나온다.

일몰 시간은 여름에는 19시 30분, 겨울에는 18시경이 기준이다.

● 竹富町竹富
● 산책 자유
● 무료
● 다케토미 항에서 약 2km
● 주차장 없음

다케토미 섬에는 별모래로 알려진 가이지 해변 등 아름다운 해변들이 곳곳에 있지만 조류가 빨라 유영하기에 적합하지 않은 곳이 많기 때문에 조심하자.

매우 맑은 블루의 바다를 찾아서
미야코 섬

투명도가 높은 바다로 알려져 있으며 다이버들에게도 인기 있는 미야코 섬. 주변 섬도 방문하면서 자연의 아름다움을 만끽하자.

미야코 섬에서 하고 싶은 것 BEST 3

스나야마와 요나하마에하마 등지에서 놀면서 아름다운 바다를 느껴보자. 드라이브하면서 히가시헨나자키와 이라부 섬을 방문하여 전망을 즐기는 것도 추천한다.

MIYAKO BEST 1
동양 최고로 아름다운 바다를 만끽

파도에 의한 침식으로 생긴 터널. 그늘이 시원하다.

❶ 해변 앞에 있는 높이 10m 정도 되는 모래산(스나야마)에서 이름이 유래되었다. 산을 오르면 바다가 눈앞에 있다. ❷ 서해안에 위치하여 석양 명소로도 인기. 감동적인 장면을 사진에 담자.

기암이 있는 천연 해변
스나야마 비치
砂山ビーチ

뻥 구멍이 뚫린 거대한 바위가 이 해변의 상징이다. 석양 명소로도 알려져 있다. 맨발로 다니면 보슬보슬한 가루 모래가 기분이 좋다.

● 宮古島市平良荷川取 ● 견학 자유 ● 무료 이용 ● 미야코 공항에서 약 8km

🚩 여기서도 체험!
미야코 바다의 생물을 관찰

해변가에 있는 해중 관찰 시설. 24개 창문을 통해 해저에 서식하는 나비고기 등 열대어를 볼 수 있다.

[미야코지마 해중 공원(宮古島海中公園)]
● 宮古島市平良狩俣2511-1 ● 10:00~18:00
● 입장료 1,000엔 ● 미야코 공항에서 약 15km

MIYAKO BEST 2
새로운 명소, 절경 대교를 드라이브!

파랑 세상으로 빨려 들어가

일본에서 가장 긴 다리!
이라부 대교
伊良部大橋

2015년 1월 개통된 통행료가 무료인 교각으로는 일본에서 가장 긴 다리. 미야코 섬과 아리부 섬을 연결하는 길이 '3,540'm은 '산호의 섬'이라는 언어유희의 의미가 있다.

● 宮古島市平良久貝458-27 ● 미야코 공항에서 약 8km ● 주차장 있음

MIYAKO BEST 3
유키시오 제조 공정을 견학하다

관광 후에는 유키시오로 만든 인기 있는 천수국 명물 소프트 아이스크림을 먹어보자.

바닷물에서 소금을 만드는
유키시오 뮤지엄(유키시오 제염소)
雪塩ミュージアム(雪塩製塩所)

유키시오(눈 소금)는 바닷물로부터 만들어지는 입자가 작은 가루 상태의 천연 소금이다. 제염소에서는 제조 공정 등을 설명해주는 해설자가 있다.

● 宮古島市平良狩俣191 ● 0980-72-5667 ● 9:00~18:30(10~3월은 17:00까지)
● 무료 ● 미야코 공항에서 약 16km ● 주차장 있음

다양성을 지닌 자연과 문화
이시가키 섬

산과 바다의 변화무쌍한 자연이 매력적인 이시가키 섬. 야에야마 제도의 문화 중심지인 이시가키 시내에는 역사적인 명소도 있다. 맛집도 다양하게 즐길 수 있다.

이시가키 섬에서 하고 싶은 것 BEST 3

절경이 펼쳐지는 가비라 만을 비롯하여 섬 안에 흩어져 있는 명소를 드라이브로 둘러보자. 활기 넘치는 이시가키 시내에서는 명물 음식과 쇼핑도 즐긴다.

ISHIGAKI BEST 1
절경 가비라 블루에 취하다

유리 보트로 바닷속 세상을 감상

너무 아름다운 절경
가비라 만
川平湾

백사장과 시간에 따라서 색깔이 변하는 바다가 빚어내는 표정은 이시가키 최고의 절경이다. 관광객들에게는 유리 보트가 인기다.

● 石垣市川平 ● 관람 자유 ● 이시가키 공항에서 약 20km ● 주차장 있음

낮에는 관광객들로 붐빈다. 고요한 아침이나 저녁에 방문하는 것도 좋다

사진을 찍는다면 가비라 공원 전망대를 가자, 만 입구를 막고 있는 것처럼 6개 무인도가 있다.

ISHIGAKI BEST 2
무려 20만 년의 세월이 만들어낸 종유동을 탐험하다

환상적으로 조명이 켜진 종유동 내부. 온도는 평균 22℃로 더운 여름에도 시원하다.

유구한 자연의 조화
이시가키지마 종유동
石垣島鍾乳洞

길이 약 3.2km인 종유동 중에서 약 660m가 공개된다. 미로처럼 이어지는 산책로 양쪽에 무수히 많은 종유석과 석순이 있고 화석도 볼 수 있다.

● 石垣市石垣1666 ● 0980-83-1550 ● 9:00-18:00 ● 요금 1,080엔 ● 이시가키 공항에서 약 13km ● 주차장 있음

ISHIGAKI BEST 3
제철 과일 디저트를 맛보다

자체 공장에서 수제로 만드는 아이스바는 540엔. 과일 스무디도 추천한다.

보석 같은 과일들
푸르츠 주얼리 팩토리
フルーツジュエリーファクトリー

이시가키 섬에서 나는 파인애플과 망고 등 열대 과일을 맛볼 수 있는 카페. 제철 과일을 사용한 아이스바가 간판 메뉴다.

● 石垣市大川270-3 ● 0980-87-5524 ● 10:00-20:00 ● 이시가키 항 리토 터미널에서 약 1km ● 주차장 없음

전 권투 세계 챔피언 구시켄 요코는 이시가키 섬 출신이다. 이시가키 시내에는 그의 위업을 소개하는 '구시켄 요코 기념관'도 있다.

INFO - 01

사전에 알아두면 안심되는
오키나와 가는 법

국내에서 오키나와로 가는 방법은 간단하다. 각 항공사마다 운항하는 직항을 이용해도 되고, 해외 국적기를 타고 경유해서 갈 수 있다. 오키나와에 가는 비행기는 나하 공항에 착륙한다. 만약 배편을 이용하고 싶다면 국내에서 바로 오키나와로 가는 것은 없고, 일본 고베 항이나 오사카 항, 가고시마 항에서 페리를 타고 가는 방법도 있다.

한국과 오키나와 직항편을 운행하는 항공사

한국과 오키나와를 연결하는 직항편은 LCC(저비용항공사)를 포함해서 다음과 같다. 운항일과 비행 스케줄은 직접 항공사에 문의하자. 항공사에 따라서 제휴항공사와 공동운항편(코드셰어)을 운행하기도 하지만 이 표에는 자체 항공기를 운행하는 회사 정보만 정리했다.

*가나다순

항공사	홈페이지	취항 중인 공항	소요시간
대한항공	kr.koreanair.com	인천	2시간 15분
아시아나항공	flyasiana.com	인천, 김해	2시간
이스타항공	www.eastarjet.com	인천	2시간 15분
제주항공	www.jejuair.net	인천	2시간 15분
진에어	www.jinair.com	인천, 김해	2시간
티웨이항공	www.twayair.com	인천, 대구	2시간 15분(1시간 55분: 대구)
피치항공	www.flypeach.com/pc/kr	인천	2시간 15분

참고 1 일본 현지에서 오키나와로 가는 경우 참고할만한 항공편

• 홋카이도 / 도호쿠 지방

공항	항공사	소요시간
신치토세 공항	ANA	3시간 55분
센다이 공항	ANA	3시간 30분

• 간토 지방

공항	항공사	소요시간
하네다 공항-나하 공항	ANA, JAL, SKY	2시간 55분
하네다 공항-이시가키 공항	ANA, JTA	3시간 30분
하네다 공항-미야코 공항	JTA	3시간 30분
나리타 공항	ANA, 젯스타, 피치, 바닐라 에어	3시간 20분
이바라키 공항	SKY	4시간 15분

• 긴키 지방

공항	항공사	소요시간
간사이 국제 공항-나하 공항	ANA, JTA, 젯스타, 피치	2시간 15분
간사이 국제 공항-이시가키 공항	ANA, JTA, 피치	2시간 50분
오사카 국제 공항	ANA, JTA	2시간 15분
고베 공항	SKY, 솔라시드	2시간

• 규슈

공항	항공사	소요시간
후쿠오카 공항	ANA, JAL, SKY, 피치	1시간 50분
구마모토 공항	ANA	1시간 35분
나가사키 공항	ANA	1시간 35분
가고시마 공항	JTA, 솔라시드	1시간 35분
아마미 공항	RAC	1시간 10분
요론 공항	RAC	40분

참고 2 나하 공항에서 외딴섬으로 바로 가기

도착지	공항	소요시간
구메 섬	구메지마 공항	약 35분
미야코 섬	미야코 공항	약 50분
이시가키 섬	신이시가키 공항	약 1시간
아구니 섬	아구니 공항	약 25분
요나구니 섬	요나구니 공항	약 1시간 40분
미나미다이토 섬	미나미다이토 공항	약 1시간 15분
기타다이토 섬	기타다이토 공항	약 1시간 15분

오키나와 여행 HINT

여행 일정이 잡히면 항공권과 숙소를 예약하자. 빨리 예약해서 저렴한 항공권을 잡도록 하자.
가족 단위 여행객이라면 여행사 패키지 여행도 추천한다.

HINT.1
할인 항공권 이용하기

항공권을 구매하려면 먼저 항공권 가격 비교 사이트에서 충분한 서치 후 진행하는 것이 좋다. 스카이스캐너(www.skyscanner.co.kr)와 카약(www.kayak.co.kr) 등의 사이트뿐만 아니라 호텔권과 연계해서 판매하는 사이트(호텔스닷컴, 부킹닷컴, 아고다, 익스피디아, 호텔스컴바인) 등에서는 작게는 5%에서 크게는 30%까지 할인된 가격의 항공권을 판매하니 참고하자.

- **장점** 예징이 일찍 설정되어 있으면 서렴하게 구입 가능
- **단점** 취소 수수료가 비싸다.

HINT.3
패키지 여행을 이용한다

4명이 넘는 가족 단위 여행이라면 자유여행보다는 패키지 여행이 덜 수고스럽다. 개인이 예약하는 것보다 요금이 꽤 저렴해지고, 특전이 붙을 수도 있다.

추천 사이트

국내	
모두투어	www.modetour.com
웹투어	www.webtour.com
인터파크투어	tour.interpark.com
참좋은여행	www.verygoodtour.com
투어벨	www.tourbell.co.kr
하나투어	www.hanatour.com
KRT	www.krt.co.kr
일본	
라쿠텐 트래블 JAL 라쿠팩	travel.rakuten.co.jp/package/jal/
타비라이 오키나와	www.tabirai.net/tour/okinawa

- **장점** 계획된 여행을 통한 안정성 등
- **단점** 항공편 변경 불가 또는 취소수수료가 비싸다 등

[항공사 문의 연락처]

- ✈ JAL(일본항공) ☎ 0570-025-071
- ✈ STA(일본트랜스오션항공) ☎ 0570-025-071
- ✈ ANA(전일본공수) ☎ 0570-029-222
- ✈ SKY(스카이마크) ☎ 0570-039-283
- ✈ SNA(솔라시도에어) ☎ 0570-037-323
- ✈ JJP(제트스타 재팬) ☎ 0570-550-538
- ✈ VNL(바닐라에어) ☎ 0570-6666-03
- ✈ APJ(피치항공) ☎ 0570-064-731

HINT.2
LCC터미널에서 내린다고요?

한국에서 오키나와를 오가는 항공 중 피치항공은 저렴한 항공권으로 인기가 높지만, LCC터미널을 이용해야 한다는 불편함을 감수해야 한다. 터미널에서 나하공항까지 가는 무료 셔틀버스를 타고 렌트카 혹은 모노레일을 타러 움직이면 된다.

- **장점** 저렴한 가격
- **단점** 셔틀버스로 이동해야 하는 불편함 등

HINT.4
일본여행 전문 여행사 활용하기

일본여행 할 때 정보 검색을 위해 활용되는 일본 여행 전문 여행사 리스트업

- **장점** 최신 정보 업데이트
- **단점** 일본어 번역의 수고스러움

추천 사이트

제이티비 www.jtb.co.jp	출발 일시 및 장소, 숙식시설 예약, 검색서비스 안내
HIS www.his-j.com	일본 종합 여행사. 교통 및 항공권, 숙박 등 여행 정보 제공
브라보재팬 www.bravojapan.com	일본 테마여행 전문 여행사. 스키, 골프여행, 트레킹 등
제이제이투어 www.jjtour.co.kr	골프투어, 호텔 및 협력상품 소개
코스모트래블 www.cosmotravel.co.kr	패키지, 골프, 스키, 전시회 등 테마여행 전문
지노투어 www.jinotour.com	오키나와 전문 여행 사이트

오키나와 전문 패키지투어 사이트
「다비라이 오키나와 たびらい沖縄」

오키나와 재방문자들에게 인기 있는 '다비라이 오키나와'에서 쉽게 패키지 투어를 비교해 볼 수 있다. 여행사 약 50개사 투어 중에서 업계 최저가 투어를 한 번에 검색&비교 가능하다. 알뜰하고 유니크한 보물 같은 투어도 찾을 수 있다.
http://www.tabirai.net/tour/okinawa

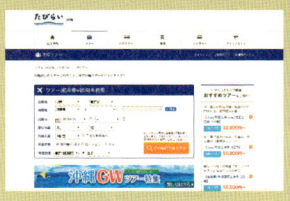

다비라이 오키나와
오키나와 여행 투어, 렌터카, 호텔, 관광정보 등등이 집약된 사이트.

INFO - 02

오키나와의 관문
나하 공항 빠른 가이드

나하 공항에 도착하면 바로 이용하게 되는 국제선 여객터미널. 총 4층으로 구성된 터미널은 1층 도착장, 2층 출발장, 3층 입국심사장, 4층 전망로비를 갖췄다.

1. Q&A로 알아본 나하 공항 이용법

Q 국내선 터미널 빌딩, 모노레일역(나하 공항역)에는 어떻게 가나요?
A 1층 출구 또는 2층 연결통로에서 국내선 터미널로 가야 합니다. 국내선 터미널 빌딩은 1층 출구 또는 2층 연결통로에서 걸어서 약 5분 거리에 있습니다.

Check
모노레일
영업구간   나하 공항역~슈리역(12.9km 소요시간 = 약 27분)
요금   기본요금은 230엔, 최고 330엔
운행시간   첫차 오전 6시 출발~막차 오후 11시 30분 출발(나하 공항역과 슈리역 양쪽에서 동시 출발)

Q 관광안내소는 어디에 있나요?
A 1층에 자리한 관광안내소에서 다양한 정보를 제공하고 있습니다.
(관광안내소 ● 098-859-0742 ● 오전 9시~오후 9시까지 운영)

Q 출국할 때 탑승수속은 어디에서 하나요?
A 2층, 출발로비 항공사 카운터를 이용해주세요.

Q 면세점은 어디에 있나요?
A 2층, 출국심사를 통과한 출발 게이트 내에 있습니다. 해외 브랜드의 화장품, 선글라스, 시계, 오키나와 명과나 아와모리 등을 갖추고 있습니다.
(면세점 안내 ● 098-891-8111 ● 오전 8시 30분~오후 8시 50분까지 운영)

Q 복사나 팩스 송신 서비스를 이용할 수 있나요?
A 1층, 도착 출구 옆 환전 및 관광안내소 티스코 재팬에서 유료로 이용할 수 있습니다. 복사나 팩스가 가능한 것은 A4 사이즈에 한합니다.
(서비스 안내 ● 098-891-8260 ● 오전 9시 30분~오후 8시 30분까지 운영)

2. 나하 공항 국제선 층별 약도

나하 공항
● 那覇市鏡水150 ● 098-840-1179(종합안내소) ● 주차장 있음(유료) 나하 ▶ MAP P.18 A-3

1층 도착장

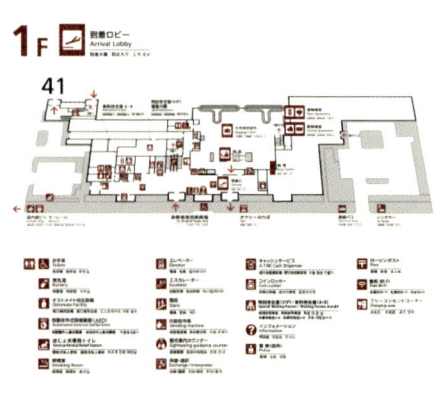

2층 출발 로비

*자료출처: 나하 공항

공항에서 각 지역으로 가는 법

공항에서 각 지역으로 가는 주요 이동 방법은 아래와 같다. 나하 시내로 간다면 유이레일 또는 택시, 리조트 호텔로 간다면 공항 리무진 버스를 활용하면 편하게 이동할 수 있다.

 유이레일
YUI RAIL

나하 공항과 슈리를 연결하는 모노레일. 국제거리 주변 등 나하 중심지를 거쳐 가기 때문에 중심부로 간다면 편리하다.

 렌터카
RENTAL CAR

사전 예약이 기본이지만 빈 차가 있으면 도착하고 카운터에서 신청할 수도 있다. 도착장을 나와 도로를 건너면 각 회사의 셔틀버스 승강장이 있다. 차량 수령 수속 중 각 렌터카 회사 사무실로 이동해서 한다.

 셔틀 택시
TAXI

공항에서 리조트 호텔까지 곧장 가는 택시. 사전 예약제로 행선지마다 요금이 정해져 있어서 안심할 수 있다. 추가요금을 지불하면 중간에 관광지를 들리는 서비스도 있다.

문의
오키나와현 개인택시사업 협동조합
● 098-850-5151

호텔	소요시간	소형차 (정원 4명)	중형차 (정원 5명)
더 비치 타워 오키나와 ザ・ビーチタワー沖縄	약 50분	4,000엔	5,000엔
오키나와 잔파미사키 로얄 호텔 沖縄残波岬ロイヤルホテル	약 70분	6,000엔	7,000엔
르네상스 리조트 오키나와 ルネッサンス リゾート オキナワ	약 70분	6,000엔	7,000엔
ANA 인터컨티넨탈 만자 비치 리조트 ANA インターコンチネンタル 万座ビーチリゾート	약 80분	8,000엔	9,000엔
JAL 프라이빗 리조트 오쿠마 JAL プライベートリゾート オクマ	약 140분	1만 3,000엔	1만 4,000엔

공항 리무진 버스
LIMOUSINE BUS

공항과 주요 리조트 호텔을 연결하는 리무진 버스. 공항 도착장에 있는 리무진 버스 카운터에서 티켓을 구입하고 이용한다. 사전 예약을 할 수 없어 만석일 경우는 다음 편을 기다려야 하기 때문에 성수기에는 시간적인 여유를 가지고 가자.

AREA A
1일 4~6편

- 라구나가든 호텔
  ラグナガーデンホテル
  ¥ 600엔 ● 39분
- 더 비치 타워 오키나와
  ザ・ビーチタワー沖縄
  ¥ 800엔 ● 58분
- 베셀 호텔 캄파나 오키나와
  ベッセルホテル カンパーナ 沖縄
  ¥ 800엔 ● 1시간 1분
- 힐튼 오키나와 자탄 리조트
  ヒルトン沖縄 北谷リゾート
  ¥ 800엔 ● 1시간 8분

AREA B
1일 4~6편

- 르네상스 리조트 오키나와
  ルネッサンス リゾートオキナワ
  ¥ 1,500엔 ● 1시간 13분
- 오키나와 잔파미사키 로얄 호텔
  沖縄残波岬 ロイヤルホテル
  ¥ 1,500엔 ● 1시간 33분
- 호텔 닛코 아라비라
  ホテル日航 アリビラ
  ¥ 1,500엔 ● 1시간 38분

AREA C
1일 6~8편

- 호텔 문비치
  ホテルムーンビーチ
  ¥ 1,500엔 ● 1시간 5분
- 호텔 몬토레 오키나와 스파&리조트
  ホテルモントレ 沖縄 スパ&リゾート
  ¥ 1,500엔 ● 1시간 9분
- 선마리나 호텔
  サンマリーナホテル
  ¥ 1,600엔 ● 1시간 13분
- 리잔시파크호텔탄차베이
  リザンシーパーク ホテル谷茶ベイ
  ¥ 1,600엔 ● 1시간 16분
- ANA 인터컨티넨탈 만자 비치 리조트
  ANA インターコンチネンタル 万座ビーチリゾート
  ¥ 1,700엔 ● 1시간 38분

AREA D
1일 5~8편

- 오키나와 가리유시 비치 리조트오션스파
  沖縄かりゆしビーチ リゾート オーシャンスパ
  ¥ 2,000엔 ● 1시간 15분
- 더 부세나 테라스
  ザ・ブセナテラス
  ¥ 2,000엔 ● 1시간 21분
- 오키나와 매리어트 리조트&스파
  オキナワマリオット リゾート&スパ
  ¥ 2,100엔 ● 1시간 26분
- 더 리츠 칼튼
  ザ・リッツカールトン
  ¥ 2,100엔 ● 1시간 29분
- 키세비치 팰리스
  喜瀬ビーチパレス
  ¥ 2,200엔 ● 1시간 35분

AREA E
1일 2편

- 나고 버스터미널
  名護バスターミナル
  ¥ 2,200엔 ● 1시간 30분
- 모토부 항
  本部港
  ¥ 2,400엔 ● 1시간 53분
- 마하이나 웰니스 리조트
  ホテルマハイナ ウェルネスリゾート
  ¥ 2,500엔 ● 2시간 4분
- 센추리온 호텔 오키나와 추라우미
  センチュリオンホテル 沖縄美ら海
  ¥ 2,500엔 ● 2시간 10분
- 호텔 오리온 모토부 리조트&스파
  ホテル オリオン モトブリゾート&スパ
  ¥ 2,500엔 ● 2시간 15분

※위의 호텔 외에도 정차하는 호텔이 있습니다. 자세한 문의는 공항 리무진 버스 안내 센터(098-869-3301)로 문의해 주세요.

INFO - 03

지혜롭고 편리하게 활용하자!
오키나와 교통 가이드

여행 목적과 스타일, 예산에 따라 교통수단도 여러 가지다.
각각 계획에 맞춰서 최적의 교통수단을 선택하자.

유이레일 YUI RAIL

나하 공항에서 슈리까지 13km 거리를 약 27분 만에 연결하는 모노레일. 중간에 15개 역이 있어 나하·슈리 지역 내에서 관광한다면 매우 편리하다. 지상 8~20m 높이 고가를 달리기 때문에 시내와 바다를 바라보는 전망도 즐길 수 있다.

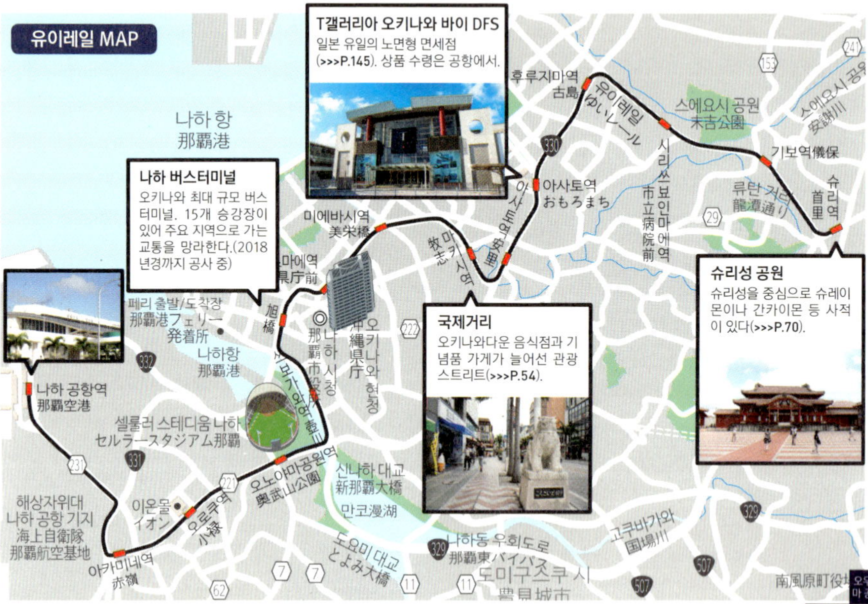

유이레일 MAP

T갤러리아 오키나와 바이 DFS
일본 유일의 노면형 면세점 (>>>P.145). 상품 수령은 공항에서.

나하 버스터미널
오키나와 최대 규모 버스 터미널. 15개 승강장이 있어 주요 지역으로 가는 교통을 망라한다. (2018 년까지 공사 중)

국제거리
오키나와다운 음식점과 기념품 가게가 늘어선 관광 스트리트 (>>>P.54).

슈리성 공원
슈리성을 중심으로 슈레이 몬이나 간카이몬 등 사적이 있다 (>>>P.70).

프리 승차권 활용하기

시내를 중심으로 이용할 경우, 유이레일 프리 승차권을 이용하면 그때그때 승차권을 구입하는 수고를 하지 않아도 되고 편리하다.

1일 승차권
(발권부터 24시간 유효)
● 700엔

2일 승차권
(발권부터 48시간 유효)
● 1,200엔

문의
오키나와 도시 모노레일
● 098-859-2630

											나하 공항역
										아카미네역	230
									오로쿠역	230	230
								오노야마 공원역	230	230	260
							츠보카와역	230	230	230	260
						아사히바시역	230	230	230	260	260
					겐초마에역	230	230	230	260	260	260
				미에바시역	230	230	230	260	260	260	300
			마키시역	230	230	230	260	260	260	300	300
		아사토역	230	230	230	260	260	260	300	300	300
	오모로마치역	230	230	230	260	260	260	300	300	300	300
후루지마역	230	230	230	260	260	260	300	300	300	330	330
시리쓰뵤인마에역	230	230	230	260	260	260	300	300	300	330	330
기보역	230	230	230	260	260	300	300	300	330	330	330
슈리역	230	230	230	260	260	300	300	300	330	330	330	330

(엔)

\ 손쉽고 편안하게 이동 /

택시
TAXI

기본요금이 480~510엔, 가산 요금이 60~70엔으로 타 도시보다 저렴한 오키나와 택시. 가까운 거리를 이동한다면 땡볕 아래를 무리해서 걷는 것보다 택시를 활용하는 것이 편리하다. 시내는 하루 종일 돌아다니는 빈 차 택시가 많아서 이용하기 좋다.

예상 요금

나하공항 →	국제거리	약 1,040엔	약 10분
	슈리성 공원	약 2,000엔	약 20분
	평화 기념 공원	약 3,200엔	약 40분
	미하마 아메리칸 빌리지	약 3,560엔	약 45분

문의
오키나와현 개인택시사업 협동조합
● 098-850-5151

오키나와현 하이어/택시 협회
● 098-855-1344

관광택시 활용하기

시간제로 빌릴 수 있는 관광택시. 오키나와 도로에 익숙한 베테랑 기사가 운전하기 때문에 시간 낭비 없이 안전하게 이동 가능하다.

 〈 편리한 이유? 〉

유이레일 노선에서 벗어난 지역에서는 차량으로 이동해야 한다. 자유롭게 움직인다면 렌터카가 일반적이지만 면허가 없을 경우, 운전이 불안한 경우, 술을 즐기고 싶은 사람들에게는 적합하지 않다. 버스는 운행 횟수가 제한적이며 정류장에서 먼 곳으로 갈 때 불편하다. 일반 택시는 중심가를 벗어나면 잡기가 어렵고 전화로 불러야 하는 등 각각 단점이 있다. 하지만 관광택시라면 어떤 곳에도 자유롭게 갈 수 있고 주차장을 찾는 수고와 주차요금도 필요 없다. 기사님에게 부탁하면 잘 알려지지 않은 맛집이나 명소를 안내해주는 등 장점도 많다. 단체로 각자 나눠서 지불한다면 요금도 비교적 합리적이라 할 수 있다.

 〈 어떻게 이용할까? 〉

기본적으로 사전 예약제이지만 도착 후 숙박하는 호텔 등에서 '콜택시'를 부탁할 수도 있다. 택시회사가 설정한 추천코스 외에 원하는 코스를 자유롭게 선택할 수 있는 시간제 '프리플랜'도 있어 인원수에 맞게 차량을 준비해 준다.

프리플랜 예상 요금

3시간	1만 2,000엔
6시간	2만 4,000엔
8시간	3만 2,000엔

▌ MODEL PLAN

남부 관광 코스 6시간

세계문화유산과 숨은 카페들이 곳곳에 있는 남부지역은 교통편이 좋지 않다. 관광택시라면 6시간 빌려도 다양한 플랜을 짤 수 있다.

문의
오키나와현 개인택시사업 협동조합
● 098-850-5151

🏢 **8:00** 호텔 픽업

9:00 세계문화유산 세이화우타키 관람

10:00 미바루 비치에서 놀기

12:00 식당 가리카에서 점심식사

14:00 국제거리까지

나하 시내에 흩어져 있는 관광명소를 둘러본다면 유이레일과 택시 이용을 추천한다. 체력을 고려하면서 택시를 잘 활용하자.

\ 현지인 기분으로 /

노선버스
BUS

관광객들은 노선이 복잡한 이유로 노선버스를 꺼리지만, 타는 버스만 알면 의외로 편리하다. 버스노선도 등을 구해서 이동수단의 하나로 추가하자. 장소에 따라서는 운행 횟수가 적거나 막차 시간이 빨리 끝나기도 하니 타기 전에 꼭 확인하자.

* 빨리 찾기 표는 예시임. 이용 전에 버스 회사로 문의 필요.

요금/시간 빨리 찾기

나하 공항 ➡	나하 버스터미널	나고 버스터미널	기념 공원 앞	평화 기념당 입구
	⏱ 11분 ¥ 230엔 나하 공항(국내선 여객터미널 앞) ↓ 나하 버스터미널	⏱ 1시간 45분 ¥ 2,190엔 나하 공항(국내선 여객터미널 앞) ↓ 고속버스 111번 나고 버스터미널	⏱ 3시간 5분 ¥ 3,070엔 나하 공항(국내선 여객터미널 앞) ↓ 류큐버스교통 66번 외 기념 공원 앞	⏱ 58분 ¥ 790엔 나하 공항(국내선 여객터미널 앞) ↓ 류큐버스교통 66번 외 평화 기념당 입구

나하 버스터미널 ➡	나하 공항	나고 버스터미널	기념 공원 앞	평화 기념당 입구
	⏱ 11분 ¥ 230엔 나하 버스터미널 ↓ 나하 공항(국내선 여객터미널 앞)	⏱ 1시간 33분 ¥ 2,100엔 나하 버스터미널 ↓ 고속버스 111번 나고 버스터미널	⏱ 2시간 50분 ¥ 2,980엔 나하 버스터미널 ↓ 고속버스 111번 나하 버스터미널 ↓ 류큐버스교통 66번 외 기념 공원 앞	⏱ 1시간 20분 ¥ 890엔 나하 버스터미널 ↓ 류큐버스교통 83번 외 하나시로 입구 ↓ 류큐버스교통 82번 평화 기념당 입구

나고 버스터미널 ➡	나하 공항	나하 버스터미널	기념 공원 앞	평화 기념당 입구
	⏱ 1시간 4분 ¥ 2,190엔 나고 버스터미널 ↓ 고속버스 111번 나하 공항(국내선 여객터미널 앞)	⏱ 1시간 32분 ¥ 2,100엔 나고 버스터미널 ↓ 고속버스 111번 나하 버스터미널	⏱ 53분 ¥ 880엔 나고 버스터미널 ↓ 류큐버스교통 66번 외 기념 공원 앞	⏱ 3시간 15분 ¥ 2,990엔 나고 버스터미널 ↓ 고속버스 111번 나하 버스터미널 ↓ 류큐버스교통 82번 평화 기념당 입구

기념 공원 앞 ➡	나하 공항	나하 버스터미널	나고 버스터미널	평화 기념당 입구
	⏱ 3시간 5분 ¥ 3,070엔 기념 공원 앞 ↓ 류큐버스교통 66번 외 나고 버스터미널 ↓ 고속버스 111번 나하 공항(국내선 여객터미널 앞)	⏱ 2시간 50분 ¥ 2,980엔 기념 공원 앞 ↓ 류큐버스교통 66번 외 나고 버스터미널 ↓ 고속버스 111번 나하 버스터미널	⏱ 55분 ¥ 880엔 기념 공원 앞 ↓ 류큐버스교통 66번 외 나고 버스터미널	⏱ 4시간 30분 ¥ 3,870엔 기념 공원 앞 ↓ 류큐버스교통 66번 외 나고 버스터미널 ↓ 고속버스 111번 나하 버스터미널 ↓ 류큐버스교통 82번 평화 기념당 입구

평화 기념당 입구 ➡	나하 공항	나하 버스터미널	나고 버스터미널	기념 공원 앞
	⏱ 1시간 2분 ¥ 790엔 평화 기념당 입구 ↓ 류큐버스교통 555번 나하 공항(국내선 여객터미널 앞)	⏱ 1시간 25분 ¥ 890엔 평화 기념당 입구 ↓ 류큐버스교통 82번 외 하나시로 입구 ↓ 류큐버스교통 83번 외 나하 버스터미널	⏱ 3시간 35분 ¥ 2,990엔 평화 기념당 입구 ↓ 류큐버스교통 82번 하나시로 입구 ↓ 류큐버스교통 83번 외 나하 버스터미널 ↓ 고속버스 111번 나고 버스터미널	⏱ 4시간 30분 ¥ 3,870엔 평화 기념당 입구 ↓ 류큐버스교통 82번 하나시로 입구 ↓ 류큐버스교통 83번 외 나하 버스터미널 ↓ 고속버스 111번 나고 버스터미널 ↓ 류큐버스교통 66번 외 기념 공원 앞

스마트폰으로 운행 정보 검색

버스회사 4개사(류큐버스교통, 오키나와버스, 도요버스, 나하버스)의 시간표, 운임, 버스의 현재 위치를 검색할 수 있는 사이트에서 사전에 확인하자.
http://www.busnavi-okinawa.com/

정기 버스 활용하기

오키나와 주요 관광 명소를 둘러보는 버스 투어. 효율적으로 저렴하게 각 관광지를 즐길 수 있고 같이 버스를 탄 사람들과 즐거운 만남도 있다!?

정기 관광버스란?

각 버스 회사가 개최하는 관광버스 투어다. 투어에 따라 다르지만 이동뿐만 아니라 각 관광지 입장료와 점심이 포함되는 경우가 많다. 코스가 정해져 있어 자유로운 여행은 아니지만 그만큼 관광택시 등과 비교하면 저렴하다.

어떻게 이용해요?

전화 및 이메일로 사전 예약이 필요하다. 각 버스 회사 홈페이지에서 투어 내용과 요금을 확인할 수 있다. 집합 장소와 지불 방법에 대해서는 각 버스 회사가 안내한다.

두 투어 비교하기

코스명 / 주요 관광지	오키나와버스 오키나와 월드와 오키나와 전투 둘러보기	오키나와버스 추라우미 수족관과 나키진 성터	오키나와버스 슈리성/시내 유적지 둘러보기	나하버스 슈리성/오키나와 전투/오키나와 월드 코스	나하버스 추라우미 수족관 풀 코스	나하버스 절경/고우리 섬/나키진 성터/추라우미 코스
시간/요금	약 7시간 / 4,900엔	약 9시간 30분 / 5,500엔	약 4시간 / 4,000엔	약 8시간 / 4,900엔	약 9시간 / 4,800엔	약 9시간 45분 / 5,800엔
출발	오키나와버스 본사 출발 8:30	오키나와버스 본사 출발 8:45	오키나와버스 본사 출발 13:00	나하 버스터미널 출발 9:15	나하 버스터미널 출발 8:00	나하 버스터미널 출발 8:30
슈리성 공원			●	★		
구 해군사 방공호				●		
히메유리 탑	●			●		
평화 기념 공원	●			●		
오키나와 월드	●			●		
아울렛 아시비나	●					
시키나엔			▲			
만자모		●				
해양엑스포공원추라우미수족관		★			●	●
나키진 성터		●				●
나고 파인애플 파크		●				

★수족관 입장료는 요금 별도
▲수요일(공휴일일 경우는 다음날)은 현립박물관으로 변경
★슈리성 정전 입장료는 요금 별도

문의

나하버스
098-868-3750
http://okinawa.0152.jp/

오키나와버스
098-861-0083
http://okinawabus.com/

버스 모노 패스 활용하기

버스 모노 패스는 나하버스의 나하 시내 균일 구간과 유이레일을 하루 동안 자유롭게 탈 수 있다. 제휴 시설과 식당에서 할인 서비스도 받을 수 있어 나하 중심부를 구석구석까지 둘러보고 싶다면 이용할 만한 가치가 크다. 요금은 어른 1,000엔, 아동 500엔. 유이레일 각 역의 창구, 나하 버스터미널 등에서 구입 가능.

노선버스 정류장이 망라된 버스노선도는 나하 버스터미널 등에서 배포하고 있다. 버스로 여행한다면 꼭 구하자.

렌터카
RENTAL CAR
가장 자유롭게 이동하는

오키나와 내 이동수단 중에서 가장 편리한 렌터카. 요금도 본토에 비해서 꽤 저렴하고 시간 구애 없이 자유롭게 이동할 수 있다. 성수기에는 빈차가 없을 수도 있으니 일정이 나오면 일찍 예약하자.

사진제공: 도요타 렌터리스 오키나와

이용방법

① 예약하기
인터넷으로 예약하면 편하다. 이용 날짜, 차량 종류를 선택하면 요금을 확인할 수 있다. 내비게이션과 유아용 카시트, ETC 탑재 여부, 금연/흡연 등 옵션도 선택 가능. 도착 항공편을 미리 알려주면 공항으로 마중 나온다.

② 공항에서 사무실로

렌터카 사무실은 공항 부지 밖에 있어 공항에서는 셔틀 차량으로 이동한다. 도착장을 나와서 도로를 건너면 각 렌터카 회사 간판이 서 있으니 예약한 회사 간판 앞에서 셔틀을 기다린다.

③ 카운터에서 접수

면허증을 제시하고 계약 수속을 한다. 보험 가입 여부를 물어보면 내용을 확인해서 판단하자. 이때 요금 지불을 하며, 신용카드로 지불하면 편하다. 성수기는 30분 정도 기다릴 수도 있다.

④ 빌리는 차량 만나기

자기가 빌린 차량을 안내 받았으면 먼저 직원과 함께 차량 스크래치 상태를 확인한다. 차량의 각종 조작법과 내비게이션 사용법 등 궁금한 점이 있다면 확인한다. 이 차에 익숙해지기까지는 신중하게 운전하도록 하자.

 반납할 때는…
▲ 연료는 가득 채워서
▲ 스크래치가 없는지 확인한다.
▲ 셔틀 차량을 이용해서 공항으로

인터넷으로 사전에 비교 예약
렌터카 비교 사이트를 이용하면 최저가 플랜이나 원하는 차종 검색도 한 번에 할 수 있다. 연료 교환권이나 쿠폰을 주는 혜택도 있다.

🖥 오키라쿠 沖楽
오키라쿠 특가 추천 알뜰 플랜을 최단 1분 만에 쉽게 예약 가능하다. 각 사무실의 사진과 이용후기 정보도 많다.
http://oki-raku.net/

🖥 다비라이 오키나와 たびらい沖縄
엄선한 12개사가 최저가를 보장한다. 모든 플랜이 면책 보상 부가세가 포함된 요금이기에 안심할 수 있다.
http://car.okitour.net/

주요 렌터카 회사

회사명	예약 번호	공항 영업소
닛폰 렌터카 ニッポンレンタカー	☎ 0800-500-0919	☎ 098-859-0505
도요타 렌터카 トヨタレンタカー	☎ 0800-7000-111	☎ 098-857-0100
닛산 렌터카 日産レンタカー	☎ 0120-00-4123	☎ 098-858-0023
에어즈클럽 렌터카 エアーズクラブレンタカー	☎ 098-852-1616	☎ 098-852-1616
오릭스 렌터카 オリックスレンタカー	☎ 0120-30-5543	☎ 098-851-0543
생큐 렌터카 サンキューレンタカー	☎ 0120-390-841	☎ 098-857-0390
OTS 렌터카 OTSレンタカー	☎ 0120-34-3732	☎ 098-856-8877
후지 렌터카 フジレンタカー	☎ 0120-439-022	☎ 098-858-9330
타임즈 카렌탈 タイムズカー レンタル	☎ 0120-10-5656	☎ 098-858-1536
스카이 렌터카 スカイレンタカー	☎ 098-859-6505	☎ 098-858-0678
J넷 렌터카 Jネットレンタカー	☎ 0120-49-3711	☎ 098-852-0070
루후토 트래블 렌터 ルフト・トラベルレンタカー	☎ 0120-38-7799	☎ 098-856-8926
오키나와 렌탈 바이크 JASMIN 沖縄レンタバイクJASMIN	☎ 098-859-5653	–
셀렙 렌터카 セレブレンタカー	☎ 0120-859-337	☎ 098-859-3337

\ 좀 더 멀리 외딴섬으로! /

페리
FERRY

오키나와 본섬 주변에는 자마미 섬, 도카시키 섬과 같은 외딴섬이 곳곳에 있고 나하 시에 있는 도마리 항이나 북부 모토부 항에서 정기 페리가 운항되고 있다. 이에 섬 등 당일치기로 부담 없이 방문할 수 있는 섬들도 많고 요금도 저렴하다.

섬 내부에서 이동하기
◎추천! ○편리함 ×불편함
운임은 편도(어른 1명) 요금입니다.

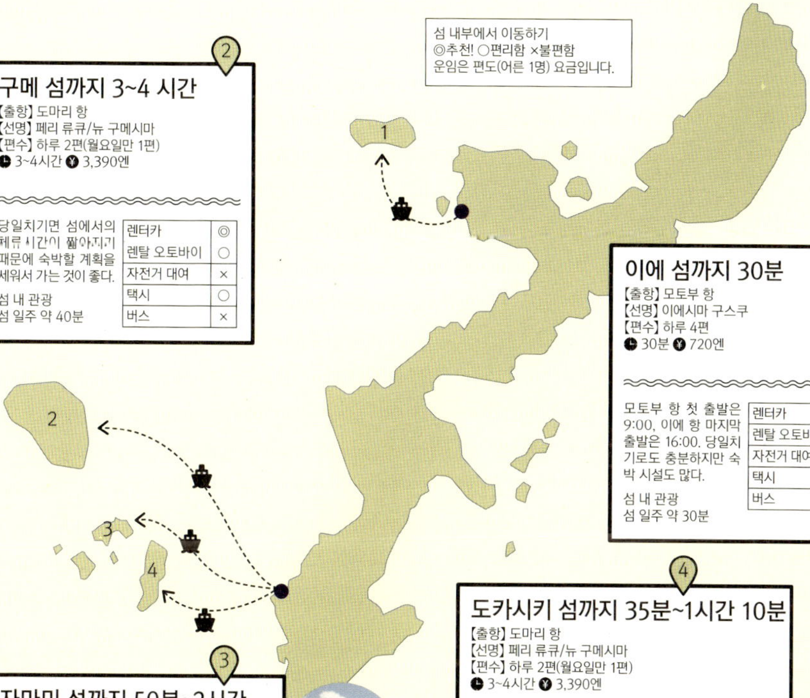

② 구메 섬까지 3~4시간
【출항】 도마리 항
【선명】 페리 류큐 / 뉴 구메시마
【편수】 하루 2편(월요일만 1편)
⏱ 3~4시간 💴 3,390엔

당일치기면 섬에서의 체류 시간이 짧아지기 때문에 숙박할 계획을 세워서 가는 것이 좋다.

렌터카	◎
렌탈 오토바이	○
자전거 대여	×
택시	○
버스	×

섬 내 관광
섬 일주 약 40분

① 이에 섬까지 30분
【출항】 모토부 항
【선명】 이에시마 구스쿠
【편수】 하루 4편
⏱ 30분 💴 720엔

모토부 항 첫 출발은 9:00, 이에 항 마지막 출발은 16:00. 당일치기로도 충분하지만 숙박 시설도 많다.

렌터카	◎
렌탈 오토바이	○
자전거 대여	○
택시	○
버스	×

섬 내 관광
섬 일주 약 30분

④ 도카시키 섬까지 35분~1시간 10분
【출항】 도마리 항
【선명】 페리 류큐 / 뉴 구메시마
【편수】 하루 2편(월요일만 1편)
⏱ 3~4시간 💴 3,390엔

당일치기면 고속선이 좋다. 도카시키 9:35 도착, 17:30 출발. 숙박시설도 많아 1박 이상 하는 경우가 일반적이다.

렌터카	◎
렌탈 오토바이	○
자전거 대여	×
택시	○
버스	×

섬 내 관광
섬 일주 약 1시간

③ 자마미 섬까지 50분~2시간
【출항】 도마리 항
【선명】 페리 자마미 / 퀸 자마미
【편수】 하루 1~2편(고속선 하루 2편)
⏱ 2시간(고속선 50분)
💴 2,120엔(고속선 3,140엔)

당일치기면 고속선으로 자마미 9:50분 도착, 17:20분 출발. 숙박하는 경우가 일반적이다.

렌터카	◎
렌탈 오토바이	○
자전거 대여	×
택시	○
버스	×

섬 내 관광
섬 일주 약 3시간

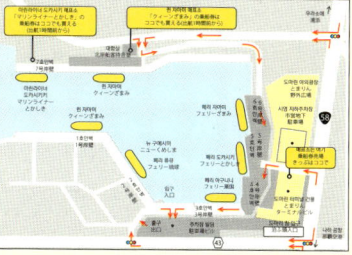

문의
도카시키촌(나하 연락사무소)
● 098-868-7541

자마미촌(나하 출장소)
● 098-868-4567

구메 상선 주식회사(나하 본사)
● 098-868-2686

이에촌 공영기업과
● 0980-49-2255

출발은 여기서

나하 도마리 항(도마린)

'도마린'은 나하시 도마리 항에 위치한 복합 여객터미널 빌딩이다. 빌딩 내에 각 항로 승선권 매표소가 있다.

● 那覇市前島3-25-1 ● 유이레일 미에바시역에서 도보 약 10분
나하 ▶ MAP P.20 B-1

오키나와 렌터카 요금은 1박 2일로 약 5,000엔부터로 저렴하다. 나하 공항 렌터카 안내소에서 당일 예약도 가능하지만 사전에 미리 예약하는 게 좋다.

INDEX

PLAY

A&W 국제거리 마키시점	56
Gum 와레와레 유메	33
2대 성지	66
21세키노모리 비치	30
가나구스쿠우후히자	73
가라하이	75
가쓰렌 성터	61
가이소 국제거리점	57
가즈미토 본점	79
간가라 계곡	64
간주도	79
고마카 섬	35
고민가 스파 다바야	42
공방 화시	57
고우리 대교	40
구고 민예점	56
구다카 섬	67
구에후 섬	34
국제거리	54
게사시가와 맹그로브 카약	36
기라쿠	79
나고 파인애플 파크	77
나카구스쿠 성터	61
나키진 성터	60
니라이 비치	24
니라이·카나이 다리	40
다마우둔	62
동남 식물 낙원	76
라 쿠치나 숍 부티크	43
류큐무라	74
류탄	73
마린 서포트 타이드 잔파	33
마린 클럽 나기	33
마에다 곶	59
만자 비치	24
만자모	58
문 비치	26
미바루 비치	29
민나 섬	35
민요 스테이지 우타히메	75
볼 도넛 파크	55
부게이 동굴	65
부세나 해중 공원	59
베자이텐도	73
블루실 아이스크림	55
소노한우타키 석문	62
숍 나하	57
슈리소바 현청점	54
슈리 성터	60
슈리긴조초 돌길	73
슈리긴조초 오아카기	73
슈리성	73

슈리성 공원	70
세소코 비치	28
세이화우타키	66
시 월드	27
시키나엔	63
아라하 비치	31
아마미키요	68
아유미 사타안다기	79
아카 섬	34
얀바루.클럽	37
오가닉&아로마 베타르나	57
오가닉&아로마 베타르나 국제거리 카고스점	43
오리온 해피 파크	77
오카시고텐	54
오쿠마 비치	25
오키나와 리조트 티다 비치	55
오키나와 월드	76
요나미네 바다 생선점	79
이나구 동굴	65
이키가 동굴	65
자탄 선셋 비치	31
자마미 섬	34
자키미 성터	60
잔파 곶	59
쥬톤스	54
제일 마키시 공설 시장	78
추라우미 수족관	48
치즈 타르트 전문점 파블로 국제거리점	56
카누챠 비치	25
카약 클럽 굿라이프	27
칼비 플러스	56
커피 스탠드 고미네	79
코코 스파	43
케이브 카페	65
타코스야	55
해양 엑스포 공원	52

EAT

A&W 마키미나토점	104
C&C 블랙퍼스트 오키나와	118
가정식 요리집 만주마이	121
고디즈	104
갤러리 찻집 마라나타	107
기노카와 식당	96
나카무라야	88
다나카 과실점	108
다카에스소바	87
더 커피 스탠드	117
루안+시마이로	109
류큐사보 아시비우나	91
류큐코라이스바 우둔야마	87
무나카타도	115
멘도코로 데이안다	87
빵집 스이엔	115
베이커리&카페 쿠	115
벤리야 이우린롱	124

INDEX

블루실 아이스크림 마키미나토 본점	109
섬 채소 식당 데이안다	93
소바야 요시코	87
스테이크하우스88 쓰지본점	99
식당 가리카	111
식당 미카사	121
아구노카쿠레가 후차쿠점	101
아라가키 젠자이야	107
아야구 식당	120
아와모리와 류큐 요리 우리즌	89
아와모리와 해산물 파야오	125
야에야마소바 제네	87
야치문 카페 차타로	106
야치문 찻집 시사엔	112
야키니쿠 모토부 목장 모토부점	101
얀바루 다이닝 마쓰노 고민카	100
오뎅 도다이	125
오키나와 다이도코로 파이가치 우에노점	90
오키나와소바 전문점 기시모토 식당	84
오키나와소바 시무죠	85
오키나와소바와 찻집 야기야	91
오하코르테 베이커리	119
욘나후드 가요우가츠미 요리교실303	126
유난기	89
에미노미세	92
이나미네 찬 음식 전문 식당	106
이토만 어민 식당	97
잭 스테이크하우스	99
제프 도미구스쿠점	105
지바고 커피 웍스 오키나와	117
수타가게 반주테	87
찰리 타코스	103
카페 가라만자쿠	93
카페 구루쿠마	111
카페 니페라	119
카페 하코니와	113
킹 타코스 긴본점	102
타코 전문점 멕시코	103
토토 라 베베 햄버거	105
팔러 구와에	123
팔러 와카바	123
팔러 드 쥬쥬모	122
펍 라운지 에메랄드	98
핀 온나에키점	109
하나가사 식당	121
하마베노차야	110
하와이안 팬케이크 하우스 파니라니	118
해선 식당 아지케	97
후 카페	113
히가시 식당	107
히로 커피 팜	116

SHOPPING

T갤러리아 오키나와 바이	145
가브 도밍고	140
기보만주	149

난푸도	147
데포아일랜드	145
류	141
류큐메이카 구가니야	146
류큐 유리 공방 글라치타	132
류큐 유리 마을	133
마쓰바라야 제과	154
모후모나 노 자카	141
미무리	137
분유리 공방 니지	133
분유리 다쿠미 공방 이시카와점	133
비미사이쇼쿠 하나	147
산에 하나 메인플레이스	152
스튜디오 템플	135
아라카키 과자점 슈리사무카와점	148
아라카키 친스코혼포 마키시점	146
아메리칸 빌리지	145
아와모리 류카	154
엉클 샘	143
오리온 비어 홀	144
오카시고텐 온나점	146
오키나와 글로서리	155
오키나와·이시가키섬 파티스리 마르쉐 국제거리점	147
오키추	145
와시타 숍 국제거리본점	150
요미탄잔야키 기타가마점	135
이온몰 오키나와 라이카무	144
잇스이가마	135
자하 과자점	148
자하나 깃판점	149
지미스 오야마점	153
직물 공방 시온	136
쿠쿠루 나하점	137
텐	140
티다문 나가야마 빈가타	136
패션 캔디 나하 메인플레이스점	147
펄	142
하나쇼	155

TOWN

tuitree	162
가야우치반타	184
가이추 도로	173
가지만로	185
가진호우	180
갈라 아오이우미	177
고우리 섬	179
구니가미촌 삼림공원	186
구마구와	162
구 해군사령부 방공호	165
국제거리 포장마차촌	159
갤러리 모리노차야	176
갤러리 야마다	176
갤러리 찻집 마라나타	176
그린 그린	170
기조카슈라쿠	184

INDEX

긴 신카이치	172
나카모토 튀김점	167
다이세키린 산	182
디누하마	179
로드 웍스	161
류큐라면 스파이스카레 데이안다	168
리리피르드 공원	181
링링 벨 클로셋	169
리빙룸 마로드	174
마치구와 카페 나미나미	167
마호커피	160
모후모나 노 자카	171
무라사키소바 프롬 도카시키	159
미치노에키 유이유이 구니가미	186
브렌치 바이 틸라 어스	163
비세 마을 후쿠기 가로수길	178
사우스&노오스+	159
사쿠라자카 극장	161
산고자 키친	161
세나가지마 우미카지 테라스	163
수제 오키나와소바집 쓰루야	181
시루미추	173
시어터 도넛 오키나와	171
얀바루 마나비노모리	186
얀바루쿠이나 생태 전시 학습 시설 구이나노모리	185
우미노에키 아야하시관	173
오우 섬	167
오쿠하라 유리 제조소	163
오키나와 만마루 카페 난조점	166
오키나와 오모로 귀신의 집	158
오하코르테 미나토가와본점	168
요나하다케 등산로	186
요미탄잔야키 공동 직매점	176
요미탄잔야키 기타가마촌	176
요시모토 오키나와 카게츠	158
우미추라라	159
이시쿠비리	181
이에 섬	181
이케이 섬	173
이토만 공설 시장	167
잡화점 소	171
지구누하마	179
지사카스	160
체험왕국 무라사키무라	177
카마니	162
카메 안다기	163
카페 갤러리 도카도카	175
카페 야부사치	166
카페 이치라	180
카페 프라누라	160
카페 후쥬	166
코자 게이트 대로	172
테라피 로드	186
팁 톱	174
팬케이크 하우스 야케부스	175
포트리버 마켓	169

플로우만 런치 베이커리	170		물소 수레	205
평화 기념 공원	164		베스 사이드 인	197
하피나하	158		빨강기와집 거리	205
헤도 곶	184		서던 비치 호텔&리조트 오키나와	200
히메유리 탑·히메유리 평화 기원 자료관	165		스나야마 비치	206
히지오 카페	185		얀바루 로하스	198
히지오 폭포	183		원 스위트 호텔&리조트 고우리지마	192
			오키나와 다이이치 호텔	195

STAY

AJ 리조트 아케이지마	201		울트라 블루	193
JAL 프라이빗 리조트 오쿠마	201		유키시오 뮤지엄(유키시오 제염소)	206
가비라 만	207		이라부 대교	206
가이자	193		이리오모테 섬	202
가후와우라소에	197		이시가키 섬	203
고민가 료칸 시라바마	196		이시가키지마 종유동	207
곤도이 해변	205		칠마	192
구메 섬	202		카난 슬로우 팜 cafe&eco-stay	201
나고미 탑	205		코코 가든 리조트 오키나와	190
다케토미 섬	203		코티지 카낙	196
더 나하 테라스	200		펜션&카페 테라스 다치가	199
더 리츠 칼튼 오키나와	189		프루트 주얼리 팩토리	207
더 부세나 테라스	188		하얏트 리젠시 나하 오키나와	195
더 테라스 클럽 엣 부세나	191		하쿠나가란	191
니시산바시	205		호시노야 다케토미지마	204
미야코 섬	203		호텔 닛코 알리빌라	201
로와지르 호텔 나하	200		호텔 마하이나 웰니스 리조트 오키나와	201
류큐 온천 세나가지마 호텔	200		호텔 오리온 모토부 리조트&스파	201
르네상스 리조트 오키나와	199		호텔 팜 로알 나하	200
			힐튼 오키나와 자탄 리조트	194

HARETABI OKINAWA
Copyright ⓒ 2016 Asahi Shimbun Publications Inc., All rights reserved.
Original Japanese edition published in Japan by Asahi Shimbun Publications Inc., Japan.
Korean translation rights arranged with Asahi Shimbun Publications Inc., Japan
through Imprima Korea Agency.

이 책의 한국어판 저작권은 Imprima Korea Agency 를 통해 Asahi Shimbun Publications Inc.과의 독점계약으로 그리고책에 있습니다.
저작권법에 의해 한국 내에서 보호를 받는 저작물이므로 무단전재와 무단복제를 금합니다.

발행자 TAKESHI SUDA

옮긴이 ㈜투웨이트랜스 Building Bridges of Communication
투웨이트랜스는 시스템화된 작업공정으로 완벽한 결과물을 제공하는 언어전문가 그룹의 전문 통·번역 회사입니다.

현지인처럼
오키나와

1판 1쇄 발행 2018년 06월 01일

지은이 아사히신문출판
옮긴이 ㈜투웨이트랜스
펴낸이 김선숙, 이돈희
펴낸곳 그리고책

주소 03720 서울시 서대문구 연희로 192 이밥차빌딩 2층 (연희동)
대표전화 02-717-5486~7
팩스 02-717-5427
이메일 editor@andbooks.co.kr
홈페이지 www.2bob.co.kr
출판등록 2003년 4월 4일 제 10-2621호

본부장 이정순
편집책임 박은식
편집진행 박지영, 심형희, 양승은
마케팅 남유진, 권지은
경영지원 차은영, 윤나라
표지디자인 김동규
본문디자인 공간42 이용석

ISBN 978-89-97686-96-4 13980

All rights reserved. First Korean edition published 2018. Printed in Korea.
- 이 책을 무단 복사, 복제, 전재하는 것은 저작권법에 저촉됩니다.
- 값은 뒤표지에 있습니다. 잘못 만들어진 책은 바꾸어 드립니다.
- 책 내용 중 궁금한 사항이 있으시면 그리고책(Tel 02-717-5487, 이메일 hunter@andbook.co.kr)으로 문의해 주십시오.